广州大学广州发展研究院文库

姚华松～著

本著作受『广州市宣传文化出版资金』资助

流动人口的空间透视

以广州为例

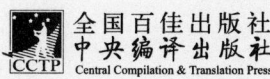

全国百佳出版社
中央编译出版社
Central Compilation & Translation Press

图书在版编目(CIP)数据

流动人口的空间透视:以广州为例/姚华松著.
—北京:中央编译出版社,2012.7
ISBN 978-7-5117-1404-6

Ⅰ.①流…

Ⅱ.①姚…

Ⅲ.①城市人口-流动人口-研究-广州市

Ⅳ.①C924.256.51

中国版本图书馆 CIP 数据核字(2012)第 116919 号

流动人口的空间透视:以广州为例

责任编辑	邓永标	
责任印制	尹 珺	
出版发行	中央编译出版社	
地　　址	北京西城区车公庄大街乙 5 号鸿儒大厦 B 座(100044)	
电　　话	(010)52612345(总编室)	(010)52612371(编辑室)
	(010)66161011(团购部)	(010)52612332(网络销售)
	(010)66130345(发行部)	(010)66509618(读者服务部)
网　　址	www.cctphome.com	
经　　销	全国新华书店	
印　　刷	北京中印联印务有限公司	
开　　本	710 毫米×1000 毫米　1/16	
字　　数	292 千字	
印　　张	20.75	
版　　次	2012 年 7 月第 1 版第 1 次印刷	
定　　价	60.00 元	

凡有印装质量问题,本社负责调换。电话:(010)66509618

广州市宣传文化出版资金资助

广东省普通高校人文社会科学重点研究基地研究成果
广州大学广州发展研究院文库
广州市社会科学规划办项目：
改革开放以来广州市流动人口社会空间研究（10G-02）阶段性成果
广州大学博士科研启动项目：
广州市流动人口社会空间研究(YHS-01)阶段性成果
国家自然科学基金项目：
流动人口社会空间建构、变异及认同
——以广州为例（41101132）前期研究成果

目录 CONTENTS

前　言 ………………………………………………………………… 1

第一章　研究综述 …………………………………………………… 1
　一、流动人口研究 ………………………………………………… 3
　二、城市社会空间研究 …………………………………………… 43

第二章　研究设计 …………………………………………………… 59
　一、选题意义 ……………………………………………………… 61
　二、理论基础及研究框架 ………………………………………… 65
　三、流动人口的界定 ……………………………………………… 68
　四、研究范围界定 ………………………………………………… 69

五、研究方法 ·· 71
　　六、研究资料来源和评估 ·· 73

第三章　广州流动人口空间分布及演变 ···································· 79
　　一、中国流动人口形成与发展背景 ······································· 81
　　二、广州流动人口形成和发展背景 ······································· 90
　　三、广州流动人口特征及演变 ··· 97
　　四、广州流动人口空间分布特征及演变 ······························· 107
　　五、流动人口空间分布的形成机制 ····································· 126
　　六、本章小结 ··· 128

第四章　广州流动人口工作与居住空间 ································· 131
　　一、流动人口工作空间 ·· 133
　　二、流动人口居住空间 ·· 141
　　三、流动人口通勤空间 ·· 154
　　四、本章小结 ··· 158

第五章　广州流动人口购物及休闲娱乐空间 ·························· 161
　　一、流动人口购物空间 ·· 162
　　二、流动人口休闲娱乐空间 ·· 165
　　三、本章小结 ··· 175

第六章　广州流动人口感应空间 ·· 177
　　一、日常交往活动 ·· 179
　　二、城市文化感知 ·· 182
　　三、城市意向图 ··· 205

四、本章小结 ··· 232

第七章　广州流动人口空间问题及对策 ························ 235
 一、流动人口空间关系 ··· 237
 二、流动人口空间问题 ··· 241
 三、流动人口空间问题的原因 ································ 254
 四、流动人口空间优化对策 ···································· 262
 五、本章小结 ·· 266

第八章　结论 ·· 269
 一、流动人口空间处于边缘化地位 ·························· 271
 二、流动人口空间问题表现为边缘化、混合性、
   非固定性和适变性 ··· 272
 三、制度设计是流动人口空间边缘化的主要原因 ········ 273
 四、树立城市空间整体观意识是解决
   流动人口空间问题的主要途径 ·························· 274

参考文献 ··· 277
附录Ⅰ　广州流动人口空间研究问卷设计 ··················· 297
附录Ⅱ　调查点基本情况 ·· 307
附录Ⅲ　本研究涉及的回归分析过程 ·························· 311
后　记 ·· 319

前　言

当代中国城市发展的高速度和大规模是史无前例的，1996~2011年，我国城市化水平从30.5%提升到51.67%。在统计学意义上，中国已成为"城市化"国家。更重要的是，中国城市化还置身于全球化与本地化、经济制度与体制转型、社会建设与管理诉求显化、工业化与后工业化、现代化与后现代化并置等多重背景。在此语境下，流动人口扮演着举足轻重的角色。对于转型期中国大都市流动人口空间系统开展深入研究，无疑是观察中国城市经济、社会、人口深刻转型的一面镜子。

流动人口的大量涌现是中国现代化和城市化过程中的重要事件，他们既是中国城市现代化和城市化的重要基础，也是市场化的重要推动力量。他们既是我国保持低成本城市化、工业化和现代化竞争优势的重要人力资本，也是缔造"中国奇迹"和维系世界经济繁荣与稳定的核心元素。他们正在重构中国城市的社会空间格局。人文地理学社会与文化转向语境下，地理学核心关键词"空间"被重新注解，表现为研究视角上呈现了从过去关注物质空间和经济空间到更加重视社会空间。后现代主义及新马克思主义学者推动下，空间研究视角从空间中的生产转向空间本身的生产。其中，对正处于转型期的大都市边缘与弱势群体开展研究，探析其生存与生活逻辑、空间表征与再现、社会矛盾与冲突、文化抵抗及斗争，成为国内外城市地理学、城市社会学尤其是城市社会地理学重要的研究领域。

本书通过构建"区位的空间——构建的空间——居住空间——行为空间——感应空间——空间隐喻"的流动人口空间体系，认为流动人口不仅是跨越一定空间范围的位移行动者，更是经过社会化的建构过程后的综合性概念。流动人口空间在整个城市空间图谱中处于边缘化态势。由于流动人口在城市各阶层中处于边缘化的地位，这种特殊身份属性赋予其总体的空间特征、形态上在整个城市空间图谱中也处于相对弱势、弱质的地位。流动人口空间的形成和发展过程是流动人口空间再造的过程，也是既有生产关系的再生产过程。流动人口社会空间再造的形式趋于多样化，表现为差异化的空间、隔离的空间、犯罪的空间、福特制和"类信息社会"语境并存下的空间、压缩的空间、弹性的空间、流动的空间、压制的空间、再现的空间。破除城市本位主义思想，树立包容性城市空间意识、强化社会建设与管理是解决流动人口空间问题及建立和谐社会与幸福城市的重要途径。

本书可供从事与城市地理学、社会地理学、城市社会学、人口学、城市规划与管理等相关的高教教师、研究人员、政府相关管理部门工作者及各类学生参考，也可供关心转型期中国城市底层群体生活状况的广大国民阅读。

第一章

研究综述

第一章 研究综述

一、流动人口研究

作为本研究的对象,流动人口是中国特定制度背景下衍生的特定概念,国外没有这一概念,对应词是移民(immigrants),即从他国迁移过来的或从国内其它地区迁移过来的人口。从概念体系看,流动人口从属于人口迁移的范畴。从流动人口发生发展与演变的规律视角出发,本研究拟从国外人口迁移研究以及国内流动人口研究两方面进行综述。

(一)国外人口迁移研究

1. 人口迁移相关概念

与人口迁移相关的概念,大致有迁移和移动。

(1) 迁移(migration)

对于迁移的定义,众说纷纭。人文地理学词典给出的定义是"个体或群体居住地的永久性或半永久性改变"①[1],牛津地理学词典中的定义是"从一地转向它地的人口移动"②[2]。首次对迁移进行系统研究的是19世纪末英国学者Ravenstein③[3],他提出"迁移意味着生存和进步,而静止的人口意味着停滞不前",其著作《迁移律》中对迁移进行了如下论述:(1)迁移者的主体仅作短距离迁移;(2)迁移逐步进行;(3)长距离迁移者一般是被一个大的商业或工业中心吸引;(4)每个迁移流都会产

---

① Johnston R J著.柴彦威,张景秋,仵宗卿等译.人文地理学词典[M].北京:商务印书馆,1994.442.
② Susan M.Oxford dictionary of geography[M].上海:上海外语教育出版社,2001.281.
③ Ravenstein E G.The laws of migration[J].Journal of the royal statistical society,1885–1889.

生一个补偿的逆流;(5)城镇地区人口的迁移性低于农村地区;(6)女性在出生国的迁移性高于男性,但是男性迁往国外的较多;(7)大多数迁移者是成年人,但家庭很少迁移到国外;(8)大城市中人口的迁移增长高于自然增长;(9)工商业的发展、交通条件改善时,迁移大量增长;(10)迁移的主要方向是从农村地区指向工商业中心;(11)迁移的主要原因是经济的。虽然时隔久远,但这些研究成果至今仍然有很强的说服力,是人口迁移研究的奠基之作。对于迁移类型的划分,Susan提出一套较全面的分类系统①[2],见表1-1。

表1-1 迁移的分类系统
Tab.1-1 Classification system of migration

分类标准	分类系统
范围	内部迁移(迁入、迁出)、外部迁移
自主性	自愿迁移、被迫迁移
时间	暂住迁移(季节性迁移、周期性迁移)、永久迁移
地域跨度	城乡迁移、乡城迁移、城城迁移、乡乡迁移
动机	经济迁移、创新迁移、改良迁移

资料来源:Susan M.Oxford dictionary of geography[M].上海:上海外语教育出版社,2001.281.

(2)移动(mobility)

一个与迁移较接近的概念,广义上表征各种类型的空间移动,包括一般意义上的永久性或半永久性的居住地变化的人口迁移,也包括通勤、度假、学生在学校和家庭之间的周期性往来,后者通常被称为循环性移动,具有短期和周期性特征,但没有永久或长期改变居住地的意向。

1. 人口迁移机制

这是关于人口迁移决策的动因理论,解决的是为什么要发生人口迁移或什么因素导致人口迁移的问题。对此,西方人口学和社会学领域做了大

---

① Susan M.Oxford dictionary of geography[M].上海:上海外语教育出版社,2001.281。

量研究，提出了以下解释范式。

（1）新古典经济学观点

在古典和新古典主义的均衡模式下，人口流动被认为是由资源分布不均衡引起的。早在1676年，英国古典经济学创始人Petty从经济发展的角度揭示了人口流动的原因，在其著作《政治算术》中，以荷兰的经济部门为例，他通过分析认为不同生产部门的利益差别导致社会劳动者从低收益部门流向高收益部门，即比较利益差异是人口流动的直接原因[1][4]。1889年Ravenstein在《人口迁移规律》中指出，受歧视、受压迫、沉重的负担、气候不佳、生活条件不合适都是促使人口流动的原因，其中经济因素是主要的[2][3]，这是人口流动推拉理论的渊源。1938年Herberle提出人口迁移是由一系列"力"引起的，包括促使一个人离开一地的"推力"和吸引他地的"拉力"。在总结前人研究成果基础上，Burge在20世纪50年代末提出人口迁移的推拉模型（Push and pull theory），较为全面地概括了影响人口迁移的12个方面的推力因素和6个方面的拉力因素[3][5]。60年代Lee[4][6]在对Ravenstein的迁移律进行修正的基础上总结了引起和影响人口迁移的因素：（1）迁出地因素；（2）迁入地因素；（3）中间障碍因素；（4）迁移者介入因素。在迁入地和迁出地都存在两种不同的倾向（促使迁移和阻碍迁移），人们的迁移决策取决于迁移个体或群体对迁入地和迁出地正负因素的权衡和选择。

Lewis在对发展中国家经济进行实证研究的基础上提出农村人口转移模型[5][7]，也叫两部门理论（Two sectors theory）。他注意到发展中国家或地区的经济特征是二元结构，即同时存在着传统落后的农业部门与现代发达的城市工业

---

[1] 王亚南.资本主义古典政治经济学选辑[M].北京：商务印书馆，1979.74。
[2] Ravenstein E G.The laws of migration[J].Journal of the royal statistical society, 1885-1889。
[3] 李竞能.当代西方人口学说[M].太原：山西人民出版社，1992
[4] Lee E S. A theory of migration[J].Demgraphy, 1966, (1): 47-57。
[5] Lewis W A. Economic development with unlimited supplies of labour[J].The Manchester School of Economic and Social Studies, 1954, 22: 139-191。

部门，其中后者是经济增长的主导部门。由于两部门劳动生产率与劳动边际收益率存在差异，引起农业剩余劳动力的产业间流动，工业成为吸纳农业剩余劳动力的部门。1961年Ranis和Fei[①][8]进一步发展了该理论，他们接受了二元结构的观点，但认为Lewis忽视了农业在工业增长过程中的促进作用，认为由于农业生产率的提高而出现的剩余产品是劳动力流动的先决条件。

McGee[②][9]从劳动力供求的空间视角进行分析，他认为劳动力供需的空间差异是人口区际流动的根本原因。相对于资本而言，具有劳动力禀赋的地区工资水平较低，具有资本禀赋的地区工资水平较高，这种资源禀赋的空间差异直接导致劳动力从低收入地区流向高收入地区。

Schultz等[③][10]则从人力资本的角度解释人口流动行为，他明确把"个人和家庭流动以适应不断变化的就业机会"作为人力投资的一个方面。既然人口迁移是人力资本投资的一种形式，迁移者在作出迁移决策时必然会考虑迁移的成本和收益问题。Sjaastad[④][11]和Todaro[⑤][12]等在此基础上提出了预期收入理论。他们认为，区域差异是人口流动产生的原因，但就个人而言，存在一个经过迁移的成本—收益计算后再做出迁移决策的过程，人口流动取决于城乡实际收入差距和城镇就业概率，这两个变量决定了迁移者在城镇中的预期收入。成本与收益都包括货币和非货币两部分，成本有旅行费用、找到工作之前维持生活的费用等，收益不仅包括较高的收入，还包括非工资收入（如更高的福利）和更好的环境（如令人愉快的气候、更好的文化设施、更便利的健康诊所、更好的学习和培训机会、与朋

---

① Rains G and Fei J C H. A theory of economic development[J].American Economic Review, 1961, 51: 533-565.
② McGee T G. The urbanization process in the Third World: Exploration in search of a theory[M].London: G. Bell & Sons Ltd.1971.
③ Schultz T W. Population redistribution and economic growth, United States,1870-1950[J]. The American Philosophical Review, 1957, (3): 4-5.
④ Sjaastad L A. The costs and returns of human migration[J].Journal of Political Economy, 1962, 70: 80-93.
⑤ Todaro M P. A model of labor migration and urban unemployment in less developed countries[J].American Economic Review, 1969, 59: 138-148.

友亲戚的接近等)。流动者通过流动获得的净收益可以表示为:

其中,PV是迁移者获得的净收益,Lj是迁移者在流入地的实际收入,

$$PV = \frac{Lj - Li}{rdi} - Gij$$

Li是迁移者在流出地的实际收入,rdi是迁移者流动后表现为流出地现实收入的贴现率,Gij是从i地到j地流动所花费的流动费用。如果PV为正值,即流动后收益大于当地实际收入和流动成本之和,则人口会选择迁移。否则这种投资是不经济的,迁移行为不会发生。

表1-2是对上述学者主要观点的汇总。

表1-2 人口迁移的新古典主义观点
Tab.1-2 Neoclassical comments on migration mechanism

学者	时间	核心观点
Petty	1676年	不同生产部门的利益差别导致社会劳动者从低收益部门流向高收益部门,比较利益差异是人口流动的直接原因。
Ravenstein	1889年	受歧视、受压迫、沉重的负担、气候不佳、生活条件不合适都是促使人口流动的原因,其中经济因素是最主要的。
Herberle	1938年	人口迁移是由一系列"力"引起的,包括促使一个人离开一个地方的"推力"和吸引他到另一个地方的"拉力"。
Lewis	1954年	农村人口转移模型,认为发展中国家或地区的经济特征是二元结构,即同时存在着传统落后的农业部门与现代发达的城市工业部门,其中后者是经济增长的主导部门。由于两部门劳动生产率与劳动边际收益率存在差异,引起农业剩余劳动力的产业间流动,工业成为吸纳农业剩余劳动力的部门。
Burge	1950年代	人口迁移的推拉模型(Push and pull theory),较为全面的概括了影响人口迁移的12个方面的推力因素和6个方面的拉力因素。
Schultz	1957年	把"个人和家庭流动以适应不断变化的就业机会"作为人力投资的5个方面之一。既然人口迁移是人力资本投资的一种形式,迁移者在作出迁移决策时必然会考虑迁移的成本和收益问题。
Lee	1960年代	引起和影响人口迁移的因素:①迁出地因素;②迁入地因素;③中间障碍因素;④迁移者介入因素。
学者	时间	核心观点

7

Fei	1961年	接受二元结构观点，但指出Lewis忽视了农业在工业增长过程中的促进作用，认为农业生产率的提高而出现剩余产品是劳动力流动的先决条件。
Sjaastad; Todaro	1962年; 1969年	预期收入理论，就迁移个体而言，存在一个经过迁移的成本—收益计算后并做出迁移决策的过程，人口流动取决于城乡实际收入差距和城镇就业概率，这两个变量决定了迁移者在城镇中的预期收入。
McGee	1971年	劳动力供需的空间差异是人口区际流动的根本原因。相对于资本而言，具有劳动力禀赋的地区工资水平较低，具有资本禀赋的地区工资水平较高，这种资源禀赋的空间差异直接导致劳动力从低收入地区流向高收入地区。

资料来源：根据已有分析整理得出。

总之，在古典和新古典主义的均衡模式下，人口流动被认为是由资源分布不均衡引起的。这种解释将宏观的结构性因素和微观的个体选择结合考虑，宏观层面主要考察相对价格差异形成的生产要素的地域分布差异，当劳动力和资本在地域上出现不均衡分布时，人口迁移便会发生；微观层面强调迁移过程同时也是个体理性选择的过程，迁移目的在于在迁移目的地获得比迁移成本更高的劳动报酬，频繁采借"合理选择"、"效用最大化"、"预期净收益"、"生产要素流动性"、"工资差"等经济学概念。这一分析视角理论性强，应用广泛，是颇有影响力的人口迁移理论。但是，脱胎于古典经济学模型，它存在一些不现实的假设，如所有市场被视为无缺陷且运作良好，迁移决定不受家庭预算约束和其它收入来源影响。事实上，并非所有的人口迁移总是经过经济理性计算的，地域差异存在也不一定意味着迁移一定发生，地域差异减少也并不一定意味着迁移量的减少或终止，而且，迁移决策前的预期收益往往难以准确计算。

（2）新迁移经济学理论

20世纪70年代在西方学界行为科学革命的情境下，对于人口迁移的研究重点从空间和数量模型上转向对迁移人的行为研究上，理论研究开始让位于实证研究,出现了一系列从个人和家庭户层次对迁移动机和决策的微观理论研究,在解释迁移行为时重视对社会因素、个体特殊因素、偶然性因素的分析。该理论代表人物是Stark[1][13],他认为迁移行为不止是个体迁移者决策的结果,而且是家庭集体决策的结果,迁移目的不仅是获得个体预期收入最大化,也是为了使家庭收入风险最小化。对于家庭而言,迁移行为是一种控制生产风险和增加资本来源的重要途径。区际间收入差异和经济发展差异是人口流动的必要条件,但是,即使在区际收入差异缩小的条件下,由于内部市场或其它制度发育不完全,迁移行为仍然会发生。Stark等[2][14]利用Easterlin的"相对经济地位变化"假说来解释发生在城乡之间的迁移现象,即农村劳动力迁移与否,不仅决定于他们与城市劳动力之间的预期收入之差,还取决于他们在家乡感受到的相对经济地位变化,以及迁移后按照接受地的期望生活标准感受到的相对经济地位变化。他们以墨西哥的研究证实同一收入差距对于不同的人具有不同意义,基于同类参照群体比较后产生的"相对失落感"成为迁移动因。

较之于新古典经济学观点,新迁移经济学理论除了经济(理性)维度的考量外,引进了社会和人口、家庭等分析维度,应该说二者的关系是互补的。但是,对于家庭、行为人的分析可能陷入过分微观化而忽略结构性外界因素的局面,毕竟,迁移主体不仅是自然人、家庭人,更是社会人,宏观的社会经济文化结构和背景在人口迁移行为中也起到至关重要的作用。

进入20世纪80年代,在经济全球化、世界经济一体化等新背景下,对于人口迁移的解释也开始与新劳动地域分工、经济全球化和资本全球流动相联系,相继出现了劳动力市场分割理论和世界体系理论。

(3)劳动力市场分割理论

该理论从发达国家市场结构入手探讨国际移民的迁移动机,将国际人

---

[1] Stark O and Bloom D E. The new economics of labor migration[J].American Economic Review, 1985, 75: 173-178
[2] Stark O and Taylor J E. Migration incentives, migration types: the role of relative deprivation[J].The Economic Journal, 1991, 101: 1163-1178.

口迁移的起源视为存在于发达工业社会经济结构中的需求拉动,即认为发达国家或地区对低级劳动力市场的需求是国际迁移产生的原因。1979年Piore[1][15]提出了"双重劳动力市场理论"(Dual labor market theory),他认为现代资本主义存在双重部门的劳动力市场,分别是具有稳定雇用年限、高工资、高福利和良好工作环境的劳动力市场第一部门(上层市场)和不稳定、低工资、低福利和恶劣工作环境的劳动力市场第二部门(下层市场),而发达国家内部本地劳动力不愿意进入下层市场。于是,雇主便通过雇用国际移民来填补空缺,人口迁移便开始发生。此外,Portes和Bach[2][16]提出"三重市场需求理论",即在原有二元市场基础上形成一个由外种族人口或国外迁移人口构成的"族群集聚区"。Clark和Gertler[3][17]对美国1958-1975年间资本和移民的关系分析显示资本增长导致移民向经济增长快的地区迁移。Clark和Ballard[4][18]运用新古典主义和凯恩斯方法对劳动力市场进行深入研究,认为劳动力流动与工资、就业机会的地理差异相一致。

总之,劳动力市场分割理论强调现实中存在跨界迁移的机会,对于国际人口迁移具有较强的解释力。该理论的缺陷是纯粹从劳动力需求方而缺乏从供给方看待人口迁移,从国际人口迁移态势看招募外国劳工不是跨国人口流动的主要原因(一般而言,国际移民的社会动因强于经济动因)。

(4)世界体系理论

世界体系理论认为人口国际迁移是市场经济全球化的产物,该理论缘于历史社会学家Wallenstein的"现代世界体系"学说[5][19],它着眼于分析

---

[1] Piore M J.The dual labour market.theory and application[M].In: Barringer R and Beer S H., (ed.). The State and the Poor, Cambridge: Cambridge Mass Winthrop.1970.
[2] Portes A and Bach R L. Latin Journey: Cuban and Mexican immigrants in the United States[M].Berkeley: University of California Press, 1985.
[3] Clark G H and Gertler M. Migration and capital[J].Annals of the Association of American Geographers, 1983, 73(1): 18-34.
[4] Clark G H and Ballard K P. The demand and supply of labor and intensive relative wages: an empirical analysis[J]. Economic Geography, 1981, 57: 95-112.
[5] Wallenstein I. Geopolitics and geoculture: essays on the changing world-system[M]. Cambridge: Cambridge University Press, 1991.231-237.

宏观社会和经济发展过程，按照他的分类逻辑世界市场一直不断地形成和发展着中心国家和边缘国家，前者指那些拥有物质及其它形式资本的国家，后者指那些剔除核心国家之外的国家，中心国家依靠边缘国家的土地、劳动力、原材料和市场，边缘国家依赖中心国家的资金、技术和信息。随着生产要素的跨国转移和各国产业结构的调整与升级，跨境迁移不可避免地产生了[1][20]。Ricketts[2][21]对18个加勒比海国家移民的美国数据分析发现1970-1979年人口曲线和1966-1977年美国往这些国家的投资曲线相吻合。Findley[3][22]对菲律宾农产品商品化这一进程进行了系统的跟踪研究，发现这一过程带来的社会效应推动了人口外溢。

可见，世界体系理论更多的是从国家政治和社会经济地位的视角看待人口迁移，但用世界体系理论（World system）解释国际移民，用国内殖民主义（Internal clonisilism）解释国内移民，多少具有功能主义的色彩，人的流动被认为是对特定结构的回应，其结果是满足结构的某种需要。总体上看，该理论与劳动力市场分割理论认为人口和劳动力必然由发展中地区流向发达地区，但是并不总是这样，一些偶然性因素也可能在人口迁移过程中起到决定性作用，正如Sassen[4][23]通过对海地、墨西哥、东南亚等国家的研究表明，贫穷、失业、经济发展滞后并非一定直接引发跨国移民潮，更不能左右移民去哪一国家，而是与美国在这些国家设立军事基地、增加资本投入、扩大文化影响相关，人口迁移是美国大力加强对这些国家的政治、经济影响的结果。

3. 人口迁移途径

以上是关于人口迁移决策的动因理论，也就是人口迁移决策之前的思量。那么，一旦迁移决策确定下来，通过何种方式实现人口迁移呢？也就

---

[1] Massey D S.et al.Theories of international migration: a review and appraisal[J].Population and Deelopment Review, 1993, 19: 431-466.
[2] Ricketts E.U.S. investment and immigration from the Caribbean[J]. Social Problems, 1987, 34: 374-387.
[3] Findley S E.An interactive contextual model of migration in Hocos Norte, the Philippines[J]. Demography, 1987, 24: 163-190.
[4] Sassen S.The mobility of labor and capital[M]. Cambidge: Cambridge University Press, 1988.

是迁移途径的问题，迁移人口到达迁移目的地后，又将如何发展？对此，西方学界大致有3种理论。

（1）网络理论

该理论也称为社会资本理论，是由Portes[1][24]首先提出的，他注意到了社会资本在人口迁移行为中的重要作用，通过对国际移民现象的研究，他指出社会资本是个人依赖网路或在更大的社会结构中互相调配稀缺资源的能力，这种能力不是依赖于个人，而是依赖于个人和他人之间的关系。迁移的每一个环节（决定是否迁移、向何处迁移、如何适应当地生活等）都与迁移人口的社会资本密不可分。当大量迁移者在迁入地定居，移民网络可能形成，移民网路实质是一系列人际关系的组合，其纽带是血缘、亲缘、乡缘和业缘等。20世纪下半叶以来西方国家实行的为"家庭团聚"开绿灯的移民政策，促进了网路的延伸，产生了"移民增殖效应"。Massey[2][25]等根据历史资料和统计数据对墨西哥移民迁移到美国的过程中社会资本所发挥的作用进行了详尽分析，认为移民网络的形成使移民信息更准确、更广泛传播，迁移成本和风险可能因此降低，预期收入可能增加，从而不断的推动人口迁移。一旦迁移网路建立，不管目的地的经济状况如何，迁移都可能发生。Sanders和Nee[3][26]讨论了美国迁移家庭社会资本对于其获得"自雇"地位的作用。Jasso和Rosenzweig[4][27]认为每个移民在移居十年后平均带入1.2个"劳工类"新移民。

社会网络在人口迁移决策中起到至关重要的作用，它使人口迁移行为发

---

[1] Portes A.Economic sociology and the sociology of immigration: a conceptual overview, in Portes A ed., The economic sociology of immigration: essays on networks, ethnicity and enterpnership, New York: Russell Sage Foundation, 1995.12–15.
[2] Massey D S, Goldring LP.and Durand J. Continuities in transnational migration: an analysis of 19 Mexican communities[J].American Journal of Sociology, 1994, 99: 1492–1533.
[3] Sanders J and Nee V. Immigrant self-employment: the family as social capital and the value of human capital[J]. American Sociological Review, 1996, 61: 231–249.
[4] Jacobson D.The immigration reader, America in a multidisciplinary perspective[M]. Massachusetts: Blackwell Publishers, 1998.

第一章 研究综述

生并使其持续发展下去。本质上讲，网络是累积的，前一次迁移是后一次迁移的资源，新的迁移又导致网路的扩大和进一步发展，最后，网路形成了介于个人决策的微观层面和社会结构的宏观层面之间的重要的迁移资本。

（2）机构理论

一旦迁移行为开始，迁移行为可能被那些精心策划跨境迁移并从中获利的机构所推动。这些机构专门提供一些正规或非正规服务，如给予被剥削人员的人道主义保护、帮助偷渡、提供假证明、甚至为迁移者在迁入国安排住宿或提供信用卡等服务[1][28]。尤其在迁入国政府试图限制移民入境或出境时，机构的效用会更大。

（3）累积因果关系

这一理论缘于学者Myrdal的"积累循环因果关系"[2][29]，主旨是人口迁移存在一种内在的不断重复的趋势。对于迁移个体而言，每一次迁移行为都是不断调整迁移动机和迁移预期，促使另一次迁移行为产生的过程。另一种积累因果机制是通过社会的收入分配状况实现的，通过迁入地对迁出地的汇款，迁移者影响到家庭在社区中的收入分配状况，家庭的社会地位发生变化，使那些没有移民汇款的家庭增强了"相对失落感"，进而激发其人口迁移决策的形成。第3个影响因素是文化层面，迁移者作为文化携带体，接受了迁入地新的价值观、行为方式和态度，衍生出一种新的、具有高度自治社会空间的文化环境，这种新生文化在迁出地会产生一种示范效应，可能不断的被模仿和复制，从而促进人口迁移行为的发生。按照Bourdieu的"惯习说"，在某一社会群体中，当移民行为内化为超越意识控制的、具有衍生性的"惯习"时，即使诱发初始移民行为的客观环境发生变化，被局外人断定为非理性的移民行为在该群体内仍然会获得认可而使移民行为得以延续[3][30]。

---

[1] 张晓青.国际人口迁移理论述评[J].人口学刊，2001，（3）：41-46.
[2] Myrdal G.An American dilemma: The negro problem and modern democracy[M].New York: Harper & Brother Publishers, 1944.4.
[3] 李明欢.20世纪西方国际移民理论[J].厦门大学学报（哲学社会科学版），2000，（4）：12-19.

4. 人口迁移模型

人口迁移这一行为除了从社会学、人口学视角揭示迁移人的人口和社会属性特征与规律外，也是一个地理意义上的空间位移。一些地理学家在这方面在相关的实证研究基础上也提出了不少人口迁移的地理模型。

（1）迁移重力模型

Zipf[1][31]在借鉴社会物理学的牛顿重力公式基础上提出了关于迁移的重力模型，即对迁移行为的模拟：

$$Fij = g * \frac{Pi * Pj}{Dij^2}$$

在此模型中，Fij是地理要素从i地到j地的迁移量，Pi、Pj分别是i、j两地的人口规模，Dij为i、j两地的距离，g是模型系数，该模型表明人口迁移量与两地人口的乘积成正比，与两地的距离成反比。

（2）中间机会模型

Stouffer[2][32]提出了中间机会（intervening opportunities）的概念，他提出的人口迁移模式为：

$$Mij = K * \frac{Nj}{Nij}$$

该模型表明，从出发地i到目的地j的移动次数Mij与目的地j的机会数Nj成正比，与出发地和目的地之间的中间机会数Nij成反比，即距离在迁移行为中本身不起障碍作用，迁移量随距离的减少而减少的根源在于中间机会数的增加。

---

[1] Zipf G.K. Human behavior and the principle of least effort[M]. New York: Hafner, 1949.
[2] Stouffer S A. Intervening opportunities: a theory relating mobility and distance[J]. American Sociology, 1940, (5): 845-867.

第一章 研究综述

（3）人口变动模型

Zelinsky[①][33]提出了人口变动模型中的移动变动的观点，他假设了在空间和时间上不同类型的流动与城市化、工业化和现代化一般过程之间的关系，并把人口流动与生命转变结合在一起，并据此划分了5个阶段：(1)现代化前的传统社会没有人口迁移；(2)早期转变社会乡村人口往城市迁移；(3)后期转变社会乡村人口向城市迁移衰退，但仍很重要；(4)发达社会乡村人口向城市迁移显著衰退，城市间与城市内部迁移逐渐增加；(5)未来超发达社会长距离人口迁移明显衰退，主要是城市内部与城市之间迁移。

（4）人口迁移系统分析模型

Mabogunje[②][34]提出了城乡人口迁移的系统分析模式(图1)。该模式认为，城乡人口迁移的原因不仅是移民本身，还有城市和农村的控制性次系统及整个社会经济文化的调节机能对移民数量进行控制。城市控制性次系统主要通过寻找住房和职业的难易来实现，农村控制性次系统主要通过农村各种组织机构、家庭和家族等加以实现，社会经济文化调节机能主要表现在进城农民对城市的适应过程、城市应对新居民的调节和农村应对失去劳动力的调节。

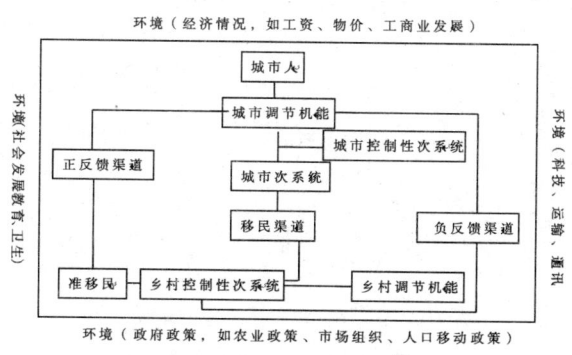

图1-1 马卜贡杰模式

Fig.1-1 Mabogunje's model of migration

资料来源：许学强，周一星，宁越敏等.城市地理学[M].北京：高等教育出版社，1996，44-45.

---

① Zelinsky W. The hypothesis of the mobility transition[J].Geographical Review, 1971, 61: 219-249.
② 许学强，周一星，宁越敏等.城市地理学[M].北京：高等教育出版社，1996.44-45.

5. 移民影响、调整与适应

从迁移的空间尺度看，国外人口迁移研究分为跨国迁移和国内迁移。早期由于移民数量有限，影响力不强，静态研究相对较多，集中于移民数量与方向、移民的人口与社会属性特征、移民集聚区的区位特点等[1][35]，后期尤其是1990年代后，基于文化互动视角的动态研究显著增加，研究重点有2个方面。

（1）移民对迁入地的影响

随着全球政治经济形势的变化与全球化浪潮的加快，世界范围的移民数量剧增，构成也日渐复杂，不仅有正式的迁移人口，还有难民、学生、暂时性劳工等非正式迁移群体。这一多样化特征给迁入地产生重要经济、政治和文化影响，引起很多学者的关注。Berry[2][36]对美国城市人口迁移现象的研究表明移民对美国城市产生巨大影响，整体上促进了城市发展。但囿于移民的季节性和周期性特征，这种促进作用并不稳定。Frey[3][37]关注了移民对迁入地劳动力市场的影响，由于低端岗位几乎被移民占据，本地的一些较贫困和缺乏技术的工人阶层不得不被迫外迁。Myers[4][38]等关注了移民对本地住房市场的影响，大批移民的到来加重了住房拥挤程度，但他认为提高住房供给水平并不能解决住房拥挤问题，主要的制约因素是移民的购买力。Clark[5][39]探讨了移民与本地教育资源分布及选举地理的关系，认为移民人口组成的变化导致学校分区边界的变动，同时，移民居住空间的集中与分散状况影响了选举区的划分，进而对选举结果产生影响。

---

[1] 张文新.近十年美国人口迁移研究[J].人口研究，2002，26（4）：66-71。
[2] Berry B J L. Transnational urban ward migration, 1830-1980[J].Annals of the Association of American Geographers.1993, 83（3）：389-405.
[3] Frey W H. Immigrant and native migrant magnets[J].American Demographics.1996, （6）：1-5.
[4] Myers D and Lee S W. Immigration cohorts and residential overcrowding in Southern California[J]. Demography.1996, 33（1）：51-65.
[5] Clark W and Morrison P. Demographic foundations of political empowerment in multiminority cities[J].Demography.1995, 32（2）：183-201.

第一章 研究综述

（2）移民调整、适应过程和移民社区

一般而言，移民到达目的地后，往往会经历一个暂居、适应、调整与建立移民社区与迁居的过程，这一过程引起了大量学者的关注。McHugh[1][40]等分析了移民适应与调整能力的影响因素，归结为移民本身的气质与性格、文化程度、语言能力、地方劳动力市场、获得西方协助与否、当地城市环境等因素。Kritz和Nogle[2][41]通过对美国移民的再迁移过程及其居住模式变化的分析研究了美国移民集聚区对人口再迁移产生的影响。更多学者对中国城、韩国城、意大利社区等典型的移民集聚社区进行了深入研究。Whyte[3][42]运用参与观察法（Participatory research）对Boston的一个意大利籍社区科纳维尔的街角青年进行深入细致的系统研究，揭示了在这一被多数人所忽视的街角空间内部充满了强烈的实践逻辑和鲜明的组织结构体系。对于华人集聚区的研究成果众多，如Lai[4][43]从历史演进的发生学视角对加拿大哥伦比亚地区的华人集聚区进行了研究；Loo[5][44]在"唐人街住房和健康计划"资助下对美籍华人社区进行了深入研究，内容涉及华人社区在全美的分布情况、迁居行为、邻里满意度、社区医疗与卫生状况、语言学习、文化适应、妇女地位、生活质量等；Huang[6][45]通过对不同年龄、职业的加籍华裔的深入访谈，较好展示了加拿大华人的生活史；Christiansen[7][46]重点关注了1990年以来欧洲大陆华人群体的身份认同这一话题。此外，移民集聚区的功能是研究的焦点之一，Kaplan[8][47]认为移民社区有利于移民对新环境的

---

[1] McHugh K.E, Skop E H and Miyares I. M. The magnetism of Miami: Segmented paths in Cuban migration[J].Geographical Review.1998, 39（2）: 56-67.
[2] Kritz M M and Nogle J M. Nativity concentration and internal migration among the foreign-born[J]. Demography.1994, 31: 509-524.
[3] 威廉·富特·怀特.街角社会[M].北京：商务印书馆，2005.
[4] Lai D C.Chinatowns: towns within cities in Canada[M].Vancouver: University of British Columbia Press, 1988.
[5] Loo C M.Chinatowns: most time, hard time[M].New York: Praeger Publishers, 1991.
[6] Huang E. Voices from a community[M].Vancouver: Douglas& McIntyre, 1992.
[7] Christiansen F. Chinatown, Europe: an exploration of overseas Chinese identity in the 1990s[M].London: RoutledgeCurzon, 2003.
[8] Kaplan D.H.et al.Urban Geography[M].New York: John Wiley & Sons, 2004.

适应和尽快融入主流社会,而Zhou[1][48]认为移民社区所依赖的社会资本有碍于移民本身融入主流社会,Boswell等[2][49]则认为移民社区的功能不能一概而论,不同移民效果是不一样的。

6. 人口迁移影响因素

对于国内人口迁移的研究,人口迁移的影响因素分析是西方学者关注的焦点。概括起来,社会经济结构转型、人口周期和生命过程3种要素对人口迁移的影响最为突出。

(1) 经济结构转型对人口迁移的影响

以时间为参照系,西方社会大致经历了以下几种转型。20世纪70年代后,西方资本主义国家普遍开始了由工业社会向后工业社会的转型,表现为汽车、钢铁、建材业等传统产业在国民经济中地位的下降和微电子技术、海洋工程、生物工程等新兴高科技产业地位的上升。进入20世纪90年代,发达国家的经济结构信息化、服务化程度日渐升高,表现为制造业比重的下降和信息产业和生产性服务业比重的上升。此外,在后福特制背景下,企业规模的两极化态势明显,一方面是超大型的跨国公司,另一方面是更加灵活的富有弹性的小型化公司,经济结构上的多元化和空间上的分散化特征明显。上述转型是影响人口区际迁移流动方向和规模的重要因素。新的背景与条件使经济增长和劳动力需求上升的关系发生逆转,传统的与区域工资、就业机会相关的人口迁移概念与模式也发生变化。以美国为例,一些传统制造业集中的地区如东北部经济走向衰落,新兴产业集中的西部和东南部的经济走向繁荣,新的区域经济格局对人口迁移产生巨大影响,总体上看,新的区际差异导致美国中部地区平原的失业人口不断向美国东南部和西部快速发展地区迁移。但Cushing[3][50]认为上述迁移并非

---

[1] 周敏,林闽钢.族裔资本与美国华人移民社区的转型[J].社会学研究,2004,(3):36-46.
[2] Boswell T D and Cruz-Baez A D. Residential segregation by socioeconomic class in metropolitan Miami: 1990[J]. Urban Geography.1997, 18(6): 474-496.
[3] Cushing B. Migration and persistent poverty in rural America: a case study from central Appalachia. In Pandit K and Withers D et al., Migration and restructuring in the U.S. Rowman and Littlefield: Longman.1999.

绝对，他通过对阿巴拉契亚煤炭采掘业衰落地区的研究发现，很多失业的中老年人并未因失业而迁移，表现出强烈的地域依赖性。Brown等[1][51]对俄亥俄河谷地区的研究表明，衰落地区的失业人口是否外迁取决于很多因素，表现出明显的地域差异，同样，经济结构调整对人口迁移的影响也存在地域差异，不存在固定模式。

（2）人口周期对人口迁移的影响

人口增长在时间系列上表现出一定的周期性，这种周期性对人口迁移产生重要影响。上世纪50-60年代是西方国家的人口增长高峰期（Baby boom），70年代人口增长则步入低谷（Baby bust），一些学者对人口增长的阶段性所引致的人口迁移的差异性进行了研究。Plane[2][52]认为人口迁移率随着人口的不同年代出生人口规模的变化而变化，代际间的迁移率差异巨大，出生于高峰期的人由于面临更多的就业和住房竞争，人口迁移率下降。Pandit[3][53]通过对不同年龄段迁移者的访谈分析发现，出生于人口生育低谷期的人口的首次迁移的平均年龄要比人口生育高峰期出生的人口首次迁移年龄要小。

（3）生命过程对人口迁移的影响

除宏观层面的社会经济转型和中观层面的人口周期分析外，微观层面的生命过程对人口迁移也有重要影响。Withers[4][54]探讨了与生命过程相关的迁居行为，分析了婚姻与家庭结构变化对人口迁移行为的影响。

---

[1] Brown L A,Lobao L and Digiacinto S. Economic restructuring and migration in an older industrial region: the Ohio River Valley. In Pandit K and Withers D et al., Migration and restructuring in the U.S. Rowman and Littlefield: Longman.1999.
[2] Plane D and Rogerson P. The geographical analysis of population[M].New York: John Wiley & Sons. 1994, 145-192.
[3] Pandit K. Demographic cycle effects on migration timing and the delayed mobility events[J]. Papers of the regional science association, 1997, 29（3）：187-199.
[4] Withers S D. Methodological considerations in the analysis of residential: a test of duration state dependence and associated events[J]. Geographical Analysis.1997, 29（4）：354-374.

Davies和Pickles[55] 运用生命过程分析方法分析了生命过程与住房购买的关系，系统展示一个人的迁移决策是如何被制定并执行的。Ohland和Shumway[56]分析了婚姻、工作、家庭结构转换等与人口迁移的关系，探讨了年龄、婚姻、收入等要素的变化对人口迁移行为的影响。Cooke和Bailey[57]对女性在家庭中的地位变化及其对家庭迁移行为的影响进行了深入分析。

7. 人口迁移研究的理论与方法

人口迁移研究具有很强的学科交叉性，涉足较多的学科有社会学、人口学、政治学、地理学，不同学科侧重研究内容和视角也不一样，采用的方法各异。从时间系列大致分为3个阶段：（1）20世纪50年代以前，区域调查与统计分析方法被较多运用，注重对人口迁移现象的宏观描述；（2）20世纪50-80年代，新古典模型、行为主义等理论得到广泛应用，受计量革命影响，人口迁移研究较多采用数学模型进行量化分析，分析视角也从宏观转向微观，从群体行为转向个体行为；（3）20世纪80年代以后，结构主义、人文主义、行为主义、女性主义等理论视角得到广泛应用，方法论上日趋多元化，除传统的实地调研、问卷调查、深入访谈、人口地图统计图表和数学模型外，近些年采取了一些新的定性和定量的分析方法。以下介绍几种主流的人口迁移研究方法，并进行简要评价。

（1）结构主义研究方法

作为西方人口迁移研究的基础性理论，结构主义理论兴起于20世纪70年代末，为社会学家Giddens创立。结构主义方法论强调社会经济结构对于社会现象的解释力，任何个人或群体的迁移行为都是在一定社会经济结

---

① Davies R B and Pickles A R. An analysis of housing careers in Cardiff[J].Environment and Planning.1991, 23: 629-650.
② Odland J and Shumway J M. Interdependencies in the timing of migration and mobility events[J]. Papers of the Regional Science Association.1993, 72: 221-237.
③ Bailey A and Cooke T. Family migration and employment: the importance of migration history and gender[J]. International Regional Science Review.1998, 21（2）: 99-118.

构的框架下展开的，投射了宏观社会结构的影子，结构变化必然引起人口迁移变化。Goss和Lindquist[1][58]运用此法对来自菲律宾的劳工移民进行了系统研究。这一理论的优势在于它能够较好把握宏观社会与经济状况对人口迁移的影响，但存在忽视迁移者个体因素作用的缺陷，认为人口迁移只是一定社会经济结构的被动产物，只能顺从社会经济结构因素的安排。可见，这种理论过分放大社会经济结构的作用，低估个人因素在人口迁移行为中的作用。

（2）计量模型

在人口迁移研究中人口迁移动机的解析方面，新古典均衡理论是被广泛应用的。它强调劳动力市场的均衡，认为人口迁移的过程就是就业空间非均衡分布走向均衡分布的自我调节过程，区域之间的就业和工资差别是人口迁移的根本动因，基于成本—收益分析视角的数学模型被大量采用。这一分析视角的优势在于具有很强的解释力，原理简单，可操作性强，但它过分强调经济因素在人口迁移中的作用，而忽视非经济因素。

（3）人文主义方法

人文主义的分析视角是在批判上述维社会结构论、维模型论基础上形成的，它强调迁移者本身的重要性，关注个体独特性以及研究者和被研究者的人文性，注重迁移者的思想、感觉、文化背景、生活经历等对人口迁移现象的解释作用。Miles和Crush[2][59]通过个人历史经历的纪录与陈述来分析不同迁移人口的迁移行为与特质。Vandsemb[3][60]也运用此法进行了类似研究。与结构主义和新古典均衡理论相比，人文主义更加注重人文因

---

[1] Goss J and Lindquist B. Conceptualizing international labor migration: a structuration perspective[J]. International Migration Review.1995, 29（2）: 317-351.

[2] Miles M and Crush J. Personal Narratives as Interactive Texts: Collecting and Interpreting Migrant Life-Histories[J].Professional Geographer.1993, 45（1）: 84-94.

[3] Vandsemb B H. The place of narrative in the study of Third World migration: the case of spontaneous rural migration in Sri Lanka[J].The Professional Geographer.1995, 47（4）: 411-425.

素,但容易陷入过分强调个体独特性而人为的割裂与现实社会背景关联性的危险。

(4)纵向分析法

另一种人口迁移研究方法是纵向分析法(Longitudinal approaches)。Davies和Pickles[1][61]认为,传统的人口迁移研究较多采用跨部门统计分析方法,但在同一空间对不同迁移人口特征的比较分析容易出错,他们指出以时间轴为基础的纵向分析法更加适合具有连续性与动态演变过程特质的人口迁移研究,主张把迁移者的迁移史与其出生、上学、结婚、养育孩子、工作、收入变换、住房变换等因素密切联系,从而更好的揭示迁移行为规律及影响因素。

(5)女性主义方法

随着女性主义思想的兴起,西方的人口迁移研究开始注重从女性主义视角看待人口迁移问题,它增加了之前多数人口迁移研究中对性别维度的考量,有助于拓展性别在人口迁移中的差异性研究。Shumway和Cooke[2][62]运用女性主义方法和有关性别与行为差异理论对人口迁移的性别差异进行了研究,发现家庭内部的性别等级结构对家庭中不同性别成员的迁移行为产生重要影响,在以男性为主导的家长制家庭结构中,女性尤其是已婚女性迁移行为受到限制,随着妇女地位的上升及由此引致的妇女在家庭中决策地位的上升,女性迁移比重日益上升。

(6)民族志研究法

人口迁移研究的传统研究较多依赖于统计或普查资料,它在从整体揭示迁移行为规律方面是有效的,但数据本身的可靠性和科学性值得商榷,数据背后的故事我们无从知晓。正如McHugh所言,"人口迁移研究不能简单地

---

[1] Davies R B and Pickles A R. An analysis of housing careers in Cardiff[J].Environment and Planning.1991, 23: 629-650.
[2] Shumway J M and Cooke T J. Gender and ethnic concentration and employment prospects for Mexican- American migrants[J]. Growth and Change.1998, 29: 23-43.

依据人口普查或抽样调查所得的数据或资料,人口迁移中隐含着许多人口普查或抽样资料所无法取得的一些要素,如迁移人的情感、思想、经验、期待、愿景与抱负等,而这些因素是难以在人口普查或抽样资料中获取的"[1][63],于是,他倡导学界要借鉴人类学视角的民族志研究法,只有深入迁移者内心深处,以局内人的视角看待迁移行为,研究本身才更加接近客观。

(7)地理信息系统技术

对于从地理视角研究人口迁移的学者而言,惯常方法是地理信息系统技术,它能从空间维度对迁移行为进行有效分析与挖掘。Johnson和Roseman[2][64]采用GIS技术对美国黑人迁移人口的空间分布及演变过程进行了分析;Clark[3][65]运用此法探讨了移民在洛杉矶的空间分布状况及其对学校分区的影响。

(二)国内流动人口研究

1. 流动人口相关概念

在中国制度背景下,与人口流动的相关概念大致有迁移人口、流动人口、暂住人口、外来人口等几种。

(1)流动人口

指人们在没有改变原居住地户口的情况下,到户口所在地以外的地方从事务工、经商、社会服务等各种经济活动,即所谓"人户分离",但排除旅游、上学、访友、探亲、从军等情形。与迁移人口相比,流动人口的户籍地未发生变更,在工作机会、社会保障、学习机会、医疗保障等方面与本地市民和迁移人口都存在根本性差别。

---

[1] McHugh K.E, Skop E H and Miyares I M. The magnetism of Miami: Segmented paths in Cuban migration[J].Geographical Review.1998, 39(2): 56-67.

[2] Johnson J H and Roseman C C. Increasing black outmigration from Los Angeles: the role of household dynamics and kinship systems[J].Annals of the Association of American Geographers.1990, 80(2): 205-222.

[3] Clark W A V. The expert witness in unitary hearings: The six green factors and spatial-demographic change[J]. Urban Geography. 1995, 16(8): 644-679.

(2) 迁移人口

指那些因为工作调动、升学、嫁娶等而使户籍发生变更的人口。多指从乡村到城市的迁移人口，一般而言，他们享有和城市本地人相似的市民待遇。

(3) 暂住人口

为实现流动人口有序管理，城市政府出台了人口登记制度，暂住人口指正式登记了的流动人口。由于种种原因，会有部分流动人口没有登记。

(4) 外来人口

这是人口普查中的概念，泛指现住地与户口登记地不一致的人。这一概念在不同时期有不同的界定，如在1990年中国第四次人口普查中的定义是"入住本县、市不满一年离开户口登记地一年以上的农业人口数"和"入住本县、市不满一年离开户口登记地一年以上的非农业人口数"，在2000年中国第五次人口普查中的定义是"在本街镇居住不满半年，离开户口登记地半年以上的人口数"。

对于流动人口和外来人口的使用选择，不少学者表示了谨慎态度，因为后者多少带有歧视成分。在我国特殊制度背景下，流动者被异化为不同身份者，来自乡村的和持农业户口的人在城市被视为外来的，外来的不仅表征地理上的来自不同地域，而且内化于我国二元社会经济制度中，存在一个被制度重新建构的过程。从人类学视角看，本地人/市民将自己定义为"自我"（self）的过程同时也是将外来人口定义为"他者"（other）的过程，外地人口是通过本地人（市民）这一主体的想象所建构的一个"被想象的共同体"。

对比而言，流动人口的概念更加客观，流动是一个社会的常态，是市场经济赋予社会的基本规则和理性，经济要发展就必须有一定的流动性，跨越一定地理界限的人口流动是再正常不过的事情。人口的迁移流动意味着生存和进步，静止则意味着停滞和萧条。故而，流动人口是本研究的主要研究对象。

2. 人口流动的动因

对于中国流动人口的外出动因,社会学、经济学、人口学等看法不一,较为权威的解析有以下几种:陈吉元[1][66]和辜胜阻[2][67]是推拉因模式的支持者,前者认为城市收入高和农民失业率高形成推力和拉力促进农民进城,后者认为由于中国农村实行以均分土地为特征的联产承包制,农村推力相对小,农村的流动人口迁移模式以拉力占主导地位。黄平[3][68]提出"生存理性"的观点,认为中国农民在自己所处的特定资源与规则条件下,为寻求整个家庭的生存而首先选择并非最次的行为方式;经济学家蔡昉[4][69]提出劳动力剩余理论,认为我国农村存在大量剩余劳动力,不得不到外面寻找就业机会和出路,符合经济理性的原则;人口学家孙立平[5][70]提出普遍贫困理论,认为农村劳动力很难判断哪些是剩余的,哪些是非剩余的,而农村普遍的贫困才是外出的动因。罗霞和王春光[6][71]认为上述动因在一定程度上忽视了社会情境的变化和惯习的作用,他们指出,新生代流动人口外出难以用一种原因加以解释,在外出过程中他们不断地建构和重构外出的理由,不同时间、情境、社会阅历对人们的行为动因和选择建构产生不同影响,即行动主体的行为原因是在其惯习与社会场域的互动和构建中形成的。时间对人们的行为及看法具有建构作用,外出动因不是凝固不变的,而是不断的建构、解构和重构之中[7][72]。

3. 人口流动的障碍因素

多数学者们把中国人口流动的最大障碍归结为户籍制度。户籍制度不仅是一个单纯的户口证明,这种身份的二元化导致了就业、社会保障制度

---

[1] 陈吉元,庾德昌.中国农业劳动力转移[M].北京:人民出版社,1993.
[2] 辜胜阻,简新华.当代中国人口流动与城镇化[M].武汉:武汉大学出版社,1994.
[3] 黄 平.寻求生存——当代中国农村外出人口的社会学研究[M].昆明:云南人民出版社,1997.
[4] 蔡 昉.中国流动人口问题[M].河南:河南人民出版社,2000.
[5] 孙立平.断裂——20世纪90年代以来的中国社会[M].北京:社会科学出版社,2003.
[6] 罗 霞,王春光.新生代农村流动人口的外出选择与行为选择[J].浙江社会科学,2003,(1):109-113.
[7] 王春光.新生代农村流动人口的社会认同与城乡融合的关系[J].社会学研究,2001,(3):63-76.

等一系列制度的二元化。在此制度框架下,农村流动人口成为一种社会标签,自上世纪50年代我国建立城乡分割的二元体制以来,几十年来逐步固化,形成了"城乡分治、一国两策"的局面[1][73]。时至今日仍然没有发生实质性改变,表现为国家收入政策更加向城市倾斜,城乡差距加大。李强[2][74]认为中国的户籍制度具有一种"社会屏蔽"(social closure)的功能,它将社会上一部分人屏蔽在分享城市的社会资源之外。这种先天的屏蔽工具比起文凭、学历、技术证书等后天屏蔽工具更加不公平。王春光[3][75]认为中国是由户籍决定的社会身份来安排再分配资源和社会流动机会的,由于中国户籍制度的存在,流动人口的城乡迁移行为在一定程度上仍然是从一个边缘社会(农村实际上是我国的边缘社会)进入另一个边缘社会(城市边缘)。Fan[4][76]认为中国的户籍制度是最顽固的计划经济时代的遗留,导致并强化了两极分化,有利于城市而不利于农村,户籍不仅是地理出身,还隐含着社会经济地位、机会和限制等,往往与住房、食物、工作、教育等紧密联系,具有代际相传的特点。他还指出在计划经济时代,凭借工农业剪刀差的形式实现廉价的工业化,如今一方面放松户籍限制另一方面不给其市民地位也是旨在维持一种低成本的工业化进程。

4. 流动人口在城市生存的资本

在陌生而充满竞争的城市环境中,流动人口为什么能够坚强的生存下去,他们凭借什么?对此,一些学者做了深入探讨。

(1)社会资本

一般而言,基于血缘、亲缘、地缘的社会资本是流动人口在城市中生

---

[1] 陆学艺.走出"城乡分治、一国两策"的困境[A]."21世纪初期中国经济改革国际论坛"论文集[C].2000.
[2] 李强.当前我国城市化和流动人口的几个理论问题[J].江苏行政学院学报,2002,5(1):61-67.
[3] 王春光.中国职业流动中的社会不平等问题研究[J].中国人口科学,2003,(2):1-13.
[4] Fan C C. Interprovincial migration, population redistribution and regional development in China: 1990 and 2000 census comparisons[J].The professional Geographer, 2005, 52(2): 295-311.

存的重要倚赖,尤其在人口迁移的初期阶段。李培林[1][77]通过流动人口迁移途径、城市生活等方面的分析发现在农民脱离土地、创办企业过程中,家庭论理规范是一种节约组织成本和监督成本的有效手段,成为一种社会资源和降低成本的途径,是一种理性的行为选择,社会资本成为一项重要的资源。但朱力[2][78]认为流动人口的社会资本在一定程度上阻碍了其对城市的认同和归属,因为它加强了流动人口亚社会生态环境,保持了传统观念和小农意识。是社会理性化过程的障碍因子。对此,曹子玮[3][79]提出流动人口要学会在城市建立新的社会关系网路。

(2)人力资本

其次,流动人口人力资本对移民的过程及对其经济收入产生重要影响。姚先国等[4][80]研究发现职业培训对外出劳动力成为生产工人或从事服务业具有显著影响。赵延东[5][81]探讨了职业培训和正规教育对于流动人口经济地位的作用的差异性表现,发现差别不大,对此的解释是职业培训不仅是获得新的人力资本的途径,还为流动者原有的人力资本提供一种有效的补充和转化方式。但曾旭晖[6][82]对成都的实证研究发现在市场化程度较高的非正规劳动力市场中,流动人口的教育回报率不明显,与市民相比明显偏低,这证明劳动力市场二元分割的特质对人力资本与流动人口经济关系的影响。此外,他还指出城市生活本身具有人力资本再生产的意义,而务农可能导致相对消极的影响。

---

[1] 李培林.流动民工的社会网络和社会地位[J].社会学研究,1996,(4):42-52.
[2] 朱 力.论农民工阶层的城市适应[J].江海学刊,2002,(6):82-88.
[3] 曹子玮.农民工的再建构社会网与网内资源流向[J].社会学研究,2003,(3):99-110.
[4] 姚先国,俞 玲.农民工职业分层与人力资本约束[J].浙江大学学报(人文社会科学版),2006,(5):18-24.
[5] 赵延东,王奋宇.城乡流动人口的经济地位获得及决定因素[J].中国人口科学,2002,(4):8-15.
[6] 曾旭晖.非正式劳动力市场人力资本研究:以成都市进程农民工为个案[J].中国农村经济,2004,(3):34-38.

5. 流动人口对城市的影响

（1）流动人口对城市的正面影响

关于流动人口的历史贡献，学界作了大量卓有成效的研究。郝虹生等[1][83]把中国流动人口对城市的贡献归结为5点：弥补了城市劳动力不足、尤其是脏累差的职位；加速了城市第三产业的发展、促进了产业结构的调整；方便了城市居民的生活需要；减轻了农村剩余劳动力过剩给社会带来的压力；促进了城乡、地区间的经济技术和文化交流，改善了农村的物质和文化生活，缩小了城乡居民消费水平的差别。马万昌[2][84]从文化的视角分析了流动人口对北京的影响，指出流动人口的到来为北京文化注入了竞争意识和创新进取精神、刺激了北京传统文化的惰性要素、丰富了北京的多元文化。此外，国务院研究室[3][85]的研究认为流动人口在传统体制之外开辟了一条工农之间、城乡之间生产要素流动的新通道，为二、三产业的发展提供了源源不断的低成本劳动力，填补了制造业、建筑业、餐饮服务业等劳动密集型产业的岗位空缺，2005年数据显示中国城市流动人口在第二产业从业人员中占58.6%，在第三产业从业人员中占52.3%，流动人口已成为支撑我国工业化发展的重要力量。此外，人口流动对于促进我国劳动力市场发育、劳动用工制度改革和劳动力资源配置的市场机制形成都具有重要意义。振华[4][86]总结了流动人口的6大贡献：（1）为工人阶级增加了新血液；（2）开拓了我国农民就业和增收的主渠道；（3）推动了国民经济的快速增长和产业结构的优化和调整；（4）实现了生产要素合理配置与优化组合，降低了工业化成本，增加了国民经济积累；（5）培育和积累了支撑我国经济发展必需的人力

---

① 郝虹生，杜鹏，林富德等.我国大城市外来人口管理问题与对策[J].人口研究，1998，22（2）：28-34.
② 马万昌.刍议当前外来人口对北京文化的影响[J].北京联合大学学报，2000，14（1）：74-77.
③ 国务院研究室.中国农民工调研报告[J/OL].新浪网，http://news.sina.com.cn/c/2006-04-16/09258708684s.shtml.2006-4-16.
④ 振 华.1亿农民工的六大贡献[J].江淮，2004，（3）：32-33.

资本;(6)是传播先进文化和现代城市文明、农促农村现代化的桥梁。巫继学[1][87]把流动人口的贡献归结为10点:(1)为经济起飞持续提供充裕的廉价劳动力;(2)壮大并更新了我国产业大军;(3)缓解农村剩余劳动力难题;(4)扮演农村社会脱贫的主力军;(5)大量流动人口进城冲击着城市消费,改变着城市消费规模、消费结构与消费水平;(6)对传统农村的生育观念带来根本性冲击;(7)推动了城市扩容与小城镇的建设;(8)加速市场化进程;(9)将城市生活的新观念,市场经济运行中的新规范带回农村;(10)培养着一代新型农民,即农夫转变为"农商"。何晓红[2][88]对于深圳流动人口的实证研究表明,流动人口对深圳的经济发展、制度改革、政治文明建设、社会进步和人文精神塑造等方面都起到推动作用。

除讨论流动人口对城市的有形贡献外,国内一些人口研究专家将中国流动人口与中国的市场化、现代化和城市化等重大议题相结合,对流动人口给予了高度评价。杨云彦[3][89]指出流动人口作为一种重要的市场化力量,不断冲击着传统的与计划经济相匹配的城市经济和社会管理体制,为我国城市经济改革和发展注入了生机与活力。项飚[4][90]认为我国建国后前30年的现代化进程是以农民的劳动成果为基础的(剪刀差),但又排斥农民参与进来,现代化的成果在城里,但农民享受不到。农民工的出现意味着完全依赖行政力量推行现代化模式的终结,农民开始直接参与现代化过程,农民工是当今社会变迁最积极的动力源之一。周晓虹[5][91]通过对温州籍流动人口的流动经历及由此获得城市生活体验的考察,认为这两种因素是流动人口的价值观念、生活方式和社会行为模式发生从传统向现代转变

---

[1] 巫继学."农民工"在中国经济中的十大革命性意义[J/OL].中国价值网. http://www.chinavalue.net/showarticle.aspx?id=24410.2006-3-24.
[2] 何晓红.农民工的贡献与深圳特区发展[J].特区经济,2006,(4):121-122.
[3] 《人口研究》编辑部.外来人口:利大还是弊大[J].人口研究,1997,21(4):35-43.
[4] 项飚.东镇民工系列调查[J].社会调查,1997.
[5] 周晓虹.流动与城市体念对中国农民现代性的影响[J].社会学研究,1998,(5):58-70.

的关键因素,与此类似,海外一些华人学者如Shen[1][92]和Zhu[2][93]把流动人口的贡献概括为非正式城市化(Informal urbanization),Fan[3][76]认为对于中国城市化、工业化而言,流动人口的出现是巨大的成本节约。

(2)流动人口问题及对城市的负面影响

由于诸多不平等的制度和规则,流动人口在城市里并没有享受到各种应有的权利,经常受到许多不公正待遇。归结起来,流动人口问题主要体现在以下方面:

① 就业和利益分配

由于受户籍制度、城市管理政策和自身条件限制,流动人口大都从事肮脏、危险的工作,工作环境差、工作时间长、劳动报酬低、工资无保障、工伤事故频发。跟城镇正式工人相比,获得的是"同工不同酬、同工不同时、同工不同权"的"三同三不同"地位。以劳动报酬为例,沈立人[4][94]的研究表明70%以上的农民工月收入在600元以下,20%月收入在600-800元之间。2004年全国1.4亿进城农民工的月均工资为539元,而同期城镇职工月均工资是1 335元。

② 劳动保护

劳动强度大、劳保条件差导致流动人口发生工伤事故的比例居高不下,企业和政府对生产和利润关注较多,对流动人口劳动保护问题忽视或回避。据国家安全生产监督管理局有关人士透露,仅2004年第一季度全国发生各类事故236 048起,死亡31 371人,其中流动人口占绝大

---

[1] Shen J F. Chinese urbanization and urban policy. In Lau C M and Shen J F et al., China Review. Hong Kong: Chinese University Press, 2000.455-480.

[2] Zhu Y. Beyond large-city-centred urbanizaition: in situ transformation of rural areas in Fujian Province[J]. Asian Pacific Viewpoint, 2002, 43(1): 9-22.

[3] 《Fan C C. Interprovincial migration, population redistribution and regional development in China: 1990 and 2000 census comparisons[J].The professional Geographer, 2005, 52(2): 295-311.

[4] 沈立人.中国弱势群体[M].北京:民主与建设出版社,2005.

多数[1][95]。

③ 社会保障

流动人口是城市建设的中坚力量，但从城市政府获得的服务极其有限，经常被排斥在地方政府的服务体系之外，有关就业、医疗、住房、信贷政策等福利政策基本与流动人口绝缘。如就业，很多单位招聘要求本地户口，对外来农民工设置很高门槛，与城市正规劳动力市场相比，流动人口大都从属于次属劳动力市场，非正规就业比重高，失业率高；再如住房，市民购房大多可以享受公积金等优惠待遇，政府出资兴建的廉价经济适用房也是为贫困市民所设计，与流动人口无关。

④ 子女教育

随着大量流动人口进城务工方式逐渐由单身向家庭化方向转变[2][96]，农民工子女教育问题愈加突出，大致分两个层次，在农村的"留守子女"和被携带进城的"进城子女"。"留守子女"多和祖父母生活，在思想交流方面存在障碍，使小孩性格发展不够完善；另外，隔代教育存在娇惯、溺爱成分，致使小孩过分顽皮，学习不用功，违反纪律，这些都对孩子成长产生不利影响。对于"进城子女"，由于城市学校普遍采取收取高额择校费的经济排斥方式，拒绝农民工子女进入城市主流文化教育体系，这可能导致贫困文化的代际传承，一种通行做法是建立农民工子弟学校，其优势是成本低、管理相对便利，但它将流动人口子女固化在一种相对封闭的区域，阻碍其与市民后代间的交往和互动，这可能为市民后代歧视流动人口子女埋下祸根。

⑤ 社会声望

流动人口在城市生产生活经历中经常受排斥与歧视，甚至发展成为一种恒常性都市体验，"民工禁止入园，违者罚款十元"、"此公厕禁止农

---

[1] 孙华山.在国务院新闻办记者招待会上的讲话[J/OL].中国网. http://www.china.org.cn/ch-xinwen/content/news426.htm.2004-4-29..

[2] 史柏年.城市边缘人[M].北京：社会科学文献出版社，2005.5.

民工使用"、"农民工冻死医院门口"等一些公然歧视流动人口的事件屡见不鲜。多数市民和管理者把城市脏、乱、差等归罪于流动人口,流动人口与种种城市问题联系在一起甚至成为一种普遍性城市感知。

⑥ 流动人口心理疾病及由此引发的犯罪

在上述诸因素综合作用下,使流动人口长期处于一种贫穷、压抑的生活状态,频繁的受挫感、失落感、孤独感,使部分农民工产生严重的心理扭曲,甚至发展为敌视社会与他人,最终演化为犯罪。近年来流动人口在城市里犯罪现象日益突出,余红等①[97]的研究表明外来民工犯罪案件占总犯罪案的比重从20世纪80年代末的30.1%上升到2000年的52.7%。在北京,流动人口犯罪占全市犯罪总数的比重1980年为3.4%,1988年为23.3%,1994年升至56.7%;上海市公安局抽样调查显示,1984年该市流动人口犯罪数占全市犯罪总数的比重是10.8%,1988年增至31.4%,1998年升至58.1%,并呈现不断增强态势;广州的情况也很类似,犯罪嫌疑人中85%以上是流动人口②[98]。在城市本位主义思想主导下,外来人口犯罪成为一个焦点话题。流动人口的犯罪特点、犯罪构成、犯罪类型、犯罪原因、预防对策是研究重点,刘增禄③[99]把犯罪特点概括为犯罪空间集中在城郊、以地缘和亲缘为纽带的团伙为主、隐蔽性强、目标随机,陈小玉④[100]把流动人口犯罪机制归结为社会地位二元分割、文化冲突、相对剥夺感、社会控制体系弱化4个方面。此外,还有大量针对具体城市流动人口犯罪问题的专题研究,包括如北京⑤[101]、广州⑥[102]、天津⑦[103]、成都⑧[104]、重庆⑨[105]等。

---

① 余红,丁骋骋.中国农民工考察[M].北京:昆仑出版社,2004.
② 李玲,欧阳惠,陈耀森等.大城市流动人口特征与管理[J].人口研究,2001,25(3):46-52.
③ 刘增禄.城郊外来人口犯罪引发的社会问题[J].中共青岛市委党校学报,2006,(2):66-68.
④ 陈小玉.转型期流动人口犯罪的社会学思考[J].安徽工业大学学报,2001,18(4):41-44.
⑤ 候子宜,王若阳,朱洪启.外地来京人员犯罪特点及对策[J].北京人民警察学院学报,1994,(3):35-37.
⑥ 安新予.广州市外来未成年人犯罪的调查研究[J].青年探索,2004,(6):47-50.
⑦ 从梅.城市社区外来人口犯罪特点与对策[J].理论与现代化,2005,(4):58-60.
⑧ 廖显赤,张胜康.城市外来无业人员犯罪问题初探[J].城市问题,1996,(4):41-16.
⑨ 郭开怡.重庆市城乡结合部外来流动人口特点及其影响[J].重庆师范大学学报,2004,(1):94-97.

关于流动人口对城市的负面影响，张胜康[106]等将其概括为4点：大量流动人口进城给城市市政建设尤其是基础设施造成巨大压力，体现在交通、供水、卫生等；由于流动人口的构成复杂性，缺乏一定的主管部门，给城市管理带来压力，违法犯罪现象突出；由于长期处于流动状态，常住地政府部门对他们管不着，给计划生育增加难度；产生了流动人口子女教育问题；给城市就业市场造成巨大压力。此外，李朝晖[107]对不同代际流动人口可能引发的城市冲突差异进行了分析，他认为第二代移民的潜伏因素更大，相比之下，第一代由于对现存秩序接受程度高，比较认同城乡差别，但第二代由于生产、生活在城市，缺失乡下人的身份，可能形成一种群体认同，一旦其诉求和主张得不到满足，可能引发冲突。

6. 全国或区域层面的流动人口实证研究

对于流动人口的研究，大致有2种途径：一是依赖于普查资料、各职能部门（尤其是公安部门）的抽样调查资料和统计资料；二是进行对城市的问卷调查与访谈。前一类型研究如蔡昉、王德文[108]利用1987、1995和2000年流动人口相关数据分析全国迁移人口的地区分布状况，认为经济发展水平和市场发育程度在地区间的不平衡决定了中国人口迁移的基本方向。乔晓春[109]利用2000年数据分析了中国城市流动人口的迁移状况。许鹏、王晓波[110]利用2000年数据分析了全国各省份外来人口的数量、省际和省内、性别差异。李娟等[111]利用1990/2000年数据对重庆流动人口的特征和原因进行了研究。

---

① 张胜康.论城市外来人口及其对城市的影响[J].现代城市研究,1995,(2):46-49.
② 李朝晖.人口流动与城市冲突[J].中国改革,2005,(9):67-68.
③ 蔡 昉,王德文.作为市场化的人口流动[J].中国人口科学,2003,(5):11-19.
④ 乔晓春.五普数据分析城市外来人口状况[J].社会学研究,2003,(1):87-94.
⑤ 许鹏,王晓波.中国外来人口流动的基本规律[J].市场与人口分析,2004,10(6):46-50.
⑥ 李 娟,任国柱,鲁 奇等.20世纪90年代重庆市流动人口特征及动因分析[J].地理科学进展,2006,25(2):77-84.

此外，还包括大量针对单个城市的实证研究，如武汉[1][112]、福州[2][113]、济南[3][114]、玉溪[4][115]等。调查主要内容包括：流动人口的迁移动因、数量、结构特征（包括城市流动人口性别比例、年龄结构、文化程度、滞留时间长短、居住状况、各种行为活动等）、地域特征（迁入地、迁出地），在此基础上分析流动人口对城市发展的影响、提出相应的对策与建议。

另外，一些深入系统的调查包括《调研世界》杂志社[5][116]对北京流动人口展开的调查，较全面的了解了北京流动人口情况，包括流动人口总量、分布、留京时间、婚姻状况、文化素质、就业状况、住房供给、对北京的情感认同等。项飚[6][117]对东莞东镇民工进行了细致调查，内容包括流动起点和流动经历、流动机制、收入、社会资本、预期定位和未来安排等专题。

7. 流动人口管理的研究

俞德鹏[7][118]总结了我国城市流动人口管理方式的弊端，表现为计划式管理方式导致管理的低效性；防范式管理方式把流动人口作为对立面；"只管手脚不管头脑"式的管理方式使流动人口的思想品行放任自流。至于管理混乱的原因，Fan和Taubmann[8][119]认为中国城市政府对流动人口管理体制极为混乱，一方面，在城市各职能部门内部相互冲突，如劳动局希望本地人充分就业，压制流动人口，而工商局希望征收更多税费，鼓励所有人就业。另一方面，城市管理者和基层管理者利益也不一致，社区层

---

[1] 张立明，马勇.流动人口对武汉城市建设和发展的影响与对策[J].南方人口，1996，(4)：32-35.
[2] 刘观海.福州市外来人口现状与管理对策的思考[J].福州党校学报，2001，(3)：55-57.
[3] 张心侠，张丽雯，梁开增.目前城市流动人口刍议[J].山东经济，1996，(2)：25-27.
[4] 王声跃，李冬梅，张文.玉溪市外来人口研究[J].玉溪师范学院学报，2001，17(6)：37-42.
[5] 调研世界杂志社.北京市外来人口分析系列：北京市1997外来人口普查资料分析[J].调研世界，1997.
[6] 项飚.东镇民工系列调查[J].社会调查，1997.
[7] 俞德鹏.现行城市外来人口管理方式的弊端[J].城市问题，2001，(1)：43-47.
[8] Fan J and Taubmann W. Migrant enclaves in large Chinese cities. In Logan J R. The new Chinese city. Oxford: Blackwell Publishers, 2002.183-197.

面的村、镇、村民因为租金等利益关系对流动人口持欢迎态度,而城市政府或区级政府由于管理能力欠缺持反对态度。在很多城市的流动人口集聚区,极少的本地人管理着众多的外来人。对此,李若建[1][120]认为这反映了我国现行的行政公共资源的配置与实际人口分布严重脱节。

对于对流动人口管理的意见和建议,理论界普遍认为中国的城市规划不仅要计算常住人口,还要考虑流动人口;积极发展中小城镇,最大限度的吸引农村剩余劳动力,避免人口盲目流向大城市;对流动人口进行总量控制[2][121],如一些城市公布城市的最大负荷人口数量,如北京300万(流动人口)、深圳1 100万(流动人口)。更多学者认为要从改革现行流动人口管理体制入手,如项飚[3][122]认为要转变思路,强化社区在城市管理中的作用,要充分激发民间自我管理机制,使之和政治控制相结合,形成"政府—民间"的管理结构模式。与此类似,罗登华[4][123]提出要运用"管理和服务"的模式,以人为本,从他律走向自律。黄晨熹[5][124]针对上海市流动人口管理现状,提出社区化管理模式,其特点是属地化管理、服务型管理和参与式管理。

8. 流动人口的空间分析

(1) 流动人口空间分布与差异

国内地理学者较多从空间视角对流动人口进行研究,主要探讨流动人口空间分布与差异。顾朝林等[6][125]通过对北京、天津、南京、廊坊、唐山、昆山等地流动人口进行问卷调查,对中国大中城市流动人口迁移和流动特征、从业结构、迁移原因和途径进行研究,发现流动人口迁移动机是

---

[1] 周 敏.专家解剖:暂住证制度还能延续多久[N].羊城晚报(A20版),2006-12-26.
[2] 孟学农.加强外来人口及其人口聚居区的规范化管理[J].瞭望新闻周刊,1995.48.
[3] 项 飚.跨越边界的社区[M].北京:生活·读书·新知三联书店,2000.
[4] 罗登华.成都市外来人口的特点及管理模式的转变[J].成都大学学报,2002,(3):34-36.
[5] 黄晨熹.大城市外来流动人口特征与社区化管理[J].人口研究,1999,23(4):53-57..
[6] 顾朝林,蔡建明,张 伟等.中国大中城市流动人口迁移规律研究[J].地理学报,1999,54(3):204-212.

经济型主导,职业倾向具有低附加值、非熟练工作岗位指向,链式迁移是迁移主导形式,从地域上看具有明显的移民集团和自然区间的社会劳动分工特色。朱传耿等①[126]利用1996年公安部的流动人口资料分析了中国三大城市流动人口圈的流动人口特征,京津连圈性别比高、以亲缘地缘聚居;沪宁杭圈表现为省内来源比例高、暂住时间长;广深厦圈表现为女性比重高、外省人数多,此外,他②[127]还对中国流动人口的影响因素进行分析,发现流动人口规模与经济增长、投资要素相关,与社会发展要素、消费要素相关性不显著。王桂新③[128]对上海流动人口的研究表明,流动人口在空间上呈现中心城区密度最高,向外密度下降的态势,从人口规模看,主要分布在中心城区边缘部(建成区)和近郊,户籍人口较大的地区流动人口也较多,空间分布整体上呈现郊区化态势。李玲等[98]对广州进行了类似分析。李若建④[129]利用1982、1990、2000年人口普查数据从职业、人口数、家庭构成、文化程度等方面分析了广州流动人口空间分布状况。鲁奇等⑤[130]以问卷为基础分析了北京市中心城区、近郊区和远郊区的流动人口在人口属性特征、职业、收入、住房、消费、未来期待等方面的空间差异。冯健等⑥[131]对南京市流动人口的特征、空间分布做了研究。赵渺希⑦[132]利用上海市2000年人口普查资料对流动人口进行社会空间研究,把上海流动人口的社会空间归结为4类:长期定居上海群体、来沪务工群体人口聚居区、高社会经济地位人口聚居区、社会特殊群体聚居区。周大鸣⑧[133]通过对珠三角流动人口状况的考察发现流动人口与本地

---

① 朱传耿,马荣华,甄 峰等.中国城市流动人口的空间结构[J].人文地理,2002,17(1):65-69.
② 朱传耿,顾朝林,马荣华等.中国流动人口的影响因素与空间分布[J].地理学报,2001,(5):549-461.
③ 王桂新.城市农民工的分布、居住与社会融合[J].人口研究,2005,29(4):39-41.
④ 李若建.广州市外来人口的空间分布分析[J].中山大学学报,2003,43(3):73-81.
⑤ 鲁 奇,黄 英,孟 健等.流动人口在北京中心区和近远郊区的分布差异的调查研究[J].地理科学,2005,25(6):655-664.
⑥ 冯 健,周一星,程冒吉.南京市流动人口研究[J].规划研究,2001,25(1):16-23.
⑦ 赵渺希.上海市中心城区外来人口社会空间分布研究[J].地理信息世界,2006,2(1):31-39.
⑧ 周大鸣.外来工与"二元社区"[J].中山大学学报,2000,40(2):107-112.

第一章 研究综述

人存在分配制度、职业分布、消费娱乐、寄居方式、社会心理等方面的割裂，藉此他提出了"二元社区"的概念。

（2）流动人口集聚区研究

空间视角的流动人口分析的另一重点集中于流动人口集聚区的研究。关于流动人口集聚区的定义，吴晓、吴明伟[1][134]认为它是以外来暂住人口为居民主体，以房屋租赁为主导建构方式，以城乡边缘带为区位选择的自发型集中居住区。

杨桃源等[2][135]对北京地区的画家村、河南村、浙江村、新疆村等典型流动人口集聚区进行了较为详尽的记述。其中，对于浙江村的研究最为集中。王汉生[3][136]等认为浙江村的独特之处在于它不同于一般意义上的劳动力流动，是带着综合性资源的经营者的流动，是一种产业——社区型流动。项飚[4][137]指出浙江村是聚合和开放的辩证统一，超越地域、体制、身份等一系列社会边界，成为居于体制之外的新的社会空间。孟延春、曹广忠[5][138]把浙江村的特点概括为开放的行业结构单一、低层次自我服务结构、与北京交流有限的系统，是低层次自我服务与外向型服装加工相结合的开放系统。胡兆量[6][139]从城市化模式的角度出发提出北京浙江村是异地城市化的典型代表，亲缘和地缘关系是该社会结构最重要的特征。吴晓[7][140]分析了流动人口聚居区的区位选择偏好、居民构成、就业构成、土地利用、居住状况等方面。张敏等[8][141]对流动人口集聚区进行

---

① 吴晓,吴明伟.物质性手段：作为我国流动人口聚居区一种整合思路的探析[J].城市规划汇刊,2002,(2)：17-21.
② 杨桃源等.都市里的编外村[J].瞭望新闻周刊,1995,48：14-19.
③ 王汉生,刘定远,孙立平等.浙江村：中国农民进入城市的一种独特方式[J].社会学研究,1997,(1)：56-67.
④ 项 飚.社区何为[J].社会学研究,1998,（6）：54-62.
⑤ 孟延春,曹广忠.北京南部特点归结为"浙江村"的结构、定位和特征研究[J].人文地理,1992,12(4)：5-10.
⑥ 胡兆量.北京"浙江村"——温州模式的异地城市化[J].城市规划汇刊,1997,（3）：28-30.
⑦ 吴晓.城市中的"农村社区"——流动人口聚居区的现状与整合研究[J].城市规划,2001,25(12)：25-30.
⑧ 张 敏,石爱华,孙明洁等.珠江三角洲大城市外围流动人口聚居与分布[J].城市规划,2002,26（5）：63-66.

了类型划分，包括前店后室型、邻厂租住型、前厂后舍型，分别对应城市的商业区、混有工厂的居住区和工业区。关于流动人口集聚区的形成机制，宋迎昌、武伟[1][142]归结为国家放开的政策和城市的近域拓展。千庆兰、陈颖彪[2][143]则认为流动人口集聚区是农村剩余劳动力的出现、城市就业机会的拉力、城市化与工业化、城市发展与近郊区的快速扩张、城市边缘区土地功能与生产方式的转变等共同作用的结果。

（3）流动人口居住空间研究

吴维平、王汉生[3][144]利用1999年上海市的流动人口居住状况调查、2000年北京流动人口居住状况调查等资料，通过构建住房质量指数等量化指标探讨了两市流动人口获得住房途径、住房条件和住房区位选择，发现与本地市民和迁移人口相比，流动人口处于弱势地位，认为户籍制度是最根本的原因。王桂新[4][145]的研究发现上海市流动人口的居住状况是以租赁住房居住为主导，以城郊结合部为区位选择的居住模式，主要集聚在环境条件较差的城中村、居民或单位闲置房及建筑工地等场所。在居住类型上存在明显地区差异：租赁私房中都市中心区最低，向外逐渐升高；租赁公有房屋中心区最高，向外下降；租赁单位住房以中心区边缘部最高，向两边下降；而寄住宿舍和工棚的比例相对比较平均。康雯琴、丁金宏[5][146]的研究表明上海市流动人口非居民化的居住特征明显，表现为居所集中在城市边缘、居住地更换频繁、住房质量差、居民身份认同感缺乏。李玲等[6][98]对于工作流动人口的研究发现流动人口大多分布在城乡结合部，居住形式以出租屋、单位内部和工地现场为主，出现了流动人口以地

---

[1] 宋迎昌，武 伟.北京市外来人口空间集聚特征、形成机制及其调控对策[J].经济地理，1997，17（4）：71-75.
[2] 千庆兰，陈颖彪.我国大城市流动人口聚居区初步研究——以北京"浙江村"和广州石牌地区为例[J].城市规划，2003，27（11）：60-64.
[3] 王吴维平，王汉生.寄居大都市：京沪两地流动人口住房现状分析[J].社会学研究，2002，（3）：92-110.
[4] 《人口研究》编辑部.农民工：一个跨越城乡的新兴群体[J].人口研究，2005，29（4）：36-52.
[5] 康雯琴，丁金宏.大城市开发区流动人口居住特征研究[J].城市发展研究，2005，12（6）：43-47.
[6] 李 玲，欧阳惠，陈耀森等.大城市流动人口特征与管理[J].人口研究，2001，25（3）：46-52.

缘、业缘关系集中起来的居住群。黄靖、王先文[1][147]从工厂集体宿舍、租赁民房、租住集体和个体出租房屋的密度、面积、配套设施、环境质量等方面分析了东莞小城镇流动人口居住空间隔离现状，认为户籍制度是造成居住空间隔离的根本原因，本地的非农化村庄经济强化了居住隔离。田剑平、许学强等[2][148]在城市流动人口居住类型的分析基础上提出了适合中国国情的自下而上的开发性移民自助安置模式，分析了自助安置模式对城市发展的影响，并以此为基础提出一种可能的自下而上的城市化发展模式。

对于流动人口住房问题的解决方案，很多城市对流动人口住房问题进行了大量有益的探索，建起诸如"农民工公寓"等住房，但学界对此做法持怀疑态度，张展新[3][149]认为此举不利于流动人口与本地人之间的交流、融合和一体化，混居化模式才是可行的。

9. 海外华人对中国流动人口的研究

需要指出的是，一批海外华人学者对中国流动人口问题表现出了强烈的关注，以Cindy Fan、Weiping Wu等为代表。研究重点主要集中于以下几点：

（1）流动人口迁移特征分析

Shen[4][150]利用1997年公安部暂住人口资料对流动人口工作和居住空间进行了研究，发现多数流动人口从事低报酬的工作，居住状况很差，是制度性因素和市场力量共同作用的结果。Fan[5][151]利用四普和五普资料运用人口重力模型对中国跨省人口的空间模式进行研究，发现中国跨省移民的数量巨大，方向上更加单向化，即从经济落后区迁往发达区，经济落差

---

[1] 黄靖,王先文.东莞小城镇外来人口居住空间隔离与整合问题研究[J].城乡规划,2004,(3):90-93.
[2] 田剑平,许学强,赵晓斌等.城市外来低收入移民安置与自下而上城市化发展[J].地理科学,2002,22(4):476-453.
[3] 张展新.城中村、外来人口与城市发展[J].北京规划建设,2005,(3):9-11.
[4] Shen J and Huang Y. The working and living space of the 'floating population' in China[J]. Asian Pacific Viewpoint, 2003, 44(1): 51-62.
[5] Fan C C. Modeling interprovincial migration in China, 1985-2000[J].Eurasian Geography and Economics, 2005, 46(3): 165-184.

的拉力大大强于实际距离阻力。此外，他还分析了中国跨省人口迁移与人口再分布和区域发展之间的关系[1][76]，研究表明人口流动是中国人口再分布的重要因素，中国经济改革扩大了区域差异，经济增长、工作机会和工资水平形成人口流动的重要拉力。

（2）二元劳动力市场分析

Fan[2][152]通过对比本地人、迁移人口和暂住人口的行业、文化水平、工资水平、企业属性和工作变动等方面，发现本地人的市场回报率最高，暂住人口最低，且有不断强化的趋势，户籍制度深刻影响着城市劳动力市场。基于此，中国正在形成一种对国家、企业、城市、市民都有好处的流动人口劳动力制度，目的旨在维持一种低成本的工业化[3][153]，这与Taubmann等的观点一致，后者认为中国存在高度分割的劳动力市场（Segmented labor market）：固定和正式工作往往是本地居民从事，暂时的非正式的工作由流动人口从事。

（3）流动人口居住状况分析

Wu[4][154]通过对北京、上海两市迁移人口、暂住人口和本地人口的问卷与访谈，对流动人口住房的住房获取途径和与当地人住房的差别进行探讨，发现户籍制等制度性因素、是否在城市居住和自身的社会经济状况共同决定流动人口的居住决策选择。此外，他利用1997年上海流动人口抽样资料分析上海流动人口住房和居住模式[5][155]，他们游离于正规的住房分

---

[1] Fan C C. Interprovincial migration, population redistribution and regional development in China: 1990 and 2000 census comparisons[J]. The professional Geographer, 2005, 52(2): 295-311.

[2] Fan C C. Migration and labor-market returns in urban China: results from a recent survey in Guangzhou[J]. Environment and Planning, 2001, 33: 479-508.

[3] Fan C C. The state, the migrant labor regime and the maiden workers in China[J]. Political Geography, 2004, 23: 283-305.

[4] Wu W. Sources of migrant housing disadvantages in urban China[J]. Environment and Planning, 2004, 36: 1285-1304.

[5] Wu W. Temporary migrants in Shanghai: housing and settlement patterns. In Logan J R. The new Chinese city. Oxford: Blackwell Publishers, 2002.212-226.

配制度外，这些人集中于工业单位、在城市边缘区租房，居住区位选择不是由住房供给状况决定，而取决于工作机会的有无。与此类似，Lin[1][156]也认为流动人口主要居住在城市外围区，不仅因为中心城区的较高房价和管理的相对严格和正规化，重要的是外围区工作机会的获得性。

（4）性别视角的流动人口分析

Fan[2][157]探讨了转型期中国流动人口的性别分异现象，认为中国流动人口较低的社会地位、限制妇女流动的社会文化传统等导致分割与分化的劳动力制度，强化了社会与性别分化，流动人口对于社会网络的依赖性强化了城市劳动力市场的隔离特征。同时，流动人口内部也存在性别分化，女性外迁往往短期的，已婚妇女作为家庭策略的一部分往往要回乡。此外，他还对婚嫁迁移这一类型进行研究[3][158]，发现迁移和区位有很大关系，区位甚至演化为与年龄、教育、经济能力等相仿的结婚属性。由于户籍制度的存在，一种属性的不足可以用另外一种属性的加强弥补，在城市超龄或贫穷的男士可以找到年轻的女性为伴。

（5）回迁流动人口分析

Murphy[4][159]通过对江西农村回流人口的访谈发现回流移民的企业家精神对农村城市化的贡献。Fan[5][160]通过对四川、安徽两地回迁人口、继续外迁人口和无流动经历人口的logit回归分析，探讨了回迁人口的回迁决策过程及其原因，表明户籍制度、素质相对低下、家庭需求等是流动人口

---

[1] Lin G C S. Regional urbanization in post-reform China: spatial restructuring in the Pearl River Delta. In Logan J R. The new Chinese city. Oxford: Blackwell Publishers, 2002.245-257.
[2] Fan C C. Rural-urban migration and gender divison of labor in transitional China[J].International Journal of Urban and Regional Research, 2003, 27, (1): 24-45.
[3] Fan C C. Marriage and migration in transitional China: a field study of Gaozhou, Western Guangdong[J]. Environment and Planning, 2002, 34: 619-638.
[4] Murphy R. Return migration, entrepreneurship and state-sponsored urbanization in the Jiangxi countryside. In Logan J R. The new Chinese city. Oxford: Blackwell Publishers, 2002.229-244.
[5] Fan C C. Success or failure: Selectivity an reasons for return migration in Sichuan and Anhui, China[J]. Environment and Planning, 2006, 38: 939-958.

回迁的主要因素，国家体制对回迁个体和家庭行为产生巨大影响。

（三）流动人口研究评价

随着中国城市化和工业化进程的不断加快，流动人口问题成为当代中国问题研究的重要部分，人口学、社会学、地理学、人类学、经济学等诸多学科从不同视角对流动人口进行全方位研究，研究成果层出不穷。总体上看，无论是关于人口迁移的种种理论，还是基于单个城市流动人口的实证研究，或是方法论上的先进性，都为本研究打下了坚实基础。对比国外移民研究、海外学者对中国流动人口研究和国内流动人口研究，在理论视角、重点内容、特征、方法论等方面均存在差距。归结起来，目前中国流动人口研究有以下特点。

重视宏观研究，忽视微观解析。对流动人口整体特征、对城市的影响、管理对策等宏观问题关注较多，对不同类型流动人口特征、内部分异及形成机制解析较少。

研究视角较多从管理者和研究者出发，缺乏从流动人口群体视角的本位主义研究，在某种意义上是一种经过建构和想象后的研究。

实证研究居多，理论提升不够。多数研究是基于单个城市流动人口特征进行实证分析，对于理论探究较多停留在对国外理论的应用和证实层面，从本土鲜活的现实情境出发，抽象与建构具有中国特色的理论的甚少。

细化研究缺乏。对某一类型人口迁移研究缺乏，如婚嫁迁移、流动人口劳动力市场、流动人口行为空间、流动人口感应空间、流动人口的性别视角研究甚少。

文化融合研究不足。在现行二元结构体制下，流动人口与本地人的差距可能进一步强化，如果解决不好这些问题可能引发城市社会问题，这与建设和谐社会的背景格格不入。关键是两者的文化不兼容，深入研究两者的文化融合至关重要。

流动人口对原籍地的影响研究不足。现行研究多从城市角度出发，注意到流动人口对城市的影响，而探讨流动人口对原户籍地的影响很少。事实上，大量回迁人口尤其是那些携带资本的回迁者对于农村的发展是很重要的。一些流动人口尤其是第二代流动人口对于乡村的认同感正在逐步降低，这可能成为城市与社会问题产生的根源。

对于流动人口方法论，从目前中国流动人口研究成果看，资料获取方面主要依赖官方普查和各类型统计资料及问卷与调研资料。对此，一些学者提出了不同见解。陈涛[1][161]认为建立在问卷、普查与统计资料上的研究不能反映事实的全部，研究者要寻求理解流动人口自身对它所拥有的意义，而不是用研究者的标准去判断意义。不应该太多考虑测量的方法技术和理性分析，建议采用行动取向的研究模式（Action-oriented research），即将研究和行为结合、研究者和被研究者结合，是一种后实证主义知识论范式下的研究路径。项飚[2][122]强调一种存在主义的方法论，即先抛弃一切先入为主的理论框架，从浙江村日常行为本身出发看待文明社会中的现象，长时期的观察是了解事实细微机理唯一可靠的方法。无独有偶，李培林[3][162]阐释了他的关于方法论上的见解，大规模调查往往会失去甚至"遮蔽"一些有血有肉的现实生活，倒不如注重挖掘日常生活中的"故事"，口述史和个案的"深描"的永恒魅力在于其"去蔽"能力。

二、城市社会空间研究

本研究除流动人口这一核心对象外，空间是重要的分析维度，流动人口区位空间外，对流动人口居住空间、行为空间、感应空间的分析是研究重点，后者属于社会空间的范畴。故而，这里对城市社会空间进行系统综述。

在人本主义和后现代主义的推动下，1970年代西方地学界出现了两大

---

[1] 陈 涛.外来人口贫困问题的研究方法探讨[J].中国青年政治学院学报，2004，23(4)：47-51.
[2] 项 飚.跨越边界的社区[M].北京：生活·读书·新知三联书店，2000.
[3] 李培林.村落的终结[M].北京：商务印书馆，2004.7.

趋势——人文化和社会化,表现为人文地理学与其他社会学科(如经济学、社会学)的结合,研究论题与内容上不再局限于传统的区域研究和空间分析,分析与解决现实社会问题成为主攻方向,在美国地学界被称为"人文地理学的社会关联运动"[1][163-164]。在此语境下,作为社会地理研究对象的社会空间,成为学界关注的焦点。

(一)社会空间内涵界定

对于社会空间的学术界定主要有社会学、哲学和地理学三种视角。社会学视角的定义来自于Bourdieu和Lauwe。前者认为,在由个人集合构成的社会中,每个人所处的位置和地位构成不同的场所,这些"场所"即社会空间,这种空间具有若干权力关系,它向任何试图进入这一空间的行动者强行征收入场费,也就是相对于这一场域而言的具有价值的各种形式的资本。人们通过在社会空间中的位置确定阶级规定性,成为被置于同类生存条件下的行动者集合,从而成为产生类似实践的性情系统。依据资本数量及构成他将社会空间分为3类——资产阶级、中产阶级和包括工人阶级与农民阶级在内的普罗阶级[2][165-166]。Lauwe从客观和主观两方面对社会空间进行界定,客观方面是社会集团居住的空间的范围;主观方面指特定社会集团成员共有的与成员有深刻联系的空间[3][167],相比而言,后者的边界未必总是以闭合曲线的形式而存在。

从哲学视角看,社会空间是社会运动的广延和伸展,是社会系统各要素之间的并存关系及其特点。社会空间的本质是人的社会关系、人的活动的社会结构,社会建构空间,空间诠释社会,是一种综合的社会—空间系统[4][168]。地理学视角

---

[1] 田文祝,柴彦威,李 平.当代西方人文地理学研究动态[J].人文地理,2005,20(4):125-128.王兴中.社会地理学社会—文化转型的内涵与研究前沿方法[J].人文地理,2004,19(1):2-8.

[2] Bourdieu P.Distinction: A Social Critique of the Judgement of Taste[M].London: Routledge, 1984.83-86.朱国华.社会空间与社会阶级:布迪厄阶级理论评析[J].中国人口学刊,1995,49(4):21-30.

[3] Buttimer A.Social Space in Interdisciplinary Perspective[J].Geographical Review,1969,59(3):417-426.

[4] 李永文.社会空间研究的方法[J].地理,1993,(5):35-37.

的定义者是Murdie,他于1971年提出城市社会空间模型,实质是在城市物质实体空间之上叠加3种社会类型的空间——经济、家庭与民族状况[169]。

一般而言,社会空间是社会现象所占据的城市空间,如一个社会群体占据的空间,或一种社会思潮影响的空间。社会空间的研究核心是空间形式和作为其内在机制的社会过程之间的关系[170]。

(二)国外城市社会空间研究

1. 背景

早在1920年代芝加哥人文生态学派汲取达尔文的进化论思想,借用生态学理论探讨城市问题。在市场机制生态性和排斥性作用下,土地价格等调控机制导致城市功能发生演替,进而带来人口在地域上的演替,表现为特殊人口在一定地域集聚和不同人口在大地域分散,城市富裕阶层和城市空间的离心化程度加快,高档豪华别墅遍布郊区,与之对应的内城尤其是CBD集聚大量低收入群体和非本地异族人口,空间形态上表现为贫民窟、犯罪、卖淫、种族冲突等城市问题不断孳生,社会空间分异开始显现。随着市场化进程的推进,加之逆城市化、再城市化和内城绅士化等一系列发展阶段和西方政府奉行的自由主义等的影响,社会空间分异程度不断被强化。尔后,在凯恩斯主义影响下,西方城市政府采取种种抑制社会进一步分化的手段,如适度控制和引导城市规划、推行福利供给制等,但收效甚微,因为种种改革措施未触及深层次的经济与社会体制等结构性问题。

最近30年来,西方城市发展背景发生巨变。基于福特制的经济发展模式和凯恩斯主义影响下的福利政策发生转型[171],表现为新自由主义的抬头和对福利制度的怀疑和摒弃,加之经济的全球化、国际化、信息化背景下的"时空压缩"的深刻影响[172],社会分异在空间上放大而不是均一化。

---

① 许学强,周一星,宁越敏.城市地理学[M].北京:高等教育出版社,2001.235.
② 魏立华,闫小培.社会经济转型期中国城市社会空间研究述评[J].城市规划学刊,2005,(5):12-17.
③ 李志刚,吴缚龙,卢汉龙.当代我国大都市的社会空间分异[J].城市规划汇刊,2004,28(6):60-68.
④ Harvey D.The Condition of Postmodernity[M].Oxford:Blackwell,1991.

Sussan[1][173]对全球城市的研究表明,一方面,跨国公司和国际精英高度集聚,另一方面存在大量低技术、低工资的劳动力和国际移民,即处于经济收入高端和低端的人数膨胀。城市出现"碎片化"、"双城化"态势[2][174-175],在居住空间形态上形成由高层人士集中的郊区防卫型社区和由城市下层、低收入人群集聚的城市中心衰败区并存的状况[3][176]。种种迹象表明,在后工业社会背景下,西方城市社会空间分异不仅没有减弱,反而更为突出。近几年巴黎骚乱频发,就是西方社会空间极化过度的印证。

2. 主要研究内容

国外城市社会空间研究要追溯到19世纪Engels对Manchester社会居住模式的研究,他在划分穷人和富人两大社会阶层基础上揭示了城市内部存在的社会贫富现象。其后的20世纪20-30年代以Park为代表的芝加哥生态学派对一些城市做了大量社会学调查,后被演化为3大城市社会空间模型——同心环、扇形和多核心模式。此后研究集中在城市社会区和因子生态分析上。对于西方国家城市社会区的分析表明影响社会空间形成因素主要有3个:社会经济状况,涉及居民的职业、收入、受教育程度、居住条件等;家庭状况,涉及家庭人口规模、婚姻状况、性别构成和年龄构成;种族状况,不同少数民族的家庭在居住区位选择上有同族相聚和异族排斥的倾向[4][169]。最近30年在人本主义、结构主义、新马克思主义、女性主义等影响下,种族隔离、城市贫困、社会极化等成为社会空间研究的关键词,相对于此前基于城市社会要素分异的描述和一般性解释而言,当代社会空间研究更加注重背后的社会与文化机制阐释,社会空间形成背后的社会结

---

[1] Sassen S.The Global City[M].NJ: Princeton University Press, 1991.
[2] Fainstein S.S.Cities and Diversity: Should We Want It? Can We Plan for It?[J].Urban Affairs Reviews, 2005, 41(1): 3-19.Fainstein S.S, Gordon I, Harloe M(eds).Divided Cities: New York and London in the Contemporary World[M].Oxford: Blackwell.1992.46-52.
[3] Wilson W.J.The Truly Disadvantaged: the Inner City, the Underclass and Public Policy[M]. Chicago: University of Chicago Press, 1987.
[4] 许学强,周一星,宁越敏.城市地理学[M].北京:高等教育出版社,2001.235.

构、体制、权力等的解析成为主流研究范式①[177]。对1990年代后西方城市社会空间研究热点归纳如下：

（1）日常行为空间研究

西方多数城市完成工业化进程步入后工业时代，经济增长让位于对生活质量的关注。在Pacione等推动下，居民日常行为空间和生活质量研究成为热潮，结合城市不同群体的日常行为地理是社会空间研究的新动向②[178-179]。Wiles通过对家庭护理这种非正规行业进行实地访谈，从空间和时间维度探究其流动性、日常工作惯例、社会与网络关系等③[180]。随着自下而上的和人本主义理念的兴起，对城市内部特殊群体微观层面的日常行为空间考察成为城市社会空间研究的主要方向。

（2）感应空间研究

生活在具体地理空间中的人对周围环境有一个感应、观察与认知的过程，对这种认识过程、形成机制的探讨是城市社会空间研究的重要任务。此领域的开创性人物是Lynch，通过对Boston、New Jersey和Los Angeles的调查，他归纳了城市感应空间的5个元素：路径、界限、区域、节点和标志，并探讨了城市结构对居民意象的影响④[181]。值得注意的是，此类研究早期大多集中于河流、街道、标志性建筑物等物质层面，后来过渡到市民互动等情感与精神层面，如Cosgrove对意大利威尼斯石像的隐喻性分析⑤[182]。可见，城市意象研究不仅停留于对城市的记述性描绘，而是注

---

① 姚华松, 薛德升, 许学强. 1990年以来西方城市社会地理学研究进展[J].人文地理, 2007, 22(3): 12-18.
② Pacione M.The Use of Objective and Subjective Measures of Life Quality in Human Geography [J]. Progress in Human Geography, 1982, 6(4): 495-514. Pacione M.Urban Environment Quality and Human Wellbeing—A Social Geographical Perspective[J]. Landscape and Urban Planning, 2003, 65: 19-30.
③ Wiles J.Daily Geographies of Caregivers: Mobility, Routine, Scale [J]. Social Science & Medicine, 2003, 57: 1308-1325.
④ Lynch K.The Image of the City.方益萍, 何晓军译. 城市意象[M]. 北京: 华夏出版社, 2001.35-69.
⑤ Cosgrove D.The Myth and the Stones of Venice: A Historical Geography of a Symbolic Landscape [J]. Journal of Historical Geography, 1982, 8(2): 145-146.

重空间的社会文化意义表达。近几年随着女性主义的兴起，Domosh指出女性与男性在城市意象构建上的差异性研究是城市感应空间研究的新动向[1][183]。

（3）犯罪问题研究

作为城市社会问题的主要表现形式，犯罪地理一直扮演社会空间研究的焦点角色。早期研究集中于对犯罪模式、类型、犯罪者和受害者等的空间分布方面，之后转向对犯罪结构性机理（外部环境、地方性社会与物理背景）及各类犯罪文化内涵的探讨方面。Harries对Baltimore犯罪事件进行实证分析，结合居住与商业用地量等要素对犯罪密度进行量化，对犯罪区进行划分[2][184]。犯罪文化方面，McIlwaine从犯罪与发展的关系角度揭示了各类型犯罪的文化内涵[3][185]。

（4）疾病空间研究

随着人本主义理念的深入，疾病与健康问题成为重要关注点。1990年代以前的疾病与健康地理研究侧重于医学范畴的药品本身，主要研究疾病和死亡的空间分布等，此后转向系统的健康与治疗地理研究，涉及国际、国家、区域和地方等层面探讨疾病治疗的有效供给程度、医疗护理可利用性等。其中，对具体疾病患者的民族志研究是疾病与健康地理的新动向，Wilton通过对洛杉矶HIV/AIDs患者的日常生活史访谈，对疾病影响进行阶段划分[4][186]；Bastos研究了巴西HIV/AIDs患者的疾病空间传染，总结不同区域的传染模式与趋势[5][187]。与此前研究相比，近期研究更加注重特定

---

[1] Domosh M.Feminism and Urban Imaginary[J]. Urban Geography, 1995, 16(7): 67-79.
[2] Harries K.Extreme Spatial Variations in Crime Density in Baltimore County, MD[J]. Geoforum, 2005, 36(3): 1-13.
[3] McIlwaine C.Geography and Development: Violence and Crime as Development Issues [J]. Progress in Human Geography, 1999, 23(3): 453-363.
[4] Wilton R D.Diminished Worlds? The Geography of Everyday Life with HIV/AIDS[J]. Health & Place, 1996, 2(2): 69-83.
[5] Bastos F I. The Social Geography of HIV/AIDS among Injection Drug Users in Brazil[J]. International Journal of Drug Policy, 2002, 13: 137-144.

第一章 研究综述

地域和治疗过程的辨证关系探讨，疾病不仅是生理事件，也有地理隐喻，它使健康与地方的关系得到重构。

（5）弱势群体研究

弱势群体集中在外来移民、老人、儿童、残疾人等。1998年Park对弱势群体地理研究进行了归纳，认为此前研究主要关注弱势生理等物质性层面，而忽略心智等精神方面，提倡这类研究要与话语权、种族等相结合[1][188]；还有学者对Pennsylvania的中国移民权力网络进行分析，从全球、国家、区域、个人工作空间等维度分析权力与空间关系[2][189]；Green对英国失业人员的构成、分布与空间隔离进行考察，论述了失业群体的区域扩散问题[3][190]。值得注意的是，弱势群体研究往往和种族、社会排斥、居住分异等联结在一起。对弱势成因的解释，与以前归结为单纯的经济弱势相比，近些年转向政治、社会与文化等结构性剖析等方面，这无疑体现了地学文化与社会转向的趋势。

（6）女性空间研究

作为西方女性主义思潮的产物，女性主义地理学研究近些年发展迅猛。Domosh总结了4种典型女性空间（住房、家族、家庭内部和公共空间中的私密处）并归纳各自特点，对这一研究领域的开拓被誉为是从先前的学术殿堂走向厨房的重大变革[4][183]；Longhurst总结了近些年西方女性主义地理学研究热点领域：移民行为带来社会关系变化、女性工作和劳动力关系、女性身体与健康等[5][191]。随着结构化理论的引入，女性对空间的

---

[1] Park D C.Disability Studies in Human Geography[J]. Progress in Human Geography, 1998, 22(2): 208-233.

[2] Mcglinn L.Power Networks and Chinese Immigrants in Pennsylvania[J]. Journal of Historical Geography, 1995, 21(4): 430-445.

[3] Green A E.The Changing Structure, Distribution and Spatial Segregation of the Unemployed and Economically Inactive in Great Britain[J]. Geoforum, 1995, 26(4): 373-394.

[4] Domosh M.Feminism and Urban Imaginary[J]. Urban Geography, 1995, 16(7): 67-79.

[5] Longhurst R.Geography and Gender: a Critical Time? [J]. Progress in Human Geography, 2002, 26(2): 544-552.

塑造以及被构造的空间对女性的重构等成为新命题。

（三）中国城市社会空间研究

1. 中国历史时期城市社会空间研究（1949年之前）

由于特殊的政治和文化地位，北京成为历史时期城市社会空间研究的焦点。历史学家李洵通过对历史资料的分析和考证进行了开创性研究，台湾学者章英华以20世纪初北京内部社会空间结构为题完成其博士论文，进行了系统而深入的研究[1][192]。赵世瑜从建筑布局特色、产业功能分区等角度探讨了明清时期北京的社会空间分布与特征[2][192]。王均研究了清末民初时期北京的城市社会空间，认为当时的社会空间特征包括社会中上层倾向于居住在市政进步、活动便利的中心地带，贫民在房租地价的压力下被迫迁居边缘地带；家庭规模和经济条件成正相关，户量由中心向边缘降低；满汉畛域逐步化除，出现"大分散、小集聚"的分布态势。此外，使馆区等西方事物成为影响城市空间形态的重要因素[3][193]。蒋建国研究了晚清广州酒楼的消费空间，认为酒楼作为一种公共消费场所，促进消费文化的发展与传播，反映了特定的社会制度[4][194]。张世明研究了1644–1949年中国边疆移民塑造的社会空间[5][195]。通过对城市历史资料的考证，庄林德、张京祥发现殖民时期中国城市社会空间布局基本上呈现老城区、租界区、自发形成的工业居住混合区和有一定规划的新市区等4类城市社会空间[6][196]。另外，一些外国学者也注意到了我国半殖民半封建时期城市社会空间分异现象，如Logan的研究发现上海、广州、大连等沿海城市被割裂为"外国"和"本土"两部分，即所谓的"上只角"和"下只角"，分

---

[1] 赵世瑜,周尚意.明清北京城市社会空间结构概说[J].史学月刊,2001,(2)：112–115.
[2] 赵世瑜,周尚意.明清北京城市社会空间结构概说[J].史学月刊,2001,(2)：112–115.
[3] 王 均,祝攻武.清末明初时期北京城市社会空间的初步研究[J].地理学报,1999,54(1)：69–74.
[4] 蒋建国.消费文化的社会空间——以晚清广州的酒楼消费为例[J].消费经济,2004,(4)：43–47.
[5] 张世明,龚胜泉.另类社会空间：中国边疆移民社会主要特殊性透视（1644–1949）[J].中国边疆史研究,2006,16(1)：78–88.
[6] 庄林德,张京祥.中国城市发展与建设史[M].南京：东南大学出版社,2002.

第一章 研究综述

别是外国人和外侨的高级住宅和乡村农民和难民集中地①[197–198]。

2. 中国当代城市社会空间研究（1949年之后）

（1）背 景

新中国成立至改革开放时期，受计划经济体制和单位制影响，工作单位和居住糅杂在一起，不同身份地位人群混居的异质性社区成为城市社会空间的主体，社会空间分异表现为单位大院之间的分异，居住空间的质量取决于单位在计划资源分配链上的地位②[197]。由于城市居民的职业相对单一，收入差距不大，空间分异的形式简单，对城市发展影响相对小③[199]。

改革开放后，尤其是20世纪90年代市场经济的实施和全球化浪潮的到来，加上一系列政策改革（包括住房市场化、土地有偿使用、户籍制度的相对放松、政府企业化倾向等）的实施，客观上产生了中国城市社会分化的土壤。居民的职业构成复杂化，收入差距拉大，贫富分化严重，由经济分异决定的各类空间分异现象开始出现，如跨国公司职员和城市流动人口在劳动力市场、收入、住房上差别巨大，高级地产项目、郊区别墅和浙江村、新疆村等流动人口集聚地形成强烈对比，新城市贫困现象也日渐突出。总之，新的社会分层和住房市场的多样化正在重塑中国城市社会空间，城市社会空间分化已经成为当今城市居民日常的城市映象④[200–201]。

（2）主要研究内容

对于解放后中国城市社会空间的研究，主要有以下研究重点。

---

① Logan J R.(eds).The New Chinese City: Globalization and Market Reform[M].Oxford: Blackwell, 1999.
Bian Y and J R Logan.Market Transition and the Persistence of Power: The Changing Stratification System in China[J].American Sociological Review, 1996, 61: 739–758.
② Logan J R.(eds).The New Chinese City: Globalization and Market Reform[M].Oxford: Blackwell, 1999.
③ Yeh A G O, Wu F L.International Structure of Chinese Cities in the Midst of Economic Reform[J].Urban Geography, 1995, 16（6）: 521–554.
④ Yeh A G O, Xu X Q, Hu H Y.The Social Space of Guangzhou City, China[J].Urban Geography, 1995, 16（7）: 595–621.   Sit V.F.S.Social Areas in Beijing[J].Geografiska Annaler 81, 1999, 13（4）: 203–221..

① 社会空间结构研究

此类研究多集中于城市社会空间的结构特征、影响因素与演变机制，代表人物有许学强、顾朝林、冯健、薛德升、周春山、虞蔚等①[202-207]，案例城市主要是北京、上海、广州等特大城市，也涉及韶关等资源型城市，资料来源依赖于人口普查及问卷调查资料，部分研究是同一城市不同时期的跟踪研究。概括起来，自然地理环境、城市经济发展政策、城市开发与规划、区域历史背景、住房制度改革等因子是影响中国城市社会区形成的主要因子，同时，社会经济状况、家庭结构、民族和籍贯因素等成为城市社会空间分异的重要因素。值得注意的是，进入21世纪在我国社会经济转型背景下，转型期中国城市社会空间分异研究成为新动向，代表人物是吴缚龙、李志刚、吴启焰、魏立华等②[208-212]。研究结果表明，转型期中国大都市的社会空间分异更趋显化，传统的户籍制度、规划政策、历史因素仍然是当今我国大都市社会空间分异的底色，并将因为"路径依赖"作用而继续存在，但以经济为核心的市场要素主导下的分异有强化趋势。总体上看，这些本地化研究更加注重全球化、后福特主义、新自由主义等新语境的吸纳，某种意义上是对西方同行研究的回应性研究。

② 人口分布与迁移研究

从静态和动态层面对城市人口居住分布和迁居的研究是城市社会空间研究的另一重要内容。典型研究来自于唐子来对上海和周春山对广州的研究③[213-214]，前者从规划角度关注住房及外部环境对迁居和人口分布的

---

① 许学强,胡华颖,叶嘉安.广州市社会空间结构的因子生态分析[J].地理学报,1989,44(4):385-399. 薛德升,曹小曙,曹丰林.山区资源型大城市社会分类特征与影响因素[J].地理研究,2006,25(1):141-151.
② Logan J R.(eds).The New Chinese City: Globalization and Market Reform[M].Oxford: Blackwell, 1999. 李志刚,吴缚龙,刘玉亭.城市社会空间分异:倡导还是控制[J].城市规划汇刊,2004,(6):48-53.
③ 唐子来.上海市区人口迁居问题初步研究[J].城市规划汇刊,1986,(3):17-21. 周春山.改革开放以来大都市人口分布与迁居研究——以广州市为例[M].广州：广东高等教育出版社,1996.

影响，但忽略迁居者个体意愿，后者注重宏观的城市社会政治和人口类群差别给迁居和人口分布带来的影响，重视对迁居者个体及家庭属性特征对迁居的影响的研究，较为全面。

③ 生活质量研究

随着人本主义的兴起，对生活质量的关注度普遍提高，生活质量研究成为近些年城市社会空间研究的新动向。早期研究学者有朱锡金和陈清慧，他们分别从规划和地学角度对城市生活环境质量进行评价[1][215-216]。90年代末，随着经济的发展和社会的进步，居民对居住环境和生活质量的要求越来越高，对北京、上海等大城市生活空间质量的实证研究开始展开，研究学者有王兴中、宁越敏、柴彦威等[2][217-220]。总体上看，前期研究居住环境的研究偏多，后期研究则加入了一些反映人群对居住环境的主观因素，建立了如满意度等定量化指标体系。

④ 意向空间研究

最早开展城市意向空间研究的是徐放对赣州的研究[3][221]，刘沛林对湖南传统村落、吴兵和李山对成都进行了类似研究[4][222-223]。系统的研究是许学强、李郇等对广州意向空间的研究[5][224]，初步展示了广州城市意向空间，并揭示出文化程度、居住地点、交通方式是影响广州城市意向空间的重要因素。

尤值一提的是，对中国城市社会空间做全方位系统研究的是王兴中，

---

① 朱锡金.居住环境的构成与质量评价[J].城市规划,1980,(4):10-13.陈青慧,徐培玮.城市生活居住环境质量[J].城市规划,1987,50:52-58.
② 柴彦威.以单位为基础的中国城市内部生活空间结构——兰州市的实证研究[J].地理研究,1996,15(1):30-38.陈孚.城市人居环境与满意度评价研究[J].城市规划,2000,24(7):25-27.
③ 徐 放.居民感应地理研究的一个实例——对赣州市的调查分析[J].地理科学,1983,3(2):167-174.
④ 刘沛林.湖南传统村镇感应空间规划研究[J].地理研究,1999,18(1):66-72.吴 兵,李山.成都市民族旅游感应空间研究[J],四川大学学报(哲学社会科学版),2002,(4):39-46.
⑤ 李 郇,许学强.广州市城市意向空间分析[J].人文地理,1993,(3):27-35.

他以西安为例对中国城市形态空间、社会空间及其宏观、微观形态结构、城市生活质量等进行全方位的综合研究,基本构筑了中国城市社会—生活空间的研究框架,对于当前中国城市社会空间研究提供了借鉴。

(四)社会空间研究方法论

总体上看,西方城市社会空间研究方法论演化路径基本上呈现出量化到质化、客位到本位和积极借鉴其他学科方法等特点。大致经历3个阶段:①早期研究分为非空间性研究和空间性研究两块,前者研究中社会区分析被广泛应用,主要利用有关个人、家庭与住所等人口普查资料在计算机提供强大的数据分析功能的支持下抽取影响城市社会空间变迁的主因子。空间性研究的代表是芝加哥人文生态学派,主要依赖社会调查,如Burgress在大量调查基础上提出同心环的城市空间结构模型。②在反思传统地理学"重视空间理性而忽视人的作用"背景下,社会空间研究开始涉及对日常生活行为地理的研究,代表是以Hagerstrand为核心的隆德学派创立的时间地理学,主旨是通过针对个人行为的线索式调查,总结不同人群与行为系统的匹配关系,以把握各类型人群的生活需求。另一方法是认知地图法,借鉴心理学等理论以城市居民描绘其心目中的城市地图为素材进行研究。③为尽可能接近现象学上的"客观的存在主义",研究者需要从被研究群体视角看待问题,即从"局外人"角色转向"局内人",近些年兴起借鉴人类学学科的类似民族志和参与观察等方法,这种方法在西方社会空间研究中被广泛运用,强调以本位论视角探寻城市社会空间运行规律①[225-226]。

综合观之,中国城市社会空间研究方法总体上处于西方的第一阶段,多数社会空间研究是基于国家正式发布的城市人口普查数据,据此进行因子分析。近些年也开始借鉴问卷调查和结构式(或半结构式)访谈等社会学方法。基于时间地理学视角的日志调查法因其可操作性强也被广泛采

---

① 姚华松,薛德升,许学强.城市社会空间研究进展[J].现代城市研究,2007,(9):74-81. 姚华松.西方城市社会地理学研究动向分析[J].地理与地理信息科学,2006,22(5):101-107.

用。对于西方第3阶段的研究方法目前国内地学界少有采用。

（五）城市社会空间研究简评

总结国内外学者对城市社会空间研究的特点，见表1-3。

表1-3 国内外城市社会空间研究特点比较

Tab.1-3 Comparison of studies on urban social space between western and local scholars

比较项目 国别	研究侧重点	尺度	维度	研究深度	方法论	优缺点
国外	不同社会问题构成的社会空w间分析，注重对各种具体空间行为实践的解析	微观	多维	较多涉及空间的社会与文化意义解析	社会区分析、问卷、深入访谈、参与式调查等多种形式	深入而全面的展示社会空间特点及形成机制
国内	大城市社会区划分，注重社会区形成因子解析	宏观	单维	较少涉及空间的社会与文化意义解析	较多运用资料进行社会区分析，后者涉及较少	宏观层面的展示较好，但缺乏微观层面深入论证

总体上看，由于中国统计部门工作的日渐完善使得城市资料与数据的可获得性大大增强，国内地学界在社会空间这一块的研究成果丰硕，这些研究较好的展示了中国当代大城市社会空间分异总体格局与规律，但囿于统计和人口普查本身的局限性，往往无法充分揭示具体空间的发展过程和发生机理。与国际研究水平相比，中国本土社会空间研究差距仍然明显，主要表现为注重宏观层面的社会空间性机制解析而缺乏微观层面的深入论证、注重社会区的空间划分而缺乏对空间社会与文化意义的剖析、方法上过分依赖于自上而下层面官方的人口普查资料而缺乏自下而上层面的参与式调查。基于此，这儿提出新时期中国城市社会空间研究中有待加强的几个方面。

加强社会空间的分类系统的理论探讨。从系统论观点看，广义上的社会空间可以派生出多个分支空间，各个分支空间的形成机制以及互动机理值得研究。以城市流动人口为例，流动人口社会空间至少包括3个层次——流动人口所在区位空间、流动人口因其共同属性而形成的局地性社会空间、宏观的城市环境。就流动人口现实的行为实践看,至少包括流动人口居住空间、行为空间和感应空间3个亚层次。此外,同一社会事象的众多属性衍生出不同的社会空间,因此而产生的空间并置性(juxtaposition)问题值得探究[1][226-228]。

加强社会空间的社会与文化意义研究。空间包括社会空间从来就不是空洞的,总是蕴涵着某种意义,因为生活在空间中的人的种种属性关联而赋予其多样的涵义,他们构建空间,同时被空间所重构[2][227]。在全球化、市场化、地方化等背景下,社会空间的塑造具有多元的动力机制,这必然导致社会空间的多维性。对于如何揭示空间的社会与文化意义,要借鉴社会学、人类学、阐释学等学科知识。

注重微观层面的具体社会空间研究。在城市阶层日趋分化及其所带来的社会分异加剧背景下,对城市全体市民的整体性剖析不足以洞察城市社会空间内在运行机理,难以再现城市各类型人群之间及内部社会生活空间的真实场景。社会区分析的假设条件之一是社会区划分后的亚区是同质性的,但事实并非如此,同一社会亚区也存在相当的内部分异[3][228]。对此,应加强对不同属性行为群体的社会空间研究,如对城市流动人口这一特殊群体的社会空间研究。

方法上注重运用自下而上式微观深入调查。由于社会空间的非实体性特征,对于其内部形成机制和规律的深入解析,宏观层面的普查资料分析与判读远远不够。不深入空间使用者其中,不熟悉他们惯常的生产与生活习性,就难以准确捕捉他们观念世界中社会空间的意义。故而,要加强对被研究者的问卷和个案访谈。此外,还可借鉴人类学视角的参与式调查法,使研究工作更加科学化。

---

[1] 姚华松. 西方城市社会地理学研究动向分析[J].地理与地理信息科学, 2006, 22(5): 101-107. 姚华松,许学强,薛德升.人文地理学研究中对空间的再认识[J].人文地理, 2010, 25(2): 8-13.
[2] 姚华松.流动人口空间结构分析[J].资源开发与市场, 2009, 25(10): 872-877.
[3] 姚华松,许学强,薛德升.人文地理学研究中对空间的再认识[J].人文地理, 2010, 25(2): 8-13.

第一章 研究综述

总之，本研究选取流动人口与空间的交集作为研究对象，以典型流动人口集聚区——广州为案例地，从流动人口自身视野出发，对流动人口空间系统进行综合研究。

第二章

研究设计

第二章 研究设计

一、选题意义

（一）问题意识

当代中国城市发展的高速度和大规模是史无前例的，面对从计划经济到市场经济的转型，改革开放和市场经济建设为中国城市发展提供机遇的同时，也将中国城市的发展置于全球化和逐步转型的特殊时代背景之下。在此语境下，流动人口扮演着举足轻重的角色。

首先，流动人口的大量涌现是中国乃至世界现代化和城市化过程中的重要事件。早在2001年，诺贝尔经济学奖获得者Joseph E. Stiglitse就曾预言21世纪影响全球的两件大事，除了美国的高科技外，就是中国的城市化进程。从国内局势来看，中国城市空间重构是建立在50%的城市化水平（2010年）基础之上，这意味着中国城市化正步入快速发展期。随着政府对居民流动性的限制政策的消解和对于自由迁徙权的默许认可，人口的流动更加普遍。未来12年，将有3亿中国农民转化为市民。其中，大量人口从乡村迁往城市的异地城市化是重要的表征，且这种格局将长期存在。同时，从对城市社会有形及无形的贡献看，流动人口是中国城市现代化和城市化的重要基础，也是市场化的重要力量。"中国奇迹"正在成为世界焦点，究其根源，除了改革开放的利好政策外，流动人口是最核心的因素。正是大量流动人口的涌现，才维系了过去30多年中国低成本的现代化、工业化和城市化进程，是保持中国发展低成本竞争优势的根本。全球化和产业一体化背景下，中国流动人口对于世界发展也具有重要意义，为过往30年世界经济发展与稳定奠定了重要基础。

其次，流动人口正在重构中国城市的社会空间格局。无论是从世界范围的产业结构升级与产业地域转移对流动人口的巨大需求看，还是从中国城市发展对农村剩余劳动力巨大的吸纳能力看，流动人口对于中国城市影响明显，他们对于城市经济发展、社会空间建构和城市文化再造具有重要意义。已有对中国城市社会区分析的研究表明，流动人口成为重要的影响因子，且这种影响力将会长期存在。

第三，在建立和谐社会背景下，流动人口及其产生的一系列问题值得深究。由于体制外的身份认同、本身数量巨大和素质上的差异，流动人口给城市带来正面效应的同时也对城市产生犯罪等诸多负面影响，对城市管理等环节造成巨大压力。如何看待并解决流动人口及其产生的诸多问题，成为学界共同关注的焦点。

种种西方学科背景之变革为本命题提供了支撑。

20世纪70年代在西方人文地理学社会与文化转向语境下，地理学核心关键词"空间"被重新注解，研究视角上呈现了从过去关注物质空间和经济空间（包括城市地域空间、商业市场空间、土地利用空间等）到更加重视社会空间，社会地理学替代传统的经济地理学和区域经济学等成为人文地理学的主流研究领域。

到了80年代，在人本主义思潮的推动下，传统的以定量分析见长的实证主义学派和空间分析学派受到严厉批判，"地理到底为了谁？"等被严正提出，西方地理学者更加关注对人的因素的研究，包括更加关注人的细分、各类人群的诉求，人的生活质量等话题（如Pacione等大力提倡地理学者要关注生活质量研究），研究地域范围和切入点也在发生嬗变：从以前的世界、某某国等的宏大叙事转向现在的某某村、某类人等微观层面的深度刻画。

基于以上阐述，笔者选择城市空间与城市流动人口的交集作为研究对象。研究出发点在于：

流动人口特征是什么？空间分布有何特征？形成机制是什么？流动人口的工作空间和居住空间特征如何？购物和休闲娱乐等行为空间如何？形成机制是什么？对城市和家乡的感应空间如何？形成机制是什么？流动人

口空间存在哪些问题？有何优化对策？

（二）研究意义

本研究从地理学视角着力于广州流动人口空间研究，从宏观、微观层面解析大都市流动人口空间形态和形成机制，这一学术诉求具有重要理论和实践意义。

1. 理论意义

（1）从城市化角度看，流动人口空间研究是对城市化理论的延伸。城市化按照类型可以分为地域城市化和人口城市化，其中，人口城市化是本质意义上的城市化，它不仅是人口在地域上和城市的可及性，更重要的是人的思想、意识形态、生活方式等的都市化。目前看，中国城市化尤其是占主导地位的异地城市化进程中，大量流动人口并没有很好的与所在城市发生很好的融合，市民和"乡民"在诸多方面表现出不和谐，城市政府和市民对流动人口的排斥心理和歧视之举比比皆是，学界称之为"半城市化"、"假城市化"，这与建设和谐社会背道而驰。此前地理视角研究较多从空间尺度探讨城市化，但缺乏对具体人的研究；社会学也涉及都市对流动人口的影响研究，但少有涉及空间层面。本研究试图从具体行为人的视角出发，即局内人的视角看待城市化，是存在主义意义上的城市化研究。

（2）对于城市空间的研究，本研究是对地理学传统研究的继承与拓展。自Shevky、Williams和Bell等首创基于生态因子分析法的社会空间研究以来，地理学者对城市社会空间的理论与实证研究在世界各国各城市展开，有发达国家的城市，有发展中国家的城市，有资本主义体制下的城市，有社会主义体制下的城市，有高度成熟型的后工业城市，也有城市化水平较低的工业乃至矿业城市。中国正处于经济转型期，各利益群体的博弈、抗争与整合正在重构现实的中国城市社会空间，这为新时期城市社会空间研究提供了舞台，此前研究多侧重于整体社会空间研究，社会空间形成机制解析多是自上而下式的，要么是国家政策层面，要么是地方政府的规划层面，缺乏对人的细分基础之上的自下而上式的解析范式。故而，本研究对中国城市流动人口社会空间进行分析，既是对传统地学研究的继承，也是一种拓展。

（3）对城市流动人口空间的研究，有利于克服以往学者重视地域实证分析而忽视对人的细分研究的"重地轻人"倾向。地理学的人文化与社会化，是当今人文地理学科发展的重要特征，研究重点正在从人—地关系研究转向人—社关系研究，长期以来以科学主义为主导的、重视自然人与自然环境之间相互关系的人文地理学已经开始走向以人文主义为主导的、重视社会人与社会地理环境之间相互关系的研究。在城市阶层分化趋势明显及其所致的社会分异日趋加剧背景下，对城市全体市民的整体剖析不足以洞察城市社会空间内在运行机理，不足以再现城市各类人群之间及其内部社会生活空间的真实场景。对流动人口社会空间进行深入细化研究，顺应了地学视角下"因人制宜"的分类与细化研究的研究取向。

2. 实践意义

对城市流动人口空间进行系统研究，有利于把握中国城市化进程中大量流动人口客观的真实诉求，为流动人口规划与管理等工作提供借鉴。大规模人口城乡迁移是21世纪中国最壮观的景象，这一过程在相当长一段时期会长期存在。未来12年，将有3亿中国农民转化为市民。无论是政府机构对流动人口的管理方式，还是学界的研究倾向都存在弊端，前者往往采取"划地为牢"、"总量控制"等硬性管理方式，后者经常套用"问题—原因—对策"等研究范式，共同点是把流动人口认为是种种城市社会问题产生的病原体。由于户籍制度的城市自利性特征，流动人口成为首当其冲的弱势群体，这一自我性的弱势身份被社会化后成为一种既定的普适性认同，从而强化其弱势认同感。故而，本研究以人本主义的角度，对流动人口这一特殊群体进行社会空间研究，洞悉其社会生活的真实诉求，对于城市流动人口的科学管理、城市规划尤其是人口的社会规划将产生积极作用，同时也是对政府建立和谐社会、体现民生为本、包容性发展等执政理念等主流话语体系

第二章 研究设计

的一种响应。

二、理论基础及研究框架

（一）理论基础

本研究的基本思路是将流动人口空间系统的形成、发展与演化置于流动人口城市化的分析逻辑体系之下。从某种意义上讲，流动人口城市化过程也就是流动人口不断建构各种空间的过程，两者存在一一对应的关系。从人的视角及城市化本身的演化深度看待城市化类型，大致有地域城市化和精神城市化，前者是浅层次的城市化，后者是深层次的城市化。具体到流动人口而言，流动人口经由一定的迁移决策和实施后来到城市，在地域上脱离了原户籍地，从空间上实现了人口从农村向城市的转移，此即流动人口的地域城市化；之后通过流动人口的工作、居住、购物、休闲娱乐等一系列社会经济生产与生活实践，流动人口不断地发展着与本地人、城市及自己的关系，对城市物质景观层面的有形元素和精神层面的无形要素发生关系并产生印象，此即流动人口的精神城市化。从过程论视角看，上述城市化演化逻辑与空间相对应。示意图见图2-1。

从流动人口进城后的实践行为看，对于多数人而言，寻找工作是第一要务，这由流动人口迁移目的决定；然后是对居住地的选择，以及在居住地和工作地之间的位移行为即通勤活动。工作和居住两块主导性需求满足后，流动人口还存在辅助性活动，主要体现为购物活动和休闲娱乐活动。依据行为——空间本体论的观点，上述各种活动分别衍生相应的空间。在通过工作、居住、通勤、购物和休闲娱乐等与城市发生密切关系的基础上，流动人口对城市有了一定程度的了解，对城市文化产生认同，流动人口的感应空间便应运而生。

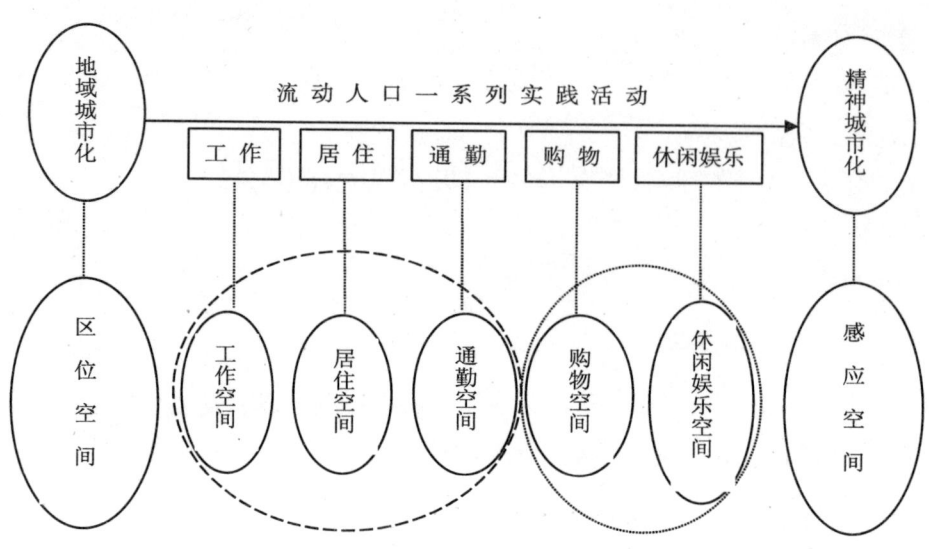

图 2-1 流动人口城市化的空间逻辑
Fig.2-1 Spatial logics of floating population's urbanization

对于上述各类型空间的理论视角、内涵、特点、产生根源、重点研究内容及本研究拟开展的研究见表2-1。

表2-1 流动人口空间体系
Tab.2-1 Spatial system of floating population

空间体系	区位空间	行为空间					感应空间
亚空间	—	工作空间	居住空间	通勤空间	购物空间	休闲娱乐空间	—
主要涵义	流动人口的分布区位	工作场所及特征	居住场所	通勤状况	购物场所	休闲娱乐场所	城市景观在流动人口心目中的投射和印象
产生根源	流动人口分布的自然空间	工作活动	居住活动	通勤活动	购物活动	休闲娱乐活动	流动人口与城市间的相互作用
空间特征	自然性、可见性、实体性、有形地理边界	工作空间狭小、工作变动频繁	非正式住房、面积狭小、低成本、简易性、卫生状况差、房屋安全等级低	通勤以步行主导、通勤范围小、空间的共置	近域指向、低级指向、品种以廉价商品主导	低等级性、免费或低消费性	虚体性、意向图的二元性、受流动人口教育水平、滞留广州时间等影响

第二章　研究设计

空间体系	区位空间	行为空间					感应空间
典型案例	城市郊区	工厂车间	出租屋	小作坊	地摊	广场	漫画式意向图
研究内容	流动人口空间分布特点与规律	来穗前和来穗后的工作构成、工作变动、变动原因、工作场所	居住空间形态、类型、密度花费和居住质量	工作场所大小与布局、通勤范围、工具、时间和频度	区位布局、购物场所大小、距居住地的远近程度和等级	区位布局、休闲娱乐活动的方式和频次	流动人口对广州的了解程度、意向图构成要素、意向图影响因素
研究计划	从宏观层面对1990、2000年广州市及2007年典型区流动人口分析，总体把握流动人口空间分布特征及规律	从微观层面对广州市典型区、街道的流动人口进行抽样调查和深入访谈，分析其工作、居住、通勤、购物、休闲娱乐和感应空间的特点与规律					

（二）研究框架

按照上述流动人口空间体系，本研究大体框架见图2-2。

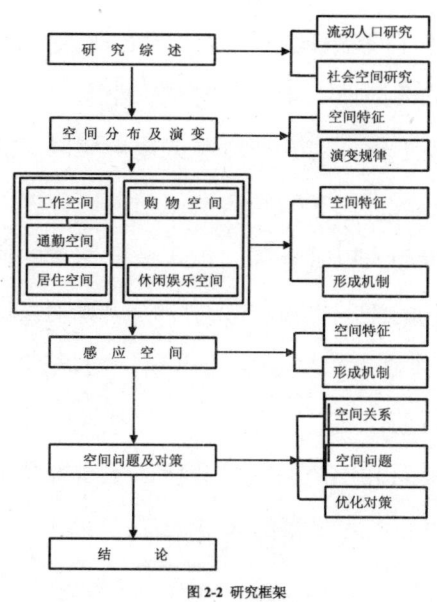

图 2-2 研究框架
Fig.2-2 Main frame of the research

67

三、流动人口的界定

流动人口是在中国特定人口管理制度背景下形成的特殊群体。广义上讲，流动人口指那些没有改变原居住地户口的情况下，到户口所在地以外的地方从事务工、经商、社会服务等各种经济活动，即所谓"人户分离"的人口。侠义上的流动人口主要指经济动机型的流动人口，即上述人口中排除了以旅游、上学、访友、探亲、从军为迁移目的的人口。

需要重点指出的是，为全面反映广州市流动人口整体空间分布情况，并考虑相关资料的可获得性，本研究对流动人口的分析在不同场合使用不同的概念。大致可分为4块：①对于广州市流动人口总体空间分布的分析，主要采用广州市1990和2000年人口普查资料，对于流动人口的界定建立在相关普查规范中对外来人口的界定基础上，即1990年的定义是"入住本县、市不满一年离开户口登记地一年以上的农业人口数"和"入住本县、市不满一年离开户口登记地一年以上的非农业人口数"，2000年的定义是"在本街镇居住不满半年，离开户口登记地半年以上的人口数"。②流动人口总体空间分布分析中对2007年典型流动人口集聚区的流动人口空间分布的分析，采用在流动人口管理部门正式登记注册的流动人口数据，即办理暂住证的相对正式的流动人口；③对于广州流动人口整体特征的分析，鉴于目前广州市外国籍人口数量增长迅速，对城市的影响也日益显著，因此将其也纳入分析的范畴；④对于本研究涉及的流动人口工作、居住、通勤、购物、休闲娱乐和感应空间的分析，本研究采取随机访谈的方法，即访谈群体主要针对非广州户籍的人口。

第二章 研究设计

四、研究范围界定

本研究选择广州市作为主要研究点。大致是基于以下考虑的：①从流动人口特征多元化和整体性方面而言，广州市是一个理想的案例城市。广州市是全国流动人口集聚较多的城市，自古以来就打下了流动人口集中地的深刻烙印。从古代的南粤之地、到近代的路上丝绸之路、到十三行、沙面等自然和人文景观，广州发展无不与人口的流动息息相关。进入新世纪，广州更是由于其经济上保持较高的活力吸引了大量流动人口。从流动人口素质上看，既有大量就业于白云、番禺等郊区工厂的劳动力密集型工人，也有就业于天河、黄埔等处的技术和知识密集型中高级白领人士；从流动人口集聚形态看，广州市流动人口比北京等地更复杂，后者流动人口集聚较多的表现出同质型区域，如浙江村、新疆村、河南村等，而广州市既有与此类似的同质型区域，如白云区三元里街道的新疆村，还有更多异质型流动人口集聚区域，即大量分布在城市次中心区和郊区的城中村，广州市有城中村138个[①]，分布着大量流动人口，有工人、学生、白领等，流动人口构成上的多元化和整体性特征比北京等地表现得更为明显。②从资料可获得性方面考虑，广州市也是理想的案例点。由于本人求学和工作于广州高校，在近3年的接触过程中，对广州文化也有较强烈的认同感，平时也喜好走街串巷了解广州（当然也包括大量流动人口集聚的工厂和城中村），对广州市有一定了解。从具体资料的可获得性方面看，本人的师长、朋友、师兄和师姐等大都就业于广州，有些就职于与流动人口管理相

---

① 据悉，按照广州市城市规划方案，138条城中村中，将有38条列入拆除重建，100条将进行综合整治。

关的部门，对笔者而言，这些社会资本成为本研究所倚赖的重要资源，在资料获取过程中得到了他（她）们的极大帮助。

至于具体调查点，根据研究具体问题的差别，本研究大致涉及2个空间层次：①对于广州整体流动人口的空间分布特征，本研究以广州市属10区为研究地块；即1990年和2000年的荔湾区、芳村区、东山区、越秀区、天河区、海珠区、番禺区、白云区、黄埔区和花都区，2007年的荔湾区、越秀区、天河区、海珠区、番禺区、白云区、黄埔区、萝岗区、南沙区和花都区。②对于流动人口居住、行为和感应空间特征及机制的分析，本研究以典型区域为研究区域，即选择内城区的荔湾区、新城区的天河区、近郊区的白云区和远郊区的花都区为代表性区域。2006年，4区基本社会经济状况见表2-2。

表2-2 调查区域社会经济基本情况
Tab.2-2 Basic socio-economic situation of surveyed regions

社会经济指标 区域	区域面积（平方公里）	地区生产总值（亿元）	第一产业产值（亿元）	第二产业产值（亿元）	第三产业产值（亿元）	全社会固定资产投资额（亿元）	社会消费品零售总额（亿元）
白云区	795.79	586.35	28.59	166.27	390.60	183.59	299.79
天河区	96.33	1049.34	3.05	214.56	831.73	244.10	405.99
荔湾区	59.10	383.69	3.65	112.91	267.07	21.12	211.38
花都区	969.12	361.17	20.03	240.62	99.71	86.71	108.26

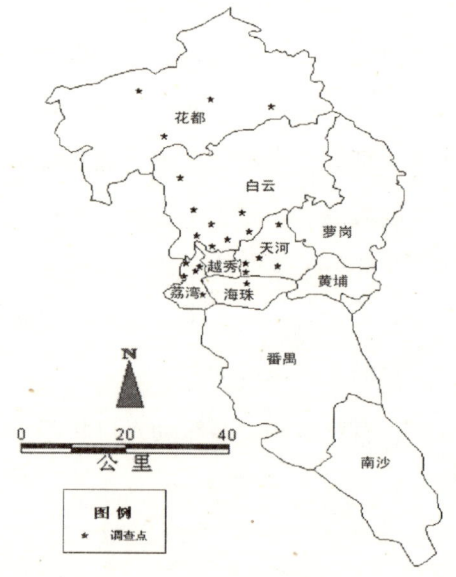

在此基础上，笔者选取其中的22个街道为流动人口田野调查点。街道选取过程中主要考虑2个因素：①各区管辖街道（镇）的空间差异，既包括地处各区中心地带的核心街道（镇），也涉及各区较为偏远的街道（镇）；②区域

图2-3 10区及具体调查示意图
Tab.2-3 Basic socio-economic situation of surveyed regions

第二章 研究设计

内部的流动人口构成的多样性和复杂性特征，即流动人口年龄、性别、文化程度、原户籍地、来广州时间、从事工作的性质、平均收入等方面有所差异。依据以上2个主要条件，本研究共选取了22个街道，分别是白云区的棠景街道、新市街道、三元里街道、棠景街道、同和街道、景泰街道、京溪街道、石井街道和江高镇；天河区的天河南街道、棠下街道、石牌街道、冼村街道和龙洞街道；荔湾区的逢源街道、龙津街道、桥中街道、石围塘街道和白鹤洞街道；花都区的新华街道、狮岭镇、华东镇和华山镇。加上笔者自己进行的深入访谈，共计23个地域单元，10区及具体调查点示意图见图2-3。各调查点基本情况见附录Ⅱ。

五、研究方法

依据不同时段不同研究内容，本研究采取不同研究方法。

（一）文献和资料分析

有关本研究的理论储备、同类研究的分析与整理、1990和2000年广州流动人口空间分析等核心内容都建立在文献分析基础之上。具体文献和资料包括国内外关于人口迁移和流动人口的主要研究成果、国内外关于城市社会空间研究的主要研究成果、1990年广州市第4次人口普查数据、2000年广州市第5次人口普查数据等。

（二）地理信息系统分析

对于流动人口空间分析中涉及有空间属性的空间分异规律的揭示和展示的方面，本研究主要采用Mapinfo和ArcGis两种专业软件进行分析和处理。本研究涉及的专业分析主要有空间属性数据的录入、数据分析和地图输出等。

（三）统计分析

对于问卷调查等基础数据的录入和分析，主要采用Excel和Spss等专业统计分析软件。本研究常用分析包括频度分析、交叉分析、相关分析、回归分析等。

（四）事件史分析

在宏观层面数据缺乏情况下，通过典型性事件的微观层面的基于发生学视角的"解剖麻雀"式的分析可以达到分析的目的。本研究对流动人口空间特征的机制解析及对压制性空间特征的分析都采用了这一方法。

（五）意向图分析

对于广州市流动人口意向空间的分析，本研究采取意向图分析法，即让流动人口绘制广州市或其活动范围附近的印象图，从而对广州市在其心中的感应状况进行分析。

（六）问卷调查

对广州流动人口总体特征、流动人口居住空间、行为空间和感应空间的分析都是建立在问卷调查基础上完成。本研究选择广州市荔湾、天河、白云和花都4区的22个街道为问卷调查点，共计收回有效问卷817份。

（七）深度访谈

深入访谈包括2个层面：一是对流动人口管理机构相关人员的访谈，以掌握广州流动人口的基本状况、流动人口管理过程中存在问题，为问卷分析中难以定量解释的地方提供佐证等；二是对于流动人口各类型空间特征及形成机制解析，除运用统计分析、地理定量分析等手段外，还采借深度访谈法对流动人口进行深入细致的访谈，最大限度的做到从当事人的眼界透视流动人口空间特征及形成机理。

（八）拍照

对于流动人口居住、行为和感应空间的分析，除问卷调查和深度访谈外，一些人性化的图片展示有些时候更能够表征流动人口空间的真实状况，从而达到简单又实用的效果。

第二章 研究设计

六、研究资料来源和评估

（一）研究资料来源

按研究资料的来源分，本研究主要包括现有关于流动人口研究的第二手资料和以自己调查、访谈为主的第一手资料。前者包括各类型图书馆、资料室、网络媒体、从与流动人口管理相关的机构和单位获取的资料，后者包括笔者进行的问卷调查及访谈得到的资料。

1. 图书馆和藏书室

主要包括中山大学图书馆、中山大学社会学系人口研究所资料室、中国科学院广州地理所图书室、广州图书馆。获取的资料主要有2000年广州市第5次人口普查资料、社会空间研究的相关论文和数据（包括书籍）、流动人口研究相关论文和数据（包括书籍）、广州市历史沿革及文化变迁方面的资料（包括书籍）、流动人口及城市社会空间研究相关的硕博士论文。上述文字资料获取时间是2006年4月至2011年5月。

2. 媒体与网络资料

媒体资料主要源于广州市几大主流报刊，主要有《羊城晚报》、《广州日报》、《南方都市报》和《信息时报》，内容涉及近几年广州市及各区流动人口人口数、职业构成、空间分布等（也包括外籍居民的基本情况）。网络资料源于广州市志、广州市及各辖区宣传网站及地方志、广州流动人口相关的网络资料，内容涉及广州市及各区基本情况、广州市及各区流动人口数据等。媒体及网络资料获取时间是2007年2月至2011年5月。

3. 各种与流动人口管理相关的机构和单位

与流动人口管理相关的机构和单位有广州市流动人口管理办公室、广州市荔湾区流动人口管理办公室、广州市天河区流动人口管理办公室、广州市白云区区流动人口管理办公室、广州市花都区流动人口管理办公室、广州市规划局、广东省统计局资料科、广州市统计局综合处、中国年鉴展示中心广州分理处。获取的资料主要有广州市及各区相关地图图件、2006-2007年广州市流动人口总体数据、广州市及各区基本情况（包括书籍、宣传册等）、1990年广州市第4次人口普查资料、广州年鉴（1990-2006年）、广东统计年鉴（1990-2006年）、广东年鉴（1990-2006年）、广州统计年鉴（1990-2006年）。机构和单位资料获取时间是2006年4月至2011年5月。

4. 问卷调查资料

问卷调查主要是针对广州市典型区、典型街道流动人口的问卷调查，获取资料有广州市流动人口总体特征、流动人口居住、行为和感应空间等，见表2-3。问卷调查时间为2007年6-10月。关于具体问卷问题设计，详见文末附件Ⅰ。

表2-3 问卷问题设计
Tab.2-3 Design of questionnaire

问卷问题层次	具体问题
问卷填写的相关信息	问卷填写地点、填写时间和填写人姓氏
流动人口基本信息	流动人口的性别、年龄、婚姻状况、文化程度、来源省份、户籍属性、来穗时间、来穗目的、来穗途径、来穗前的工作、目前从事工作、工作变动次数及原因、收入情况、单位属性、基本消费情况
流动人口空间专题问题	居住状况、通勤状况、休闲活动空间和对广州及其文化的感知情况

5. 访谈资料

结构式和半结构式访谈主要针对流动人口管理部门和机构的相关人员及流动人口而展开。访谈时间集中在2007年6-2008年3月。

第二章　研究设计

（二）资料评估

本研究中使用的资料分为文字数据资料和调查资料。其中文字数据资料有1990年广州市第4次人口普查数据、2000年广州市第5次人口普查数据、2006–2007年广州市及各区流动人口基本数据，它们大都来自官方公开公布和出版的专著，如《2000年广州市第五次人口普查资料汇编》，或是广州市出租屋和流动人口管理办公室公布的数据，由各区流动人口基本数据汇总而成，这一统计工作自2005年以后已经制度化。从数据发布的单位看，有广州市人口普查办公室、广州市出租屋及流动人口管理办公室、广州市统计局，这些机关和单位是进行流动人口管理和统计工作的权威部门和正规机构。再从数据援引的出版媒介看，有《广州市统计年鉴》、《广州年鉴》、《广东年鉴》、《南方都市报》、《南方日报》、《广州日报》、《羊城晚报》、《信息时报》及广州市统计局网站资料等，这些出版物具有较高的知名度和引用率，可信度较高。需要重点指出的是，本研究对于广州流动人口总体的分析沿用1990年广州市第4次人口普查数据和2000年广州市第5次人口普查数据，其中对于流动人口的统计口径不一，其中有不可比的成分在内，基于此的两个时段的流动人口空间变化的对比研究会受到影响，故而，相关的分析存在分析不够准确的问题，只能说明广州市流动人口空间变化的总体过程与趋势。

关于笔者自己调查的问卷和访谈数据，都是经过严格的程序获得的。从前期相关文献的研读、问卷问题设计、与有关教师和同学的请教与咨询、问卷试调查、问卷修改、到中期问卷的正式发放、问卷填写过程中的监督、到后期问卷收回、问卷编码与录入、问卷分析，都是本着一丝不苟的态度全程认真参与的。作为广州市流动人口的主要政府管理机构，广州市流动人口管理办公室（以下简称"流管办"）是本研究重点依托的机构，本研究主要依赖市流管办和各辖区的区流管办展开问卷的发放工作，具体工作方法是从中山大学开具介绍信到市流管办，市流管办开具到4区流管办的介绍函，然后分区调研，组成以区流管办副主任为首、相关人员为主要办事人的调研队伍,分赴各区典型街道发放问卷,问卷填写方式有3种:一是在街道出租屋管理办公室发放,在流动人员进行暂住证办理过程中顺便填写,当场回收;二是出租屋管理人员上门进行流动人员信息采集时顺便发放,当场或过一段时间回收;三是和区流管办相关人员一起深入工厂、公司、出租屋等流动人口分布密集区进行调研,当场回收。问卷发放过程中强调与被访者间的适时交流,必要时进行深度访谈。鉴于本研究的第一次问卷(2007年6月初–7月底)准备不充分,效果不理想,未填、重复填写或明显误填的比例较高,笔者于2007年10月进行第2次调研,关于具体街道和被访者的选取听取了各区流管办相关人员的意见和建议,大致遵循如下原则:问卷填写一定要被访者如实填写(文盲或半文盲者则由自身口述,由出租屋管理人员代为纪录),不可代填或不看问卷胡乱填写;问卷发放地区以流动人口集中分布区为主;充分考虑各区内部街道差异(各区内部的中心区、过渡地带、边缘区等);充分考虑流动人口职业、收入等构成差异(高收入群体和低收入群体兼顾等);尽量选取工作认真负责的出租屋管理办公室负责人所在街道进行问卷调研。第2次问卷于2007年10月中旬发放,11月初回收。本研究共计发放问卷1 250份,分别是白云区500份、天河区300份、花都区250份、荔湾区200份。回收份数是980份,回收率为78.40%,经过逐份问卷的筛选,剔除无效及错误问卷,最终有效问卷分数是795份,问卷有效率为81.12%,有效问卷的街道分布情况见表2-4。加上笔者进行深入访谈的问卷数,本研究共计有效问卷817份。从有效问卷份数、问卷设计、试调查、发放、第一次回收、问卷修正、第二次发放、第二次回收等全过程的严谨程度,问卷覆盖地区对于广州流动人口地区的代表性程度,各覆盖地区内部的差异性考量等各方面综合考虑,本研究的实地调研工作总体上是扎实的,能够反映广州市流动人口空间分布的特征和分异规律,能够满足本研究的撰写要求。

第二章 研究设计

表2-4 各调查点的有效问卷量

Tab.2-4 Qualified questionnaire of surveyed areas

区域	白云区								天河区			
街道/镇	棠景	新市	三元里	同和	景泰	京溪	石井	江高	棠下	石牌	冼村	天河南	龙洞
有效问卷数	107	56	28	36	39	20	20	19	45	45	49	34	21
区域	花都区				荔湾区				
街道/镇	新华	狮岭	华东	华山	桥中	逢源	石围塘	白鹤洞	龙津
有效问卷数	50	48	30	19	45	23	32	20	9

第三章

广州流动人口空间分布及演变

众所周知,中国流动人口的大量涌现是中国特色社会与经济制度下的必然产物。在广州流动人口空间分布及演变分析之前,从历史维度和发生学视角对中国及广州流动人口形成背景、发展机制进行概述,这是正确理解和认知中国流动人口现象的重要基础。

第三章　广州流动人口空间分布及演变

一、中国流动人口形成与发展背景

（一）中国历史时期流动人口发展概况（1840年以前）

中国的人口流动现象，自古有之。流动人口在中国历史时期被俗称"流民"，一般指那些脱离土地而流动的农民[229]。察古知今，分析中国历史上的流民及形成原因，有利于认识当代中国流动人口的发生发展规律。浩如烟海的历史文献，记载了中国历代王朝发生的大规模的流民史实。这里参考中国著名历史地理学家葛剑雄等编撰的《中国移民史》（1-6卷），简要介绍秦王朝统一中国后历代最主要的流民潮。

秦朝虽然仅仅只有15年时间，但是期间的全国性人口流动的规模之大、距离之远、次数之频繁是前所未有的，是一个真正的大移民时代。一方面，秦朝处于不断的征战与扩张中，开拓疆域，强迫人口流动，仅河套地区就达30万，另一方面，为显示其文治武功，大兴土木，仅"徙天下富豪于咸阳十二万户"，就造就了中国历史上第一个百万人口的大城市，更不用说修长城、筑池道、建宫殿、兴陵墓。两汉时期，战乱频繁。汉武帝虽武功显赫，但"多杀士众，竭民财力，天下虚耗，百姓流离，故者过半"，仅元封四年，关东就有200万人口沦为流民，后期的三国鼎立的时局，更是"海内鼎沸，百姓流离"。流民触发了起义和动荡，而战乱进一步加剧了流民的规模。南北朝时期仍旧战祸频繁，两晋之际的流民近30万户、150万口，约占全国总户数的1/8，是历史上流民潮最突出的三大洪波之一。到了隋唐时期，战乱和巨大工程建设从未停止，穷于征发，百姓只得背井离乡。安史之乱，造成"闾井萧然，百不存一"，苏南浙北地区的

---
① 葛剑雄，吴松弟，曹树基等.中国移民史[M].福建：福建人民出版社，1997.

北方流民占到总户数的1/3，是中国历史上的流民潮的第二波峰。宋代也是战乱不断，先后与辽、西夏、金、蒙古抗战，尤其是靖康之乱及南宋北伐、金人南征，导致大量北方居民南迁，人数达500万之巨，形成中国历史流民潮的第三次波峰。明朝皇帝朱元璋可以说是倚靠流民之力坐上皇位的，封建制度固有的土地兼并不断和惨烈的自然灾害，导致流民不断，至明末，百姓流亡者十之六七，万历之后流民不断肇事，最终引发了李自成、张献忠等直接促成明朝统治瓦解的大规模流民起义。清朝末年，满族贵族大肆圈地造成了大量农民失地而成为流民，加上灾害频发，灾民和流民在数量上更是达到前所未有的地步。如1931年的长江洪灾，四成灾区人口流离失所，1938年的黄河水灾，殃及44县市，死亡89万人，391万人沦为流民。

从上述中国流民发生、发展及演变情况看，中国历史时期的人口流动原因趋于多样化，概括起来，重大社会事件与自然灾害是造成大规模的人口流动的主要原因，从具体的表现形式看大致包括战乱、自然灾害、赋税徭役及高利贷压力沉重、土地兼并不断等[1][230]。整体上看，对于人口迁移的主体来说，上述人口迁移机制是被动的人口迁移。笔者认为，更深层次的人口流动动因与中国历史时期的社会经济传统和习俗有关。历代中国社会是以农业为本，生产力低下，一旦遭遇天灾人祸，抵御风险的能力极差；农民以较落后的生产技术依附于数量有限的土地上，以皇亲贵族、地主为代表的统治阶级不仅施以繁重赋税，还对土地进行自由兼并和买卖，很容易使农民失去土地而沦为流民；人地关系日益紧张，即耕地面积增长有限，但人口增长迅速，人地比率不断提高，加剧了农民的生产压力；长期以来中国社会重本抑末的政策和轻工商的社会观念，劳动力中的工商业从业者很少，决定了数量庞大的人口在有限的土地上打转，造成了一轮又一轮的流民产生和动荡的恶性循环，这种愈来愈强的人口压力使农民不得不在边际效应递减的情况下增加投入，以图增长土地产出率和总量，这

---

[1] 钟水映.人口流动与社会经济发展[M].湖北：武汉大学出版社，2000.46-48.

就是农业的过密化或内卷化（Involution）。内卷化的原因是土地资源的匮乏、工商业欠发达造成的对农业劳动力吸引力不足和传统的农业文明所形成的家庭伦理（以农为本、以土地为根、故土难离的观念）。

（二）中国近现代流动人口发展概况（1840年以来）

1840年鸦片战争后，西方资本主义的坚船利炮擂开了长期以来封建制主导下的封闭的大门，打破了中国社会既有的平静，一方面破坏了延续数千年的自给自足的自然经济基础，由于战乱大量人口被迫迁移，另一方面，鸦片战争在一定程度上加速了西方经济、社会、文化、科学等领域全方位入侵中国的速度和深度，推动了中国的城乡商品经济的萌芽和发展，人口的主动迁移意识得到强化。此后，中国人口迁移的演进历程不断加快。

从整体的人口迁移历程看，可以形成几点认识：（1）人口迁移的类型、方式、规模都在不同程度得到强化，人口迁移的多样化程度增强。从数量上看，参与人口迁移的人数剧增；从迁移的空间跨度看，从局地性迁移向地区性迁移、跨省区迁移、跨国迁移转变；从迁移时段的长短看，从几天、几月、几年到数载、数十载；从迁移人的身份特征看，从暂住（借住）人口的身份到本地户籍人口的转变；从迁移人的家庭构成结构看，从个体迁移向家庭迁移转变。（2）迁移人口迁移的机制日益多样化。从人口迁移机制的宏观层面看，包括自然因素（地震、海啸等自然灾害和恶劣的气候等）、政治战乱（局地范围内部的战争导致人口的被迫迁移等）、社会经济制度的变迁（国家层面的户籍制度的颁布等）、大型社会经济事件（出于国家安全视角的重大产业布局，例如在"山、散、洞"背景下的大型企业的建设等）、因个体因素的迁移（出于对于大都市生活方式的向往而决定的人口迁移行为等）；从个体迁移的微观层面看，可以有升学、探亲访友、工作调动、打工挣钱、婚姻嫁娶等。（3）在上述种种人口迁移机制中，由于中国社会经济状况的不断改善和日趋稳定，先前的自然和战争主导性迁移机制的成分逐渐减弱，而基于重要的社会经济事件、制度以及基于迁移者个体的行为决策成分逐渐增强。前者主要由于中国是社会主义国家，很长一段时间中国实施社会主义计划经济体制，对于人口迁移一直是在计划经济体制这一宏观背景下操作的，虽然目前中国已经进入市场转型期，但这一转型程度相当漫长，先前的计划经济制度对于人口迁移的影响残留至今仍然在发挥作用，只是影响的程度弱化，影响的性质从直接转变为间接，但是路径依赖作用仍然存在，制度对于中国人口迁移的影响和作用从来就没有停止过。至于大型事件，中国处于社会主义初级阶段、城市化进程和现代化进程的中期阶段这一国情决定了大型事件（尤其是大型建设项目）对中国社会经济和城市发展等方面产生巨大的影响，人口流动也是其影响诸因子中的重要因子。个体迁移决策的相对上升与市场化进程中对于财富的追求、整个社会"人本主义"意识的普遍提升背景下对于迁移自由权的重视、"流动即自由"等自然常态性社会规律的普适性认同等有关。人口的迁移决策，在一定条件下可以只与一个个体的偶然性因素直接相关联，而无关乎其它任何宏观的、中观的迁移要素。（4）从整体上看，中国社会经济制度的变迁和重大事件对人口迁移的影响最大，一些个体行为决策因素、区域发展对于特定人口的需求等虽然与社会制度的变迁无直接关联，但是这些迁移决策的最后形成在一定程度上都是放置于整个国家制度变迁的背景下操作和实施的。加之，一些迁移个体的因素因为本身涉及面甚广，不同迁移个体可能迁移动机完全不同，这种相对异质性的因素难以在一个相对简单的框架下加以抽炼和概括。基于此，本研究在这一块重点从社会经济制度和大型事件两个维度对中国近代人口流动问题进行概述。

为较为全面的反映中国人口流动的制度背景及制度烙印，对建国以来与中国流动人口相关的事件进行梳理，分析事件和社会制度对人口流动的影响，在此基础上依据人口流动的数量规模、整体的人口流动特征等要素对近代中国流动人口的时间阶段进行简要划分，大致包括4个阶段（时期）：（1）人口流动活跃期；（2）人口流动非正常期；（3）人口流动

第三章 广州流动人口空间分布及演变

恢复发展期；（4）人口流动快速发展期。在人口流动问题的讨论过程中尤其注重分析影响中国人口流动的制度因素和重大事件、制度和事件对人口流动的作用和影响、各时期人口流动特征、各时期制度或事件本身对人口流动强化或抑制作用等几个方面。具体内容见表3-1。

表3-1 解放后中国流动人口的社会经济与制度背景

Tab.3-1 Socio-economic and institutional backgrounds of China's floating populations after 1949

时间（年份）	事件	对人口流动的影响	人口流动特征	加强（+）抑制（-）人口流动	阶段划分
1840-1948	西方资本主义的野蛮入侵	破坏了延续数千年的自给自足的自然经济基础，另一方面推动了中国的城乡商品经济	人口的小范围短期的局地性流动	+	人口流动活跃期
1949	中华人民共和国成立	新中国的成立解放了禁锢在土地上的人口	人口的局地性流动	+	
1950-1952	国民经济恢复时期	摆脱了多年战争的影响，国民经济开始恢复重建，城市建设百废待兴	大批人口从农村迁移到城市，城市人口年年均增长7.74%	++	
	农村土地改革	推翻地主分得土地，强化了农民对土地的依附性	在一定程度上抑制了人口流动	-	
1953-1957	"一五"时期	集中精力恢复和发展城市生产的需要	大量农村人口迁入城镇，是城市人口增长最快的时期：从12.5%（1953年）增长为15.4%（1957年），城市人口年均增长6.39%	+++	
1958	颁布《中国户口登记条例》和《制止农村人口盲目流向城市》，发出"关于精简职工和减少城镇人口工作中的几个问题的通知"	国家开始实施严格的户籍管理制度，指出"对农村县镇迁往大中城市的，目前要严格控制"，采用城市保护制度，从此形成工农业两极对峙的格局	严格限制城乡人口自由迁移	---	人口流动非正常期
1958-1960	"大跃进"时期	由于对社会主义建设缺乏经验，对经济规律认识不清，1958年中共八大提出"鼓足干劲，力争上游，多快好省的建设社会主义"，工业是重中之重，工业发展依赖人海战术	大量人口爆炸式进入城市，每年新增城市人口8 300 000，形成"过量城市化"	++	
1961-1965	大跃进失败、三年自然灾害	城市基础设施难以负荷，基本供应品供给困难，国家压缩建设规模，精简机关	不仅严格限制农村人口向城市迁移，反倒鼓励市民到农村实践，这一时期人口迁移流动的主要形式是干部下放劳动或返回原籍，以及部分入城人口被清退回农村。1961-1963先后下放2 600万人口到农村，形成"逆城市化"	---	

85

流动人口的空间透视：以广州为例

时间	事件	内容	影响	评价	阶段
1962	国家开放了已经关闭多年的农村集贸市场	恢复了农民自留地、家庭副业		+	
1965-1978	三线建设	中国周边形势紧张，中共号召"备战、备荒、为人民"，各地要振兴工业经济，按照"靠山、分散、隐蔽、进洞"原则布局工业企业，重点在西南地区	随着企业的内迁，大量城市人口迁往内地，仅对上海，国家先后对其下达了300多个项目的搬迁命令，形成"逆城市化"	— —	
1966-1976	文化大革命				
1966	上山下乡运动	大批知识青年、干部下放到农村	1966-1970年城市人口减少355万，全面的"逆城市化"	— —	
1971	上山下乡运动停止，城镇工业有所恢复	城镇发展"五小工业"（小玻璃、小水泥、小石灰、小钢铁、小煤炭），城镇企业单位也开始从农村地区招工	城市化有所起色	++	
1978	十一届三中全会召开	对过去历史做深刻检讨，意识形态上发生转变，以经济建设为中心			
1979	农村实行家庭联产承包责任制和统分结合的双层经营体制	分田到户、包产到户，农民生产积极性的提高，带来农业生产效率的大幅提高，农产品放开，生产要素市场的发育	农村非农业部门发展迅速，隐性的剩余劳动力开始显化	+	人口流动恢复发展期
1979	国家成立经济开发区	相继建立深圳、珠海、汕头经济特区和一批高新技术产业区		+	
1983	乡镇企业发展	费孝通提出"小城镇大问题"，自下而上的农村城市化道路，农村非农产业异军突起，农村地区的第一次工业化浪潮	"离土不离乡、进厂不进城"的城市化模式，初期效果明显，但后期不行：1984-1988年中国乡镇企业每年吸纳劳动力1084万，而1989-1997年只有460万人	++	
1983	国家工商局个体司发布文件	提出"必须打破城乡封锁、条块分割的局面，疏通各条流通渠道"	为户籍制度的放松奠定基础	+	
1984	颁布《国务院关于农民进入集镇落户问题的通知》	允许在口粮自理的情况下进城，之前的各类下放人口回城，允许农民在自理口粮的情况下移居小城镇，从事务工、经商和办服务业	人口流动限于小城镇，是就地城市化模式，但这是第一次适度放开严格户籍制度	+++	人口流动快速发展期
1984-1988	进一步加快改革开放力度	先后开发了14个沿海港口城市及海南岛、长江三角洲、珠江三角洲和闽南三角地带	城市的拉力作用开始显现	+	
1988	财政包干制度	中央、地方和乡镇各自收税，中央财政赤字巨大，地方财力得到提高，中央的宏观调控能力弱化			
1989-1991	国家经济政策调整	对城市社会秩序的控制，对经济活动进行整顿，基础设施建设受到限制，国家减少投资	抑制人口流向城市	— —	
1992	邓小平"南巡讲话"	改革开放的序幕拉开，经济市场化进程骤然加快	民工潮的出现	+++	
1994	分税制	中央和地方权事分清，城市政府的权力加大	城市本位主义思想开始显现	—	
1994	一系列全国性规定和措施出台	抑制劳动力外出，一些城市出台就业分类政策，把职业分A、B、C三类，A：不对外来人口开放；B：优先满足城市居民就业需求，有剩余才考虑外来人口介入；C：才向外来人口开放。	城市本位主义思想进一步抬头，只顾总本地市民利益	—	

1995	城市国有企业改革	城市出现大量下岗分流人员,对城市流动人口除了就业限制外,还扩大了收容遣送制度,动则把三无人员抓起来	城市政府纷纷限制农村流动人口进城	—
90年代后期	一些城市对户籍制改革	允许一定条件的流动人口（在城市购置商品房、携带一定数量的资金、具备专门技能和知识），可以通过一定的程序办理与正式居民近似的一种特殊户口（蓝印户口）	对城市流动人口进行分类管理,优胜劣汰	+
2003–	一些省份或城市取消户籍制度	上海、深圳、沈阳废除外来人口暂住证制度,"居住证"基本代替了"暂住证"和"蓝印户口"等	加强服务功能,完善管理功能	+

（三）中国近现代流动人口形成机制

在流动人口群体中,其中以广大的从乡村迁至城市的农村流动人口占绝大部分的比例,所以,这里仅以进城务工的农民工为代表分析流动人口形成和迁移机制。从总体上看,1990年代以来中国流动人口形成机制大致包括以下三方面。

1. 中国流动人口的产生和兴起,背后有其深刻的社会经济背景

从宏观层面看,流动人口是在中国对外开放格局下中国城市化、工业化和市场化的必然结果。在全球化和世界经济一体化背景下,世界范围的产业转移进入一个新的阶段（环太平洋时代的来临）,跨国公司纷纷登陆中国,大量工厂和企业纷纷落户中国各大城市,这一点在以广州为代表的珠江三角洲地区体现得最为明显,"世界工厂"已经俨然成为珠江三角洲地区的象征性标签和区域性名片。从国内层面看,尤其是20世纪90年代以来在城市政府的新自由主义倾向和GDP主导的政绩观主导下,中国工业化和城市化进程日益加快,以北京、上海、广州、深圳等为代表的相对发达型城市的各类建设日新月异。这种基于外生性的外国投资和依赖内生性的本土力量发展起来的工业化都对大量的廉价劳动力产生巨大需求,而数量庞大且供给量趋于无限大的中国农村人口正好为满足这一需求提供有利条件。从城市化视角看,当前中国大于30%的城市化水平决定了中国城市化处于加速增长期,以人口向城市集聚为主要特征的异地城市化过程在今后相当一段时间会持续下去,流动人口正是这一异地城市化过程的中坚力量。总之,全球化、中国现代化、城市化和工业化的发展是进城流动人口的迁移行为的重要背境。

2. 从政策的中观层面看,人口迁移(流动)的种种政策演进历程是中国流动人口群体兴起与发展的体制背景

政策渊源要追溯到上世纪70年代末80年代初实施的中国农村改革,改革核心是把资源配置的基本单位由生产队转向家庭,即家庭联产承包责任制的推行,它一方面大大提高了农村劳动生产率,农业产出大幅增加,另一方面使得长期以来的人多地少的矛盾显化,农村出现了大量剩余劳动力,80年代末期总数达2亿多,如何转移大量的农业剩余劳动力成为当时的重要任务,而这一劳动力转移的实践需求直接和和中国政府一直以来推行甚为严格的户籍制这一刚性制度相违背。对此,政府弱化了强加在农民身上不准离开土地的行政限制,同时为防止大规模农民盲流到城市所带来的种种弊端的出现,主张发展乡镇企业吸纳农村富余劳动力,鼓励"离土不离乡,进厂不进城"的农村内部就地转移模式。据统计,1978-1992年间,乡镇企业共吸纳了7 500万农村劳动力[231]。到了80年代中后期,由于技术进步的加快和资本密集程度的提高,乡镇企业吸纳剩余劳动力能力显著下降。在此背景下,乡土社会的"不流动性"得到进一步更为彻底的颠覆,产生了更高层次的"离土又离乡"的异地城市化模式。规模化的流动人口群体兴起于80年代末期,90年代以后急剧扩大,目前全国常年跨区流动人口大约有8 000万人,占农村劳动力的15%-20%[230]。总之,中国传统户籍制度的相对放松在一定程度上为这种人口流动提供了体制支撑,它使得近30年来积淀在农村的巨大人口能量得到很大程度的释放。

---

① 蔡昉.中国流动人口问题[M].河南:河南人民出版社,2000.
② 钟水映.人口流动与社会经济发展[M].湖北:武汉大学出版社,2000.46-48.

第三章 广州流动人口空间分布及演变

3. 从流动人口个体迁移决策的微观层面看，流动人口的乡—城迁移具有相当程度的理性因素

对于流动人口迁移决策机制，"推—拉"理论具有较强的解释力。扮演推力的因素有农村收入水平低、农村缺乏发展机会，属于拉力的因素有城市收入高、外出见世面。近些年，流动人口进城的非经济因素也备受关注，如"见世面"、"发展机会"等。还有学者运用吉登斯的结构化理论来探讨劳动力乡—城流动的理性动因结构，认为流动人口外出和迁移过程中不断地对自身的行为进行合理化解释，进而反思自己的行为并调整策略，其流动逻辑是生存理性选择（生存原则）→经济理性选择（最优原则）→社会理性选择（满意原则），但由于中国传统文化家庭中心主义的影响，"经济理性选择"还难以一时在农民身上发挥效应，而都市的现代文明、生活方式等现代化生活图景则对解决温饱的农民具有极强的吸引力，农民外出就业，是"生存压力"和"理性选择"共同作用的结果。现今一些农村青年认为务农没有出息，自己已经习惯了城市的生活，适应不了农村的环境差、娱乐活动少、社会圈子狭窄等，也印证了理性动因论。总体上看，中国城市和乡村之间的经济、社会与文化等方面上的"差异"、"落差"构成了大量流动人口进城的直接驱动力。较之其它城市而言，广州因其城市文化中的开放性强、包容性好等特质以及就业机会相对较多的性质，对于流动人口具有更高的吸引力。

概括起来，流动人口乡—城迁移动机可用图3-1表示。

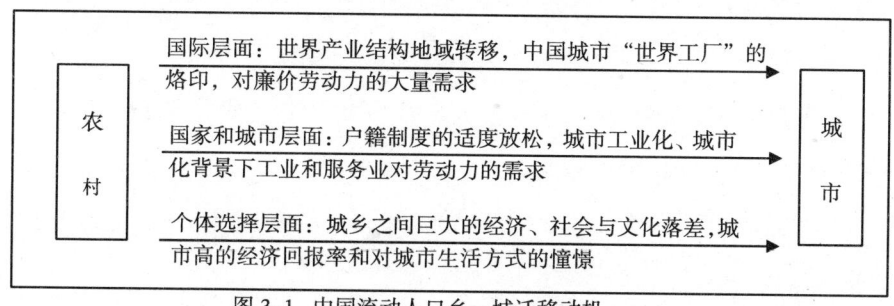

图3-1 中国流动人口乡—城迁移动机

Fig.3-1 Rural-urban migration mechanism in China

可见，中国流动人口的大量出现是在世界产业地域转移、中国现代化、城市化和工业化、政府对于人口流动限制政策的适度放松和个体理性选择综合作用下的必然结果，是中国现实社会经济发展具体语境下的必然趋势。

二、广州流动人口形成和发展背景

（一）广州人口迁移历程回顾（1990年以前）

为了解广州市流动人口发生与发展背景，先对广东省和广州市人口迁移产生和发展的背景和历程进行概述。

在整个奴隶制时期，由于地处中国南陲，广东省基本上一直游离于中原文化之外，是土著百越族的聚居区之一。直至秦始皇33年（公元前214年），"发诸尝逋亡人、赘婿、贾人略取'陆梁'地，为桂林、象郡、南海，以适遣戍"①[232]。中原汉人才首次越过南岭，迁入广东，并据此确定了郡县制度。秦始皇奉行的迁入汉人，"使与百越杂居"②[233]的政策，对广东省的开发起到极大的推动作用，影响十分深远。到了汉朝，汉武帝出兵岭南，彻底结束了南越的割据态势，对广东的开发又形成了一次大的推动。但相对于其它版图而言，广东省的人口数量仍然稀少，至西汉元始2年（公元2年），广东省境内的人口规模只有大约25万人，平均人口密度仅为1人/平方公里。

从西汉末年起，囿于中原地区频发的大规模社会动乱，相较而言，南陵地区更加安定，不少汉人纷纷南迁，广东省的移民数量不断增加，以东汉永和5年（公元140年）和西汉元始2年（公元2年）比较，全国总人口有所减少，但位于广东省东部、中部南海郡的人口增加了1.66倍③[234]。此后

---

① 司马迁.史记·秦始皇本记[A].北京：中华书局，1962.
② 班 固.汉书·高祖记[A].北京：中华书局，1959.
③ 胡焕庸，张善余.中国人口地理[M].上海：华东师范大学出版社，1985.254.

第三章 广州流动人口空间分布及演变

的几个世纪，广东省的发展程度不断提高，东晋、南朝、隋代在目前省境范围内增设的县治都达到了10个左右。隋末广州所领编户约185 800多户，户籍较之南北朝宋武帝时期增长了近3倍[1][235]，其中的人口增量除了自然增长及俚附籍外，有相当部分为汉人移民。

到了唐代，除海南岛中部山区外，全省都得到了一定程度的开发，以广州为代表的珠江三角洲地区已经成为人口密集区，广州已经发展成为我国南方重要的政治、经济中心城市和外贸口岸，天宝元年（公元742年），广东省由官方统计的人口数达到95万人，约占全国的1.5%，而实际数字应甚于此（唐代仅居住在广州的外国商人即数以万计）[2][234]。这一时期中国的人口重心已由黄河流域转移至长江流域，广东省所在的岭南地区在全国人口迁移中的地位明显提高。唐宋期间是广东社会经济和人口发展的高潮，除珠江三角洲外，韩江三角洲也开始建堤围、兴水利，农业生产得到了极大的提高，也成为一个突出的人口稠密区。北宋崇宁元年（公元1102年），全省范围内有官方统计的户已达58万户，人口总量达到300万。南宋末年，蒙古入侵，中原忠臣义士及庶民随帝驾南下，数量巨大，使广东的人口达到了更大规模。元、明朝因大量移民政策的实施，大兴土木以及改善土地耕作条件，人口也大量增加。

纵览从秦代到明代广东省的人口迁移史，不同时期移民的来源、分布范围有所差别，整体上形成不同的文化区。以珠江三角洲为中心的广州方言区，移民历史最久，始于秦代，盛行于宋代，迁移路线多由南岭诸隘口循桂江和北江谷地南下；以韩江三角洲为中心的潮州方言区，移民由福建沿海迁入，人口以宋末时期为最多，除粤东沿海外，扩散到雷州半岛及海南岛；以梅县为中心的客家方言区，移民历史最短，明代中后期为最多，移民源于中原诸省。

到了清代，广东省出现了人口低潮，清兵的入侵及其野蛮的屠杀政策

---

[1] 胡焕庸，张善余.中国人口地理[M].上海：华东师范大学出版社，1985.254.
[2] 班 固.汉书·高祖记[A].北京：中华书局，1959.

流动人口的空间透视：
          以广州为例

使广东经济和人口蒙受了巨大的浩劫。如顺治7年（公元1650年）广州遭到屠城，几十万人罹难。在后来的"迁海之役"中，沿海数十里之内被"尽夷其地，空其人民"，生产力遭到极大破坏，珠江三角洲各县的耕地面积减少了一半。鸦片战争后，尤其是同治元年（1862年）以后的80-90年间，中国沦为半殖民半封建社会，广东省首受其害，社会矛盾日渐深重，许多人贫困破产，不得不背井离乡，前往异国他乡谋生，时值西方资本主义经济发展期，急需劳动力去开矿山、筑铁路、办种植园，他们在广州、汕头、香港等通商口岸用拐骗、绑架等手段招收"猪仔"（即契约劳工）。"猪仔"贩子还在广州西关堤新街（即浩官街）一带备有快船，掳掠"猪仔"十分猖獗，男女被掳者数以万计，这整体上造成了广东省人口总数长期停滞不前。但1939年后，资本主义国家爆发经济危机，南洋经济也日渐衰落，许多国家实施入境税和排外政策，迁去的华侨才开始减少。同时，尽管有少数外省市商人来广州等地经商谋生，但总体上迁移活动规模减少，发展缓慢。到了民国17年，广州民物殷实，商客云集，复成为中国南方重要的省会城市，人口迁移量明显增加，年净迁入量过万人。

国民革命时期，广州人口迁移活动较为剧烈，波动性强。1938年广州沦陷前后，许多居民为躲避战乱，纷纷迁往乡下，迁出市民过半，直至1945年广州光复后，市民才纷纷回迁。1947年民国政权摇摇欲坠，社会动荡剧烈，不少人也迁出广州，时年2月广州市政统计数字显示，迁入量为2.3万人，迁出量为3.2万人，净减量为9 000人[235]。

解放后，由于人口迁移不受任何制约，大量农村人口向中心城市迁移，战时暂避外地人口回流，其间迁移人口占人口增长的70%。50年代中期，中国政府对农村到城市的迁移实施了严格限制。1956年农村建立高级社吸引了早些年流入城市的多余劳动力，有部分城市人口迁入农村，该年广州人口迁入45.5万人，迁出53.3万人，是广州历史上迁移人数最多的一年[235]。1957年开展"反右斗争"，一些人被送到郊县农场劳动改造，

---

① 李慧贞.广州人口志[M].1995.22-24.
② 李慧贞.广州人口志[M].1995.22-24.

第三章 广州流动人口空间分布及演变

1958年达到高潮。60年代初期开展的"大跃进"运动开始后,控制人口迁移的机构几乎搁置,一些单位盲目招收农村人口,迁移流向再度转向城市,致使广州人口剧增,1959年机械净增量达8.3万。1950-1960年十年间广州人口迁移总量高达497万人,其中迁入263万人,迁出234万人,是1950-1990年这40年迁移总量的60.45%。1961年为贯彻市政府精简机构压缩城市人口精神,迁入人口得到一定控制,1961年比1960年人口减少11%[1][235]。至1970年的11年间,除1967年外,广州人口的迁出量均多于迁入量。期间因动员职工、干部、知识青年、被疏散人口及科研单位搬迁等,共迁出70多万人,与迁入人口相抵消后,净迁出30多万人,出现了人口迁出高峰期。1976—1980年间,知识青年陆续返城,多为前期知青下乡、干部下放外迁过度的"补偿性"迁入,出现了继50年代中期以来机械增长的第2个高峰。据统计,在此期间广州市区人口的机械增长数是自然增长数的2.9倍[2][235],迁入人口一是源于其它城镇的非农业人口,二是来自农村的农业人口。但总体上看,由于受到国家政策的控制,基本与全国其它情况类似,广东地区经济发展较慢,在全国处于中游水平,由于地处海防前线,很多基础设施建设受到很多限制,国家投资比较少,从外省迁入广州的人口维持在较低水平。

直到1980年代实施改革开放和社会主义市场机制后,由于广州的改革开放搞活经济走在全国前列,商品经济发展迅速,市场活跃,人口迁移出现了迁移量大、迁入人口以青壮年为主、迁入人口文化程度较高、往国外和港澳等地区迁移量大等特点。至于1990年代以后的广州人口迁移规律和特征详见下文论述。

(二)广州流动人口形成机制

1. 良好的地理区位

从地理纬度看,广州跨越了多气候带,加上地形的影响,兼具了寒

---

① 李慧贞.广州人口志[M].1995.22-24.
② 李慧贞.广州人口志[M].1995.22-24.

带、温带、亚热带和热带等垂直地带性特点，形成水平和垂直两个方向上复杂的地理景观[236-237]，导致该地水、土、光、热和生物资源极其丰富，这种良好的资源禀赋状况使其成为南北经济与社会联系的源头和起点。

从内部地形看，广州所在的珠三角地区是河网密布的冲击平原，北枕五岭，南濒大海，西江、北江和东江交汇于此，整体空间形态上呈现扇形结构，广州由于地处该扇形的顶点位置具有最佳的地理区位，这种地形条件既利于农耕和稻作文化发生，又因其居于沿海和山区过渡交汇之处，易于成为交易之所，逐渐形成商业文化上的优势。缘此，广州成为中国广大北方地区向南拓展的重要依托，是重要的人口集聚地。从外部地形看，广州所在的珠三角地区南濒大海，处于我国南海航运枢纽位置上，境内主要流域——珠江一直是中国的南大门，一直是中国通向东南亚、美洲等国家和地区的必经之地。

从交通区位看，广州是华南地区的海陆空交通中心。从海运看，广州港是中国第三大港口，是珠江三角洲及华南地区的主要物资集散地和最大的国际贸易中枢港，现已与世界170多个国家和地区的500多个港口有贸易往来。此外，黄埔新港和新沙港均为华南地区最大的集装箱码头。从铁路看，有京广复线、广茂线、广梅汕线、广深线、广九准高速铁路，还有建设中的广珠澳铁路、武广客运专线，共同构成了四通八达的铁路网络。从公路看，广州已基本形成以市区为中心，105、106、107、324、205国道为骨架，以三道环线为系带，连接各条国道，贯通省内97%以上的县、市、镇，并连接邻近省市的公路网络。从空运看，广州白云机场是国内三大航空枢纽机场之一，旅客吞吐量居全国第三，具有举足轻重的地位。

上述有利的自然地理条件和区位使得广州成为重要的国内外人口、商品交换和贸易往来的集散地，因此也成为中国流动人口集聚的重要城市。

---

① 司徒尚纪.广东文化地理[M].广东：广东人民出版社，1993.3.司徒尚纪.岭南历史人文地理：广府、客家、福佬民系比较研究[M].广东：中山大学出版社，2001.4.

2. 开放性强的历史沉淀

广州有着悠久的对外交往史。秦汉时期广州就是古代海上丝绸之路的始发港，与海外交往频繁，中国的丝织品、瓷器、铁器、铜钱、纸张、金银等以广州为起航站运往海外，换回珠宝、香药、象牙、犀角等，广州成为当时世界上最为著名的贸易大港。到了元代，世界上同广州有贸易往来的国家与地区有140多个。明代广州便有了"出口商品交易会"。清朝由于"一口通商"的实施，广州成为唯一的对外通商口岸，对外交往更加频繁，著名的十三行就是专门分工做对外贸易的洋行。近现代中国进出口商品交易会（广交会）的建立更是将广州的对外交流事业推向新的高潮，广交会从20世纪50年代至今一直在广州举行，以规模最大、时间最久、档次最高、成交量最多而荣膺"中国第一展"的称号。这些对外通商的繁荣极大地促进了广州与海外的文化交流。可以看出，广州文化血统从来就与开放性和兼容性相联系，这赋予了其包容性强的文化特色，2000多年来广州一直保持其开放性的城市底质，即使在近代中国整体处于闭关锁国的特殊时期，广州的开放程度和深度也从未改变，这一文化底质为流动人口来到广州生产和生活奠定了坚实的文化基础。

3. 政策的转变

（1）改革开放及市场化的推行

新中国成立及改革开放以来，中国工业化和城市化进程日益加快，国家对城市的建设投资力度加大，以广州为代表的相对发达型城市有很多内地城市和广大农村地区所不具备的发展条件和机遇，城市化、工业化、现代化进程都走在全国前列，各类型大规模城市基础设施建设和形形色色的工业、制造业的发展日新月异，工农业生产持续稳定地增长，对外经济贸易蓬勃发展，广州已成为工业基础较雄厚、第三产业发达、国民经济综合协调发展的中心城市。这些产业的发展对劳动力产生巨大需求，无疑给流动人口提供了潜在的就业机会。除经济要素外，广州和原户籍地的在社会、文化、生活方式等方面的巨大落差也会扮演一种强推力促使人口迁移行为的发生。

(2) 户籍制度的转变

对流动人口管理的制度主要体现为户籍制度。其政策渊源要追溯到上世纪70年代末80年代初实施的中国农村改革，改革核心是家庭联产承包责任制的推行，它一方面大大提高了农村劳动生产率，农业产出大幅增加，另一方面使得长期以来的人多地少的矛盾显化，农村出现了大量剩余劳动力，80年代末期总数达2亿多，如何转移大量的农业剩余劳动力成为当时的重要任务，而这一劳动力转移的现实需求直接和中国政府一直以来推行的甚为严格的户籍制这一刚性制度相违背。对此，政府弱化了强加在农民身上不准离开土地的行政限制，出现了基于"离土不离乡，进厂不进城"的农村内部就地转移模式，但到了80年代中后期，由于技术进步的加快和资本密集程度的提高，乡镇企业吸纳剩余劳动力能力显著下降。在此背景下，乡土社会的"不流动性"得到进一步更为彻底的颠覆，产生了更高层次的"离土又离乡"的异地城市化模式。总之，中国传统户籍制度的相对放松在一定程度上为这种人口流动提供体制支撑，它使得近30年积淀在农村的巨大人口能量得到很大程度的释放。

4. 全球化和空间一体化

在全球化和世界经济一体化背景下，世界经济格局发生了翻天覆地的变化，全球化浪潮使得国家和地区之间的联系日渐密切，新国际劳动分工把以珠三角为代表的中国沿海地区推向世界的舞台，世界范围的产业转移进入一个新的阶段（环太平洋时代的来临），跨国公司纷纷登陆中国，由于发展基础较好、生产成本低、资源禀赋较好及文化开放性等优势，以广州为代表的珠三角地区也成为产业转移过程中重要的承接地，大量工厂和企业纷纷落户广州，已打上了"世界工厂"的标签。在此背景下，广州等核心城市成为世界空间一体化的重要组成部分。与此相伴而生的是，大量外籍人口纷纷进入广州，同时，大量就业机会的供给拉动了国内人口的迁移。

5. 广州与港澳的关系

除上述背景外，广州与港澳的紧密关系是广州流动人口形成和发展的重要内容和基础。自古以来，香港、澳门与广州的联系和交往从未间断，体现在人口、资金、技术、经济和文化等诸多方面，其主要原因在于地域的邻近性和文化的同源性。尤其是2004年随着旨在促进内地与香港关于建立更紧密经贸关系的安排（CEPA）的顺利实施，港澳和广州的联系更加紧密，他们中的很多人选择在广州工作、居住和生活，首先开启了"前店后厂"型的跨地区产业转移模式，将大量港澳产业向穗转移，极大的促进了广州社会经济的发展[238]。总之，港澳人口历来是广州流动人口重要的组成部分。同时，这一群体对国内流动人口的大量迁移产生重要影响，他们为产业发展提供了大量就业机会，极大了拉动了内地人口的到来。

三、广州流动人口特征及演变

对于改革开放以来广州流动人口特征及演变的分析，本研究从时间系列上大体分为3个阶段，各阶段人口迁移特点、拟采用的分析数据见表3-2。

表3-2 广州流动人口发展阶段
Tab.3-2 Evolutive phases of floating populations in Guangzhou

发展阶段	时间跨度（年）	制度背景	人口迁移特点	本研究拟采用的分析资料	具体数据
改革开放初期	1978-1990	计划经济时期	人口流动受到限制，规模较小	1990年广州市第4次人口普查数据	人口数量、性别和年龄结构、文化、婚姻及来源构成、职业和行业分布
改革开放发展期	1990-2000	市场经济时期	人口流动频繁，有一定规模	2000年广州市第5次人口普查数据	人口数量、性别和年龄结构、文化、婚姻及来源构成、职业和行业分布

流动人口的空间透视：
　　　　　以广州为例

发展阶段	时间跨度（年）	制度背景	人口迁移特点	本研究拟采用的分析资料	具体数据
改革开放深入期	2000以来	市场经济时期	人口流动更频繁，规模庞大	2007年抽样调查资料	除上述内容外，还包括滞穗时间、来穗目的和途径、工作、收入、消费及福利状况

（一）人口规模增长迅速，波动性强

先分析1990、2000年广州流动人口数量。第4次人口普查资料显示，1990年广州市区合计流动人口466 812人，占总人口的8.9%，而2000年这一数值达到3 981 999人，占总人口比例为46.7%，可见，无论是流动人口总量还是占总人口比重，流动人口都呈现大幅增长态势。再对流动人口数量年际变化进行分析。图3-2是1989-2010年广州市登记在册的流动人口数[①]分布情况。

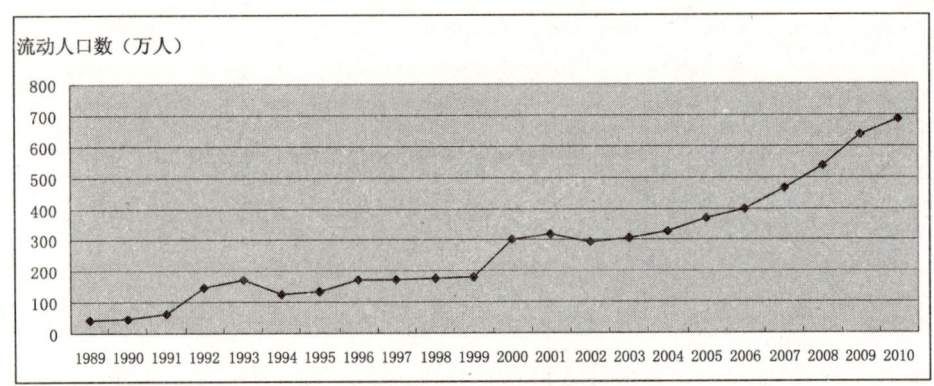

图3-2　广州流动人口年际数量变化

Fig.3-2　Changes of floating populations in Guangzhou (year：1989-2010)

资料来源：广州年鉴编纂委员会，广州年鉴（1990-2010年），广州年鉴社；2010年数据从广州市流动人口管理办公室获取。

在整体处于增长态势的同时，可以看出，广州流动人口数量变化大致可分为7个阶段：①1989-1990年增长缓慢期；②1992年流动人口急速增长

---

① 这里的流动人口数量是登记在册的有暂住证或居住证的流动人口数量，从广州市流动人口管理办公室获取。由于各种原因，一些流动人口并没有正式登记注册。

期；③1994-1995年流动人口锐减期；④1997-1998年流动人口缓慢减少；⑤1998-2001年流动人口快速增长；⑥2002年流动人口缓慢减少⑦2003年后流动人口快速增长。总体上看，广州流动人口处于增长态势，从1989年的42万，到2010年的688万，21年间流动人口数量增长了16.3倍，这反映了广州作为全国性流动人口重要集聚地的事实，与广州作为全国改革开放排头兵、城市综合实力较强、更多就业机会等有关。其次，各阶段间也出现一些拐点。各拐点形成原因解析如下：①与国家经济政策调整有关，由于1989年城市发生动乱事件，国家对城市社会秩序控制力度加强，城市经济活动处于整顿时期，基础设施建设受到限制，对流动人口的需求相对减少；②与邓小平"南巡讲话"这一标志性事件有关，它标志着中国改革开放的序幕拉开，经济市场化进程骤然加快，各项建设蒸蒸日上，城市对流动人口的需求量大增；③与分税制的实施有关，后者使得城市政府权力加大，城市本位主义思想开始显现，以本地市民为服务对象的管理模式主导城市管理。一些城市推出了一系列规定和措施以抑制大量农村劳动力进城，如就业的分类政策，导致流动人口数量减少；④与城市国有企业改革有关，大量市民下岗，城市有限的就业机会以先满足本地市民为主。除就业限制外，还制定了针对流动人口的收容遣送制度，致使流动人口数量减少；⑤是流动人口的正常发展期，流动人口快速增长，从1998年的175万到2001年的319.8万，增长了1.83倍。⑥是流动人口的非正常发展期，这一方面可能与统计误差有关，如2002年广州市流动人口小幅减少，可能存在一些未被登记的流动人口；还与流动人口管理相对严格有关；⑦是广州流动人口的发展正常时期，随着社会和经济发展步入正规，流动人口数量增长迅猛，这与广州城市政府新自由主义的管理取向和对流动人口的限制放松有关。需要指出，2008年以来，广州流动人口大幅增长，但增长率趋于缓慢，2008-2010年流动人口数量分别为537.89、634.71和688万人，究其原因：一是流动人口登记管理制度发生变化，2009年底，广州市流动人口管理从暂住证迈向居住证时代，这一转型期很多人没有马上更换相关管理证件；二是2008年发生于美国次贷危机引发的全球金融海啸，以广州为代表的珠三角"世界工厂"地区，在出口严重受阻情形下，很多企业经历订单锐减乃至倒闭，对流动人口劳动力市场带来巨大打击，部分流动人口选择留守家乡或北迁至经济发展自主性相对好的长江三角洲地区。

（二）性别构成以男性主导，变化不大

资料显示，1990年广州市区流动人口中男性比例为56%，女性占44%；2000年男性流动人口比例占53.3%，女性占46.7%；笔者调查结果显示，男性占受访总人口比例为56.8%，女性占43.2%。可见，总体上男性人口占据主导地位，基本反映了男性人口流动能力强于女性。这与男女在家庭分工中扮演的角色差别、"男主外、女主内"的传统思想和女性特定的人口生产使命等有关。

（三）年龄分布呈现"两头小中间大"的菱形结构

表3-3是广州市1990/2000年各年龄段流动人口数及比例、男性和女性数[①]。

表3-3 流动人口年龄构成及性别差异
Tab.3-3 Age structure and gendered difference of floating population

人口属性	人口数（人）		比重（%）		男性数（人）		性别比	
年龄段	1990	2000	1990	2000	1990	2000	1990	2000
15岁以下	52038	249 089	10.69	7.52	28 491	140 528	121	129
15-25岁	231 235	1 226 312	47.48	37.02	119 100	569 967	106	87
25-35岁	114 666	1 253 470	23.55	37.84	72 197	718 761	170	134
35-45岁	44 135	392 872	9.06	11.86	29 871	253 429	209	182
45-55岁	16 878	115 534	3.47	3.49	11 706	76 324	226	195
55-65岁	13 197	44 491	2.71	1.34	7 304	23 870	124	116
65岁以上	14 834	31 119	3.05	0.94	5 195	13 884	54	81

资料来源：广东省人口普查办公室.广东省第4次人口普查流动人口资料[M].广东：广东经济出版社，1992；广州市人口普查办公室.广州市2000年人口普查资料汇编（广州市）[M].广东：广东经济出版社，2002.

可以看出，少年期流动人口迁移能力较差，到了15-35岁流动能力显

---

① 由于1990年第4次人口普查资料中有广州各区各年龄段人口数，但2000年只有人口年龄属性特征，这里的数字是针对整个广州市域范围。

著增强，人口比重上占据绝对优势，百分比从1990年的71.03%升至2000年的74.86%，45岁后人口流动能力开始下降，整体看呈现出"两头小中间大"的菱形结构。从年龄结构的性别分异看，整体上1990年男性流动能力较女性强，除了"65岁以上"外其它年龄段都以男性占优，1990年代改革开放初期阶段流动人口以男性为主，到了2000年，随着户籍制度的放开和改革开放的深入，情况发生了变化。流动人口性别比在"45-55"达到峰值226和195；但2000年"15-25"段开始呈现女性流动能力强于男性。究其原因，一是女性婚前流动能力较强；其次，以广州为代表的珠三角地区加工组装型主导的产业结构对于女性劳动力需求巨大。而婚后由于女性需要承担养育子女的责任，家庭内部分工以男性外出为主，女性大多留守老家，这一过程要持续到子女成家立业，即在"50"这一年龄段出现性别比下降态势。从"25-35"到"35-45"和"45-55"性别比的不断攀升反映了随着家庭经济压力加大，更多男性选择外出打工。

（四）文化素质前期低、后期高

作为人力资本的表现形式之一，流动人口的受教育程度是流动人口特征的重要方面，表3-4是1990/2000年广州流动人口各类型文化程度对应的流动人口数及比重。

表3-4 流动人口文化程度
Tab.3-4 Educational level of floatinmg populatio

年份	文化程度	文盲	小学	初中	高中	中专	大专	本科及以上
1990	人数（人）	26 035	122 108	218 326	56 463	7 201	10 044	1 579
	比重（%）	5.9	27.6	49.4	12.8	1.6	2.3	0.4
2000	人数（人）	48 108	513 637	1 726 213	379 231	148 130	94 988	36 890
	比重（%）	1.6	17.4	58.6	12.9	5.0	3.2	1.3
比重变化（%）		-4.3	-10.2	9.2	0.1	3.4	0.9	0.9
2007	比重（%）	0.6	4.9	37.7	27.7	15.8	13.3	0.4

资料来源：广东省人口普查办公室.广东省第4次人口普查流动人口资料[M].广东：广东经济出版社，1992；广州市人口普查办公室.广州市2000年人口普查资料汇编（广州市）[M].广东：广东经济出版社，2002；笔者问卷调查整理，2007.12.

总体上看，广州流动人口整体文化水平偏低，以中学教育程度为主，初中教育水平的人数占优，但1990和2000年受中学教育人数分别占62.2%和71.5%，而大学学历的仅有2.7%和4.5%，两个年份中变化最大的是小学人数比重锐减（降低10.2%）和初中人数比重相应增加（增加9.2%）。到了2007年流动人口文化水平得到进一步提高，受中学教育人口比例降至64.5%，而中专、大专学历的人口比例升至28.1%。

（五）婚姻构成初期未婚主导，后期已婚主导

表3-5是1990、2000和2007年广州流动人口婚姻状况。

表3-5 流动人口婚姻构成
Tab.3-5 Marital structure of floating population

| 婚姻状况 | 未婚 | | 已婚 | | 其它 |
年份	人口数（人）	比重（%）	人口数（人）	比重（%）	比重（%）
1990	233 560	55.1	151 066	35.6	9.3
2000	1 136 270	45.7	1 316 660	52.9	1.6
2007	—	48.7		49.6	1.7

资料来源：广东省人口普查办公室.广东省第4次人口普查流动人口资料[M].广东：广东经济出版社，1992；广州市人口普查办公室.广州市2000年人口普查资料汇编（广州市）[M].广东：广东经济出版社，2002；笔者问卷调查整理，2007.12.

可见，1990年流动人口以未婚主导，2000年流动人口以已婚比例明显上升，2007年笔者调研结果显示两者比例相当。改革开放初期，由于有家庭抚养之需，已婚者尤其是女性外出比例较低，后期随家庭压力增加已婚者外出比例上升。

（六）来源构成初期以省内为主，后期以省外为主

按照流动人口的来源情况，分为来自省内和省外的流动人口，图3-3是1991-2009年广州登记的流动人口来源构成分布情况。可以看出，除1991年外，其他年份，都是来自省外的流动人口占绝对优势，自1992市场经济制度实施后，长期禁锢在内陆和农村地区的人口骤然集体外流，大量内地人口

第三章 广州流动人口空间分布及演变

选择来广州等发达城市谋生。不难看出，2001-2006年间，外省流动人口比例超过70%，这主要得益于广州行政区划调整，番禺、白云等地工业化水平发展迅速，对流动人口产生具体牵引作用。同时，自2007年始，本省流动人口进入广州比例有所增加，本省流动人口比例从2006年的28%增至2007年的33%，2008年的31.41%和2009年的31.75%，这与广东在"双转移"政策策动下，一些非珠三角地区人口选择更多流入广州等珠三角核心城市有关。再分析省外来源具体省份分布，表3-6是1989/2000年广州市流动人口外省籍分布情况。

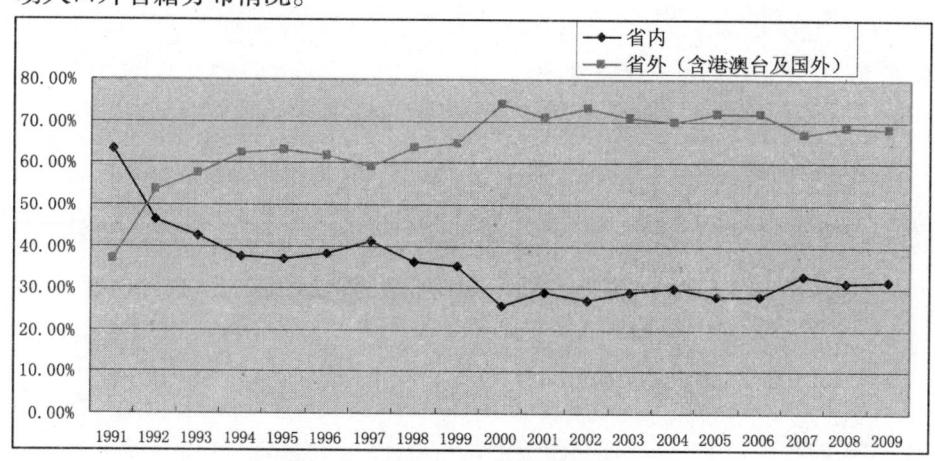

图3-3 广州市流动人口来源构成
Fig.3-3 Source structure of floating population in Guangzhou

资料来源：广州年鉴编纂委员会.广州年鉴（1990-2010年），广州年鉴社.

表3-6 流动人口中外省来源地构成
Tab.3-6 Source structure of floating population (except Guangdong province)

来源地[①]	北京	天津	河北	山西	内蒙古	辽宁	吉林	黑龙江	上海	江苏
比例a（%）	0.57	0.13	0.44	0.19	0.045	0.63	0.21	0.32	0.70	0.79
比例b（%）	0.05	0.03	0.17	0.09	0.05	0.16	0.13	0.23	0.05	0.56
来源地	浙江	安徽	福建	江西	山东	河南	湖北	湖南	广西	海南
比例a（%）	1.45	0.44	0.76	0.85	0.70	1.48	1.11	4.98	3.32	0.92
比例b（%）	0.55	0.86	0.73	5.41	0.33	2.73	4.43	14.30	6.21	0.34
来源地	重庆	四川	贵州	云南	西藏	陕西	甘肃	青海	宁夏	新疆
比例a（%）		0.20								
比例b（%）	0.86	8.62	1.45	0.15	0.002	0.47	0.11	0.01	0.02	0.07

① 比例a代表1989年广州8区调查数据，未做统计为空缺项，比例b代表2000年10区第5次人口普查数据，仅供参考。

资料来源：广州市流动人口研究课题组.广州市流动人口研究[M].广州：中山大学出版社，1991；广州市人口普查办公室.广州市2000年人口普查资料汇编（广州市）[M].广东：广东经济出版社，2002.

可以看出，1989年广州外省籍流动人口中排名前5位依次为湖南、广西、河南、浙江和湖北，合计占据该年份省外流动人口比重的62.72%，2000年排名前5位依次为湖南、四川、广西、湖北和河南，所占比例升至73.76%。笔者调查结果显示，排名前5位依次是湖南、广西、湖北、河南和江西。总体上看，湖南、广西等临近省份占据绝对优势，其它省份位次稍有变化，变化最大的是人口输出大省四川替代了经济强省浙江，其特点是人数总量巨大、总体经济水平落后、基本上是农业大省、有待转移的农村劳动力数量大，经济落差是影响广州流动人口迁移的主要因素。其次，湖南、广西和江西等省份临近广东，人口迁移律中的距离衰减规律得到体现。

另一个与来源构成相关问题是流动人口的户籍构成，笔者调查发现，817位被访者中持农村户口的有581个，占71.1%，持城镇户口的有236个，占28.9%。可见，持农村户口的流动人口占优，农民工是流动人口的主流群体。

（七）职业构成多样化，制造业主导

由于有关数据的缺失，这里仅列举了广州市1994-2009年流动人口的务工、服务业和经商等3大类职业的分布情况，见图3-4。

可以看出，流动人口以务工为主，服务业其次，再次是经商，16年的平均比例分别是63.29%、12.78%和8.42%。各行业的变化幅度整体不大。

再分析典型年份的流动人口职业构成情况。图3-5[①]是流动人口从业数、农业、制造业和建筑业从业状况。

---

① 只列举第4次和第5次人口普查数据中匹配的项目。

第三章　广州流动人口空间分布及演变

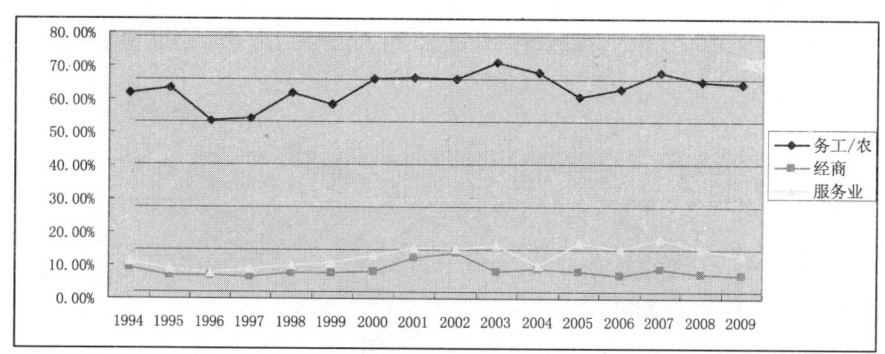

图 3-4　流动人口主要职业构成
Fig.3-4 Occupational structure of floating population

资料来源：广州年鉴编纂委员会.广州年鉴（1995-2010年），广州年鉴社。

可以看出，流动人口在业人口比例从1990年的75.2%降至2000年的54.2%，原因是流动人口存在代际差异，第一代流动人口主要以挣钱等经济型为主，而第二代流动人口很多以学技术、见世面等社会型原因进城。此外，很多第一代流动人口子女、亲戚也随之入城，而他们中的很多人并没有工作。故而，在业人口比重降低一方面反映了流动动因的多元化，另一方面是随迁率（带眷系数）的上升。从主要就业门类——农林牧渔、制造业和建筑业看，制造业是主导行业，1990和2000年该行业比例是42.9%和50.1%，前期制造业的大比重与我国计划经济时代重视工业的传统有关，而后期与国家的改革开放政策密切相关。自改革开放政策在广东实施以来，尤其是邓小平"南巡讲话"后，包括广州在内的珠三角地区积极发展外向型经济，"三来一补"的生产加工型经济发展模式随处可见，制造业上升也就不足为奇。对比而言，建筑业和农业从业比例下降，这与广州实施的"退二进三"的产业结构调整有关。最后分析流动人口具体行业分布。笔者调查显示，从事制造、建筑等行业的工人占35.7%，处于绝对优势地位；服务业、商业和个体经营者分列2、3、4位，比例是14.7%、14.6%和11.0%，管理人员、文员、工程技术人员、医生、教师和其它职业分列其后。与1990和2000年相比，工人比例相对下降，其它类型职业有所上升，职业构成呈现多样化态势。

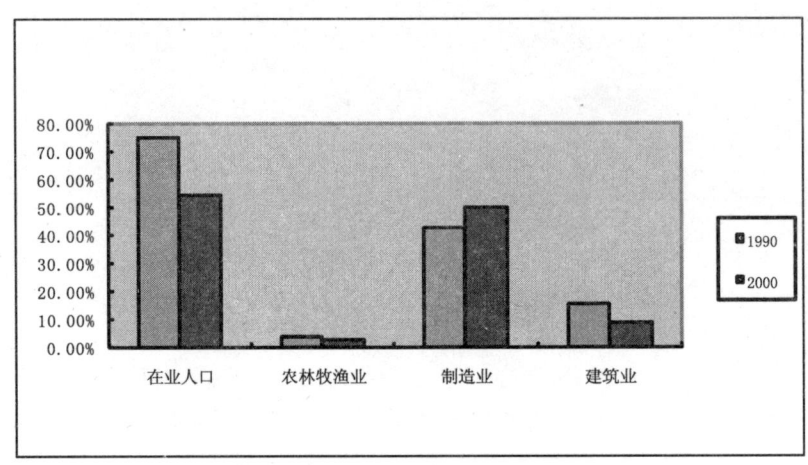

图 3-5 流动人口主要职业人数比例
Fig.3-5 Proportion of main occupation for floating population

资料来源：广东省人口普查办公室.广东省第4次人口普查流动人口资料[M].广东：广东经济出版社，1992；广州市人口普查办公室.广州市2000年人口普查资料汇编（广州市）[M].广东：广东经济出版社，2002.

（八）外籍人口数量日益增加

作为中国海上丝绸之路的起点，自秦汉起至明清的2000多年间，广州一直是中国对外联系的港口城市。清代"十三行"的设立更加巩固了广州作为全国性出口贸易中心的地位。新中国成立后，随着改革开放步伐的加快和本身毗邻香港、澳门的地缘优势，广州市外贸经济得到长足发展。进入新世纪，随着全球化和世界经济一体化浪潮的加快和中国加入"WTO"，广州的国际化程度不断提升，广州所在的珠江三角洲地区更是成为名副其实的"世界工厂"，国际经济、技术和文化交流活动日趋频繁。在此语境下，中国进出口商品交易会、广州博览会等更是成为广州市乃至中国的标志性文化事件。与大量经济与贸易活动日益加深相伴的是，大量外籍人口纷纷涌入广州，生活、工作和经商的便利及包容、务实和热

第三章 广州流动人口空间分布及演变

情的城市品格使得广州成为众多外国人选择留驻的首选。

据广州市劳动局和社会保障就业管理处不完全统计,从1996年开始,到广州打工的外国人数量明显逐年递增,增长率接近10%,2000年比1996年增长了7-8倍[239]。另据广州市公安局出入境管理处通报,2006年在广州居住一年以上的常住外国人约有1.8万人[240],居住半年以上的有5万人,2010年超过20万人[241],人数之多在全国省会城市中首屈一指。这些外国人主要来自亚、美、欧、非等大洲的国家和地区,其中非洲籍占6%,来自中东的占6%,欧美占55%,亚洲其它国家占34%[240]。在广州的外国人主要有领事馆人员、外派公司高级职员、学者、专家、餐饮酒店业高管、创业者、经商、留学生及打工者等。仅就专家人数而言,广东省外国专家局抽样调查资料显示,在广东工作的外国经济技术专家(包括港澳台专家)总数为16.7万人次,占全国总量的39.40%,其中,长期专家为5.4万人次,占全国总量的29.89%;短期专家11.3万人,占全国总量的46.41%[239]。此外,每年在广州临时住宿登记的外国人近90万人次,其中居住在我市出租屋和居民家中的外国人约4万人次,涉及180多个国家和地区。居住在出租屋的约15 000多人,约占一半;居住在居民家中约8 000多人,占26%;其余为自购房或单位宿舍[242]。

四、广州流动人口空间分布特征及演变

本节基于不同空间尺度流动人口数据的可获得性和可对比性,重点分析广州10区和10区街道(镇)的流动人口分布情况。

---

① 刘茜.南粤寻梦,上万名外国人在广州打工[N].羊城晚报(A6版),2002-5-10.
② 公安部.2005年全国暂住人口统计资料汇编[M].北京:群众出版社,2006.
③ 柯学东,杜安娜.广州黑人"部落"全记录[N].广州日报(B2版),2007-12-13.
④ 公安部.2005年全国暂住人口统计资料汇编[M].北京:群众出版社,2006.
⑤ 刘茜.南粤寻梦,上万名外国人在广州打工[N].羊城晚报(A6版),2002-5-10.
⑥ 陈淑仪.停水通知有了"英文版"[N].南方都市报(A16版),2008-3-27.

（一）总体分布具有近郊区指向

对于流动人口总体空间分布的特征，本研究采用3类型数据进行分析：①1990和2000年广州市10区流动人口数量；②2000年广州市131个街道（镇）流动人口数量；③2007年典型流动人口集聚区——白云区流动人口数量。

表3-7是1990和2000年广州10区总人口、流动人口数量特征的基本情况[注：表格中1代表1990年数据，2代表2000年数据。]。

表3-7 流动人口数量的空间分布
Tab.3-7 Spatial characteristics of floating population

区域 人口属性	白云	东山	番禺	芳村	海珠	花都	黄埔	荔湾	天河	越秀
总人口1（人）	828 243	545 136	785 527	167 803	776 683	511 089	191 272	554 589	430 153	441 316
总人口2（人）	1 748 722	556 264	1 630 461	323 758	1 237 273	713 363	389 413	474 830	1 109 320	341 422
总人口增长率(%)	7.76	0.20	7.58	6.79	4.77	3.39	7.37	-1.54	9.94	-2.53
流动人口1（人）	88 843	45 474	34 547	20 646	73 750	23 919	34 367	37 823	77 827	29 616
流动人口2（人）	990 610	148 299	771 692	170 996	596 256	222 457	212 284	138 122	646 662	84 621
流动人口增长率(%)	27.27	12.55	36.43	23.54	23.24	24.98	19.97	13.83	23.58	11.07
流动人口比例1(%)	19.03	9.74	7.40	4.42	15.80	5.12	7.36	8.10	16.67	6.34
流动人口比例2(%)	24.88	3.72	19.38	4.29	14.97	5.59	5.33	3.47	16.24	2.13
流动人口/总人口1(%)	10.73	8.34	4.40	12.30	9.50	4.68	17.97	6.82	18.09	6.71
流动人口/总人口2(%)	56.65	26.66	47.33	52.82	48.19	31.18	54.51	29.09	58.29	24.78

资料来源：广东省人口普查办公室.广东省第4次人口普查流动人口资料[M].广东：广东经济出版社，1992；广州市人口普查办公室.广州市2000

第三章 广州流动人口空间分布及演变

年人口普查资料汇编(广州市)[M].广东:广东经济出版社,2002.

对广州市10区流动人口总体空间分布的分析,分为2个层次:①流动人口与总人口变化的对比情况;②流动人口自身的变化情况。首先看各区总人口数量变化。1990年总人口分布大区依次是白云、番禺、海珠、荔湾和东山等,到了2000年,白云、番禺、海珠传统强区人口依然较多,但天河代替了荔湾和东山成为人口大区,这与1990年代末期广州城市规划和建设的调整、重点城市开发项目向东扩展不无关系。从总人口变化情况看(图3-8),天河、白云、番禺和黄埔的人口增长较快,年增长率均超过7%,这表明广州"东进、南拓"的城市空间发展格局已经形成。反观老城区——荔湾、越秀及东山,前两者人口绝对数减少,后者增长微弱,人口郊区化的雏形已开始显现,这是城市产业结构调整、空间发展规划重新布局的必然结果[①][243]。

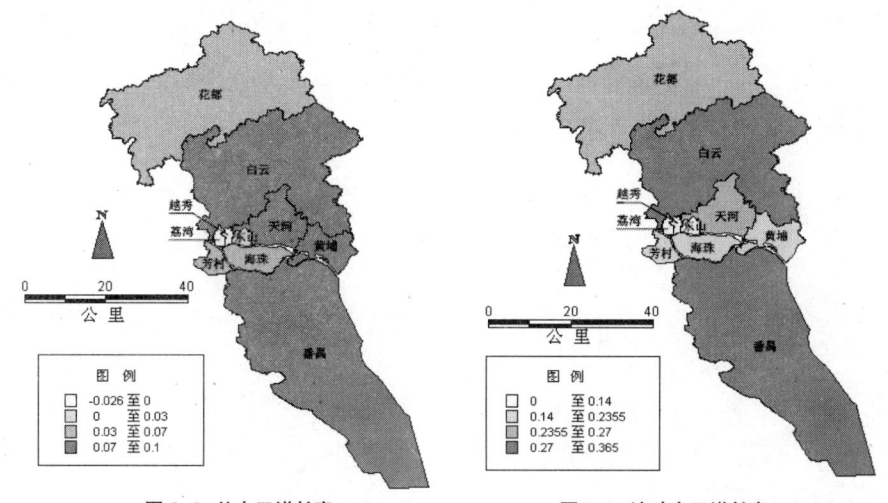

图3-8 总人口增长率　　　　　　图3-9 流动人口增长率
Fig.3-8 Increase ratio of total population　　Fig.3-9 Increase ratio of floating populatio

资料来源:广东省人口普查办公室.广东省第4次人口普查流动人口资料[M].广东:广东经济出版社,1992;广州市人口普查办公室.广州市2000

---

① 姚华松,许学强,薛德升.广州流动人口空间分布变化特征及原因分析[J].经济地理,2010,30(1):40-47.

年人口普查资料汇编（广州市）[M].广东：广东经济出版社，2002.

再看流动人口空间分布。1990-2000年10年间，广州流动人口总量急剧增长，年增长率最高值达到27.27%（白云），最低值也达到11.07%（越秀）。从流动人口占区域总人口比重看，1990年比重最大区为天河、黄埔、芳村等广州经济发展重点区，但比例不算太高，最高为18.09%（天河），最低为4.40%（番禺），到了2000年情况发生剧变，流动人口占总人口比重最低值已达24.78%（越秀），最高值年飙升至58.29%（天河），所有区域流动人口占总人口比例都保持两位数的增长率。从流动人口基数和增长情况（图3-9）看，1990年流动人口分布大区是白云、天河、海珠和东山，到了2000年广州流动人口集中分布在白云、番禺、天河和海珠。从流动人口比例上看，白云区尤其是番禺区流动人口增长势头强劲，天河、海珠和花都基本持平，荔湾、越秀、东山等老城区流动人口比重急剧下降。可以看出，流动人口空间分布出现明显的近郊区化指向。

最后采用区位熵这一指标对流动人口空间分布进行综合分析，它表征在特定空间上的某一分要素在总要素中的分布集中程度，其计算公式为：

式中，Q_i表示i区域的某一项指标的区位熵，F_i是i区域的某一分要素

$$Q_i = \frac{F_i / P_i}{F_t / P_t}$$

指标值，P_i是i区域的总要素指标值，F_t是整个区域分要素的值，P_t是整个区域总要素的值。$Q_i=1$表示该项分要素在i区域分布与区域平均分布一样，$Q_i>1$表示该项分要素在i区域分布相对集中，$Q_i<1$表示该项分要素在i区域分布相对分散。

第三章 广州流动人口空间分布及演变

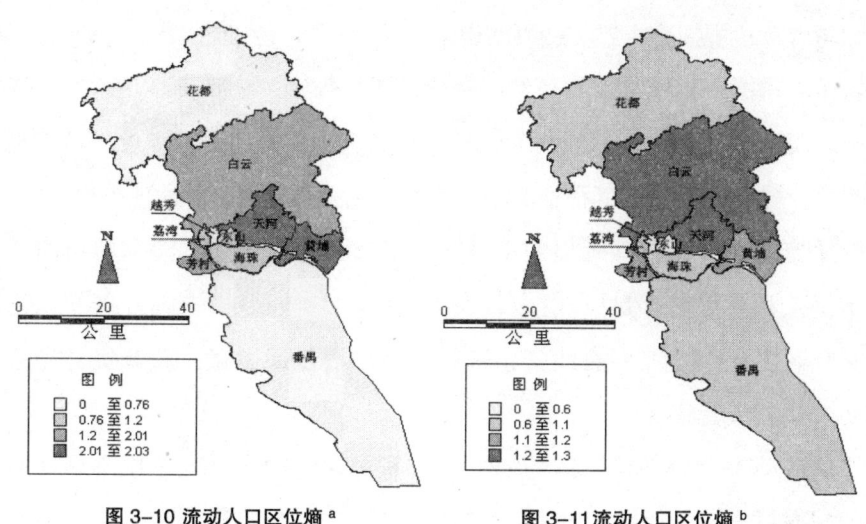

图3-10 流动人口区位熵 a　　　图3-11 流动人口区位熵 b
Fig.3-10 Locational quotient^a of floating population　Fig.3-11 Locational quotient^b of floating population

资料来源：广东省人口普查办公室.广东省第4次人口普查流动人口资料[M].广东：广东经济出版社，1992；广州市人口普查办公室.广州市2000年人口普查资料汇编（广州市）[M].广东：广东经济出版社，2002.经计算得出。

图3-10和3-11是1990和2000年广州市流动人口区位熵①。可以看出，1990年流动人口在黄埔、天河、芳村和白云有较为集中，而基本是农村地区的番禺和老城区荔湾、越秀则呈现相对分散分布态势，到了2000年，流动人口在天河、白云、黄埔和芳村等区依然相对集中分布，但新近开发的番禺区流动人口开始集中分布（Q=1.01），老城区东山、荔湾、越秀和远郊花都则分散分布，这再一次印证了流动人口近郊区化的分布取向。

对于广州市10区131个街道流动人口空间分布的分析，是以流动人口数量为数据源进行聚类分析，将流动人口街道分析分5个等级，见图3-12。

整体看，流动人口集中分布在郊区（番禺、白云、花都和海珠）和新城区（天河和黄埔），流动人口规模超过3.9万的街道在老城区（东山、荔

---

① a表示1990年数据，b表示2000年数据。

湾和越秀）；规模介于2.1–3.9万的街道中仅有2个（位于东山），其它被郊区和新城区占据；规模超过11万的街道全部来自郊区，如番禺、花都、白云和海珠；规模介于5.8–11万的街道中有3个属于天河，分别是沙河镇、石牌街和东圃镇；规模不足2.1万的街道大都被荔湾、越秀和东山等老城区占据。

　　从流动人口分布最密集的街道看，具有郊区行政和经济中心指向性，如市桥街和新华街都是所在区行政和经济中心，石基镇、石井镇及同和镇是所在区工业中心。一般而言，这些街道经济发展迅猛，就业机会较多，流动人口分布密集。

　　从流动人口分布较密集的街道看，具有郊区和新城区工厂集聚区和老城区城中村指向性，工厂集聚区如新市镇、沙河镇、松洲街等，城中村如石牌街、瑞宝街、景泰街、三元里街等。由于有更多就业机会和与自身经济状况相符的居住条件，这些地方集聚了较多的流动人口。

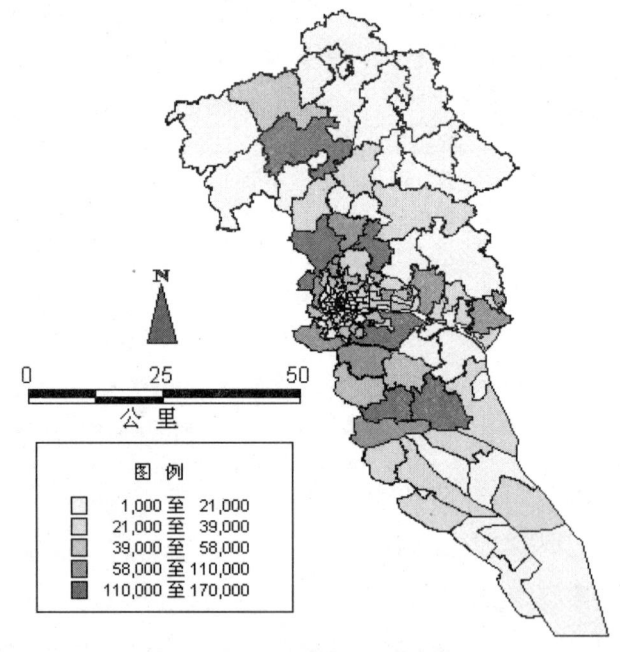

图 3-12 流动人口街道分布
Fig.3-12 Street distribution of floating population

资料来源：广州市人口普查办公室.广州市2000年人口普查资料汇编（广州市）[M].广东：广东经济出版社，2002.

第三章 广州流动人口空间分布及演变

对于白云区流动人口的空间分布的分析，运用白云区各街道2006年5月2007年5月的流动人口平均数（单位：万人）绘制该区流动人口街道分布图（图3-13），并划分为4个等级。流动人口分布最少街道有金沙、景泰和钟落滩镇，流动人口数量介于0.67–2.8万，其中，景泰为白云区政府所在地，是白云区内的核心城区，流动人口较少，金沙和钟落滩分位于白云区西部和东北部，前者与佛山接壤，后者与从化市和萝岗区相连，从整体区位看属于远郊区。可见，流动人口最少的街道具有内城核心区和远郊指向性。第2层次的街道有同德、三元里、人和、均禾、新市和江高镇，其中江高、人和、均禾街道内部工厂较多，集中了较多流动人口，三元里、新市等街道分布较多城中村。流动人口较多的第3层次街道包括黄石、京溪、松洲、永平、同和和太和，此类街道的特点是位于白云区的近郊区，适合流动人口的工作机会较多，居住问题也容易解决，生活成本相对较低。最后一类就是流动人口分布最集中街道，包括嘉禾、棠景和石井3条街道，其中的嘉禾、石井位于白云近郊区，工厂密布，棠景境内城中村较多，为流动人口的居住提供了便利。

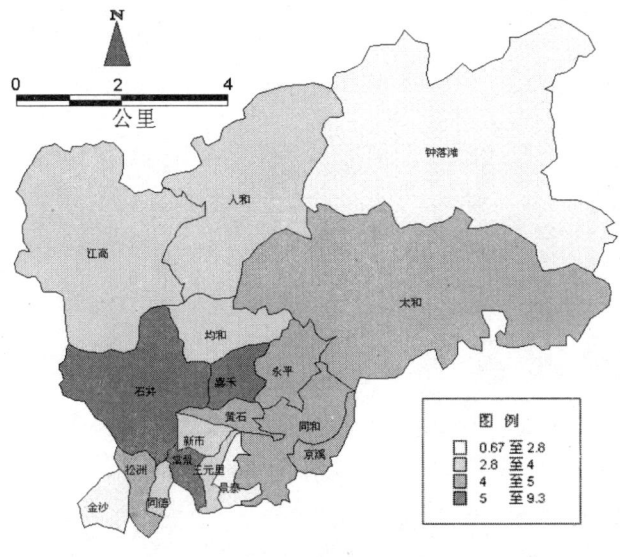

图 3-13 白云区流动人口街道分布
Fig.3-13 Street distribution of floating populations in Baiyun district

（二）文化程度相对较高的流动人口多分布在天河区

作为流动人口人力资本主要衡量指标的文化程度存在空间差异。下面我们来分析流动人口受教育水平的空间差异，图3-14和3-15是1990/2000年流动人口文化程度各区分布情况[①]。

可以看出，流动人口文化程度普遍不高，初中文化程度的流动人口占据绝对优势，比例增加迅速，1990年初中文化水平的流动人口超过50%的仅有白云、芳村、海珠和黄埔，但2000年除天河外其它区流动人口中初中文化水平比重都大于50%，番禺、白云、花都和芳村达到甚至超过60%，相应的小学文化比例大幅下降，高中、中专比例变化不大。唯一亮点是天河的"大专"比例较高，笔者2007年的调查发现，该区高学历流动人口比重较大，初中比重（19.1%）远小于高中比重（34.5%），中专、中技和职高比重也较高（23.2%），大学学历比重接近20%，这两项数据雄居各区之首。反观荔湾区，初中比重仍然高达63.6%。这与各区产业结构特点相关，天河作为广州的CBD，近些年发展势头迅猛，对高学历人才需求巨大，调查发现该区不少流动人口就业于经理、主管等要职。

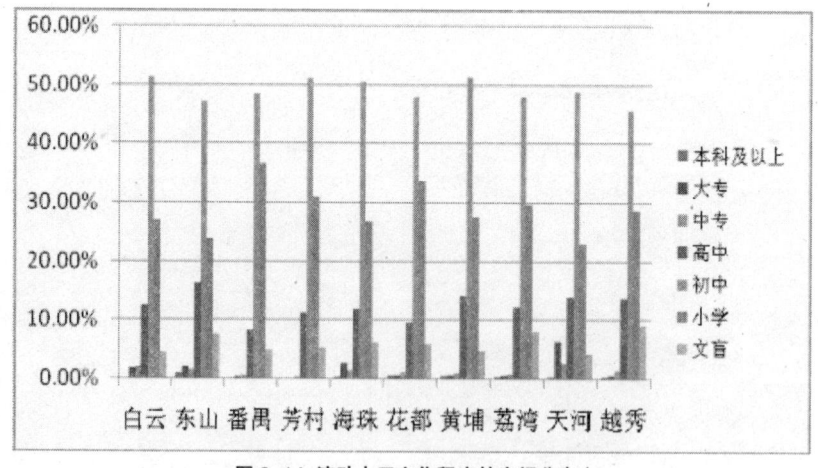

图3-14 流动人口文化程度的空间分布 1
Fig.3-14 Spatial characteristics[1] of educational level for floating population

---

① 1表示1990年数据，2表示2000年数据。

第三章 广州流动人口空间分布及演变

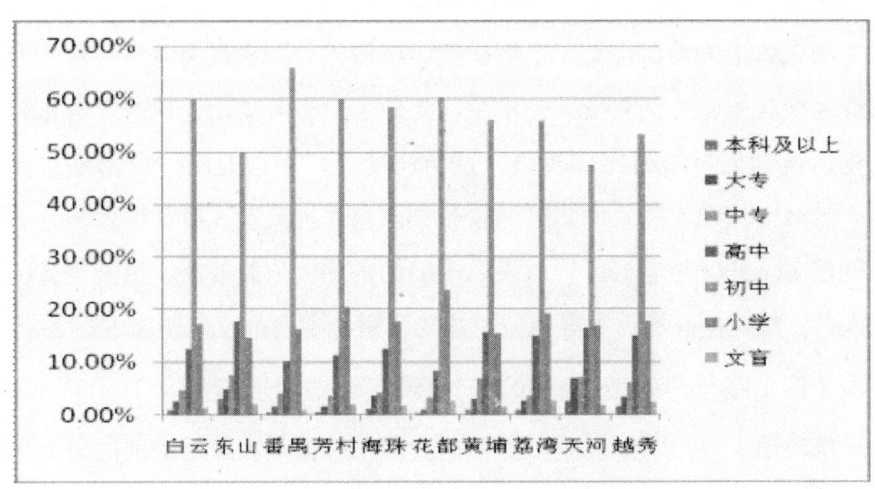

图 3-15 流动人口文化程度的空间分布[2]
Fig.3-15 Spatial characteristics[2] of educational level for floating population

资料来源：广东省人口普查办公室.广东省第4次人口普查流动人口资料[M].广东：广东经济出版社，1992；广州市人口普查办公室.广州市2000年人口普查资料汇编（广州市）[M].广东：广东经济出版社，2002.

（三）已婚流动人口在白云和天河区比例较高

婚姻状况是流动人口特征的重要方面，表3-8是1990/2000年广州市流动人口未婚和已婚者在各区的比例情况。

表3-8 婚姻状况的空间差异
Tab.3-8 Spatial characteristics of marital situation for floating population

类别	区域	白云	东山	番禺	芳村	海珠	花都	黄浦	荔湾	天河	越秀
未婚（%）	1990	57.30	52.72	63.55	55.73	58.02	51.52	55.86	51.30	57.67	38.51
	2000	46.15	46.61	50.00	40.54	43.42	44.40	42.78	35.95	44.22	43.82
已婚（%）	1990	15.97	41.98	34.80	42.02	38.93	46.33	42.33	43.84	40.42	34.52
	2000	53.16	51.15	49.42	58.10	55.32	54.33	56.03	43.16	54.75	53.85

资料来源：广东省人口普查办公室.广东省第4次人口普查流动人口资料[M].广东：广东经济出版社，1992；广州市人口普查办公室.广州市2000年人口普查资料汇编（广州市）[M].广东：广东经济出版社，2002.

流动人口的婚姻状况仅对"未婚"和"已婚"两类型进行考察。1990年流动人口中未婚比例高于已婚比例，区域差异上表现为越秀、荔湾和东山等老城区未婚比例较低，而番禺、海珠、白云等流动人口绝对数量较大的地区流动人口未婚比例较高，这与流动人口来穗时间、户籍地来源有关，老城区流动人口来广州时间较长，来自本省流动人口比例较高，已婚比例较高。2000年老城区流动人口中的已婚比例依然较高，白云等郊区流动人口已婚比例开始占主导地位，这与已婚者家庭负担日渐加重有关。

（四）基于户籍地的流动人口集聚区经济初步形成

从流动人口户籍地视角出发，对大城市中流动人口集聚区的研究是流动人口研究的重要组成部分，如北京地区的浙江村、河南村、新疆村等典型流动人口集聚区引起众多学者的关注。作为大都市的广州也存在大量类似的流动人口聚居区。这里引摘相关媒体报道从外省籍人口数、职业特征及聚居地3方面对广州市流动人口聚居区进行概述[①]（表3-9）。

表3-9 各地流动人口空间分布
Tab.3-9 Spatial distribution of floating population sorted by native places

人口属性 户籍地	人口数	职业特征	空间分布
湖南	650万（粤）	打工居多、经商较少，地域性商业特色明显。	城中村
	100万（穗）	桃江人经营酒店；攸县人从事道路营运；新化人从事复印服务业；邵阳人从事普洱茶加工与贸易	
湖北	500万（粤）	以打工、经商为主，地域性商业特色明显，天门人主营服装，黄冈人主营纺织、陶瓷，嘉鱼人主营模具，荆州人主营电子等	内城区城中村、番禺和黄埔区的工厂
四川	520万（粤）	餐饮、服装、鞋业、皮具、化妆品、房地产等行业	郊区城中村

[①] 注：由于来源上的广泛，这里仅列出在穗流动人口数相对较大省份的流动人口基本情况。

第三章 广州流动人口空间分布及演变

户籍地	人口数	职业特征	空间分布
河南	500万（粤）	大多从事制造、服务等行业，搬运、拾荒、保安等职业尤多	城中村集聚较多，如天河区棠下、车陂、冼村及海珠区康乐村
广西	200万（粤）	体制内的单位工作比例较大，经商也较多，地域性商业特色明显，玉林人从事建筑工程、服装；北海、钦州人从事房地产、海产、珍珠；梧州人从事药、化工、宝石；南宁人从事公务员、小生意；桂林人从事米粉、旅游、矿产；河池、隆安、百色人做家政、劳务工；柳州人做家政、电子加工业	老城区旧屋及各城中村
江西		赣州人从商；九江人办企业；南昌人从事公务员；景德镇人贩卖瓷器；抚州人承包建筑工程；丰城人泥水匠多	整体散居
海南	40万（粤）15万（穗）	较为分散，从政、治学、经商皆有	整体散居，五山高校区、粤垦路、客村、机场路集聚较多
福建		经商居多，集中在茶叶、布料、辅料、服装、鞋帽、水暖器材、建材、石雕、玉器等领域，有一定地域特色，闽东人海员居多；客家人集中在小吃饮食业，在广州各专业市场中占据相当大的市场份额，如中大布匹市场、芳村茶叶市场、流花路白马服装批发市场、大新路皮鞋批发市场、站前路手表城、上下九路玉器街、广园路汽车配件等	各专业市场附近
浙江	40万（穗）	以经商为主，涉足皮革、皮具、珠宝、印刷、精细化工、机械制造等行业	各专业市场附近
安徽	10万（穗）	以打工为主，专业人士次之	整体散居
云南	20万（粤）	以家政、加工为主，经商主要从事茶叶、花卉、玉器等	芳村和番禺区较集中
山西		经商、教科文等居多，打工较少	整体散居，越秀区水荫路较集中
山东	5万（穗）	技术人才居多，普通打工者较少	整体散居
内蒙古		以教育、医疗及机关单位为主	整体散居

流动人口的空间透视：以广州为例

人口属性 户籍地	人口数	职业特征	空间分布
新疆	5万(穗)，以维吾尔族居多	以经商为主，涉足水果、餐饮、布匹、皮革、服装等行业	整体散居，白云区瑶台、三元里等较集中
东北3省	15-20万(穗)	经商较多，涉足物流、服装、化工、建材等行业	整体散居
香港	20万(穗)	以经商为主，大都是商界精英	番禺祈福新村、碧桂园等集中

资料来源：广州外乡人（系列报道），羊城晚报（2006.10.27-2007.2.2）。经整理。

不难看出，以户籍地为分类标准的流动人口空间分布具有3个特征：①对于绝对数量较多省份的流动人口而言，空间分布上具有城中村及工厂指向，如来自湖南、湖北、四川、广西和河南等省份的流动人口；②对于职业上经商主导并在广州各大专业市场上占据相当份额的流动人口而言，空间分布具有专业市场指向，如来自福建和浙江两省的流动人口；③对于绝对数量较少省份的流动人口而言，由于没有形成在一定地域的人口集聚，空间分布总体趋于散居，如来自山东、山西、内蒙古和东北3省的流动人口。

（五）产业转型与转移对职业分布产生拖曳作用

表3-10[①]是1900/2000年广州市流动人口农业、制造业和建筑业3大门类在各区域总就业人口比重[②]。

表3-10 农业、制造业和建筑业的空间分布（单位：%）
Tab.3-10 Spatial characteristics of agriculture, manufacture and construction (unit: %)

职业 区域	农业		制造业		建筑业	
	比重1	比重2	比重1	比重2	比重1	比重2
白云	5.79	4.25	52.11	53.08	8.93	6.47
东山	0.07	0.03	18.31	4.78	23.71	14.57
番禺	11.76	2.50	68.43	72.80	7.45	6.42
芳村	2.70	3.13	47.62	45.95	13.54	10.15
海珠	1.35	0.55	48.19	36.48	11.32	12.33

[①] 注：1表示1990年数据，2表示2000年数据。
[②] 注：受资料限制，仅对农业、制造业和建筑业进行分析。

第三章 广州流动人口空间分布及演变

职业 区域	农业		制造业		建筑业	
	比重1	比重2	比重1	比重2	比重1	比重2
黄埔	1.96	2.43	41.60	54.22	28.52	10.80
荔湾	0.17	0.05	30.74	8.62	17.24	11.41
天河	3.11	2.20	34.43	26.91	19.36	13.80
越秀	0.47	0	16.93	4.35	20.07	13.28

资料来源：广东省人口普查办公室.广东省第4次人口普查流动人口资料[M].广东：广东经济出版社，1992；广州市人口普查办公室.广州市2000年人口普查资料汇编（广州市）[M].广东：广东经济出版社，2002.

首先看农业分布的空间差异。从上表不难看出1990年花都、番禺、白云和天河4区农业比重较高。2000年这一状况有所改观，但花都农业比重仍居各区之首，这与花都地处远郊，工业化和城市化水平相对较低有关。番禺变化最大，1990年代初番禺尚处于低密度开发时期，农业比重较高（11.76%），2000年降至2.5%，随着工业化尤其是房地产业的发展，番禺产业结构转型十分迅速。1990年代初期天河东部和北部地区仍是大片农田，随着广州城市发展方向的整体东移，2000年该区农业比重有所降低。白云区地域辽阔，北部和东部小镇等未城市化地区犹存，农业比重相对较大。东山、荔湾和越秀等老城区农业比重在1990年就很低，分别是0.07%、0.17%和0.47%，到了2000年随着产业结构升级更加削弱这些地区的农业比重。

再分析制造业分布的空间差异。1990和2000年制造业比重较高的地区基本上是番禺、花都、黄埔和白云，反映了制造业布局的郊区化指向，这些地区大都临近消费市场，生产成本相对低廉，基础设施配套较完善，制造业发展较好。1990-2000年天河区制造业比重下降迅速，从34.43%降至26.91%，这与1990年代后期该区高技术和服务业导向的产业转型有关。东山、荔湾、越秀等老城区制造业比重锐减，分别从1990年的18.31%、30.74%和16.93%降到2000年的4.78%、8.62%和4.35%，这与内城的"去工业化"过程有关。

最后分析建筑业分布的空间差异。整体上看，东山、黄埔、越秀、天河和荔湾建筑业比重较高，而白云、番禺和花都建筑业比重较低，这在一定程度上反映了广州城市基础设施发展的投资偏好，老城区及建成区基础设施更新较快，郊区则相对缓慢。

（六）行业性质、区域发展基础影响行业分布

流动人口在就业的行业门类上存在空间差异与性别差异。表3-11[①]是1990/2000年广州市流动人口主要行业（国家机关负责人、专业技术人员、办事人员、商业服务业人员、农林牧渔人员和生产工人）在各区的比重及性别差异情况。

表3-11 主要行业空间分布及性别差异（单位：%）
Tab.3-11 Spatial characteristics and gendered difference of main vocation（unit：%）

行业类型	区域	白云	东山	番禺	芳村	海珠	花都	黄埔	荔湾	天河	越秀
国家机关负责人	比重1	1.01	2.19	0.55	1.16	0.88	1.38	0.85	1.13	1.22	1.56
	比重2	0.91	3.15	1.52	1.38	2.33	1.74	2.90	1.78	2.75	2.54
	男性比重1	92.89	92.71	90.57	96.22	92.21	90.07	96.96	93.24	94.00	92.49
	男性比重2	83.40	71.20	65.35	81.82	78.07	73.27	75.46	77.22	84.07	73.97
专业技术人员	比重1	2.12	4.02	1.30	1.52	2.28	2.61	2.51	2.53	3.19	3.31
	比重2	3.23	8.28	2.21	2.40	4.04	2.11	3.51	4.11	7.14	5.91
	男性比重1	53.88	50.96	64.71	60.33	43.53	66.47	67.11	49.24	58.29	50.24
	男性比重2	48.17	45.62	59.00	53.65	51.28	52.09	52.30	39.01	56.24	32.35
办事人员	比重1	2.80	5.12	0.84	2.74	2.67	1.35	3.44	3.44	2.83	6.37
	比重2	4.95	11.60	2.71	4.04	4.47	3.50	5.35	7.38	8.20	10.95
	男性比重1	87.31	83.60	91.36	94.27	89.39	84.91	92.79	90.31	82.83	90.65
	男性比重2	48.17	45.62	59.00	53.65	51.28	52.09	52.30	39.01	56.24	32.35

---

① 注：1表示1990年数据，2表示2000年数据。

第三章　广州流动人口空间分布及演变

行业类型	区域	白云	东山	番禺	芳村	海珠	花都	黄埔	荔湾	天河	越秀
商业服务业人员	比重1	25.78	44.48	10.12	24.29	29.37	10.90	17.72	39.72	32.15	48.47
	比重2	27.37	56.53	15.68	32.90	40.31	16.54	23.06	62.67	39.92	62.00
	男性比重1	57.31	39.31	51.18	58.29	52.97	51.84	54.63	45.27	58.96	41.83
	男性比重2	52.45	38.26	48.54	48.54	49.23	46.26	49.53	47.95	49.87	42.01
农林牧渔人员	比重1	5.55	0.09	11.74	2.73	1.71	14.17	1.91	0.13	3.13	0.44
	比重2	4.35	0.35	2.79	3.18	0.93	9.77	2.63	0.25	2.54	0.21
	男性比重1	53.07	53.57	52.34	59.45	72.70	42.09	61.82	66.67	64.84	75.90
	男性比重2	54.31	66.67	58.32	66.54	53.13	56.83	58.42	81.82	57.34	83.33
生产工人	比重1	62.74	44.10	75.44	67.56	63.08	69.59	73.58	53.05	57.48	39.85
	比重2	59.18	20.09	75.09	56.10	47.92	66.33	62.55	23.82	39.45	18.39
	男性比重1	59.30	73.66	52.75	68.83	59.32	62.72	72.13	66.39	69.86	70.73
	男性比重2	56.12	90.31	49.03	70.24	68.07	59.24	62.45	83.43	73.05	90.17

资料来源：广东省人口普查办公室.广东省第4次人口普查流动人口资料[M].广东：广东经济出版社，1992；广州市人口普查办公室.广州市2000年人口普查资料汇编（广州市）[M].广东：广东经济出版社，2002.

从国家机关负责人这一行业看，流动人口整体就业参与度极低，1990年最高比例的东山区只有2.19%，最低的番禺区仅为0.55%，2000年，最高的东山区有3.15%，最低的白云区仅为0.91%。可见，流动人口整体上游离于政府机关之外，对城市管理的介入性极低。东山、荔湾等区的省市政府部门相对集聚，流动人口的就业区位偏好与这些地区相对较多工作机会有关。对于这一行业中性别差异，1990年男性比重最高的黄埔区有96.96%，最低的花都区也有90.07%，2000年有所改观，但仍然男性占据绝对主导地位，流动人口在政府机关的男性就业比重最高的天河区有84.07%，最低的东山区有71.20%。总体上女性流动人口介入政府机关的机会较少。

从专业技术人员分布情况看，1990年流动人口整体就业率不高，东山和越秀两区比例分别是4.02%和3.31%，最低的番禺区只有1.30%，这一

> 流动人口的空间透视：
>   以广州为例

时期广州流动人口主要分布在老城区，专业技术人员等流动人口精英分子分布也趋向于在老城集中。2000年流动人口就业比重有所上升，但仍以老城区为该行业就业集中地，最高的东山区比例达到8.28%，越秀区有5.91%，新城天河区有7.14%，总体上表现为专业技术人员就业布局的内城指向性。从性别差异看，1990年男性占优，除荔湾外其它区男性就业比重都超过50%，2000年老城区男性就业比重明显下降，东山区降至45.62%、荔湾区降至39.01%、越秀区降至32.35%，这与老城区产业结构服务业转型有关，对女性的需求较大，其它各区变化不甚明显，男女比例相当。

办事人员空间分布大体与专业技术人员类似，整体就业水平较低，就业比重较高的地区主要集中于东山、荔湾、越秀等老城区，2000年这一老城区就业指向仍然明显。从流动人口的性别分异看，1990年男性占优，2000年这一趋势有所下降。

再对商业服务业的分布情况进行考察。1990年流动人口在东山、越秀和荔湾区就业比重分别是44.48%、48.47%和39.72%，居各区前列，番禺、花都和黄埔等郊区就业比例只有10.12%、10.9%和17.72%。2000年这一情况有所改善，但总体格局变化不大，荔湾、越秀和东山传统老城区就业比例依然高达62.67%、62%和56.53%，番禺、花都和黄埔就业比例分别是15.68%、16.54%和23.06%，仍然处于较低水平。究其原因，老城区发展历史较久，整体发展基础较好，商业服务业气氛相对较隆，消费市场巨大，为该地区商业服务业的发展提供良好环境。而番禺、黄埔等产业重点发展区商业服务业发展并不理想，可能与两区发展路径选择有关，由于奉行的是产业先行模式，产业发展强劲，但配套的商业服务业设施并不健全，这从侧面上反映这些区域的规划尤其是基础设施规划相对滞后的问题。从性别分异情况看，1999年老城区男性就业比重低于50%，其它区高于50%，2000年整体上呈现女性主导的格局，除白云区外其它区男性就业比重都低于50%。

对于农业从业人口的分布情况看,1990年花都、番禺和白云等城市化水平较低的地区农业就业比例相对较高,分别是14.17%、11.74%和5.55%,东山、荔湾和越秀等老城区就业比例甚小,分别只有0.09%、0.13%和0.44%。2000年花都、芳村和白云三区位列前三,分别占9.77%、3.18%和4.35%,番禺区受益于广州城市发展重心的整体南移,农业比重出现大幅降低,只有2.79%。总体上看,农业从业人口基本上符合距离衰减律,即离城市中心区越远,农业比重相对越高。从性别分异情况看,1990年在内城区男性从业人口相对较多,郊区男女比例大致相当,2000年男性占据主导地位。

最后看生产工人的分布情况。1990年最低比重的越秀区达到了39.85%,最高的番禺区达到75.44%,黄埔、花都、芳村和白云区生产工人比例较高,分别是73.58%、69.59%、67.56%和62.74%,老城区生产工人比重相对低,东山区为44.10%,荔湾区为53.18%。2000年随着珠江三角洲"世界工厂"地位的进一步巩固和产业地域转移的纵深推进,生产性行业在郊区依然较为集中,番禺区以75.09%的比例雄居榜首,其次是黄埔、花都和白云,分别是62.55%、66.33%和59.39%。由于产业结构调整和升级老城区,生产工人的就业比例进一步降低,东山区降至20.09%,荔湾区降至23.82%,越秀区降至18.39%。从性别分异情况看,整体上男性比重逐渐上升,老城区尤为明显,东山区男性就业比重高达90.31%,越秀区达到90.17%,荔湾区达到83.43%。

(七)跨国移民聚居区初显雏形

如前所述,改革开放以来广州集聚了越来越多的外籍人口。从外籍人口的空间分布看,目前广州各区均有分布,但也存在在一些地段分布相对集中的"扎堆"现象,整体上在城市建成区和郊区相对集中,在天河、白云和番禺区外籍人口尤多,在老城区越秀区的边缘地段也集聚大量外籍人士。总体上看,基本形成了"4个主片区"和"1个副片区"的空间格局,

图3-16是外籍人士在广州的居住集聚区示意图。其中，4个主片区分别是：

环市东片区。此片区以广州市环市东路为中心，包括秀山楼、淘金路、花园酒店、建设六马路、建设大马路等地段，是广州外籍居民最早集聚的地断，人口密度最大，总人口愈千人。这一带外籍人口以从事贸易的非洲人和欧洲国家使领馆、日本使领馆为主；本片区的秀山楼、天秀大厦、登峰宾馆、登月酒店、恒生大厦等商用写字楼都有外籍人士入住。

天河北片区。此片区以天河北路为中心，包括体育东、天河路、龙口西路、林和中路等地段，作为城市的CBD，此片区吸引了大量外籍高级商务白领，其中的中信大厦内有包括数十家世界500强企业在内的大量外国公司办事处，附近的酒店式公寓入住了大量从事贸易的日本人、美洲人和欧洲人。

三元里片区。此片区以三元里为中心，包括白云区金桂村、机场路小区等地段，这里的外籍人士以经营鞋类、服装生意的非洲人居多，近年来不少从事中韩贸易的韩国人也聚集于此，白云区远景路一带因在短短500米距离就聚集了40多家韩国餐厅、发廊、酒吧、夜总会和商店，被誉为"广州的韩人街"。

番禺片区。随着广州城市发展方向的南拓，近些年番禺区房地产得到迅猛发展，一些大型、配套设施较好的楼盘如祈福新村、丽江花园等在该区出现，吸引了大量来自日本、泰国、马来西亚等东南亚外籍人士居住。典型的例子是在丽江花园的德字楼和丽字楼集聚了300多名国际居民[①][239；244-246]。

1个副片区是位于越秀区南面和海珠区北面的二沙岛、新港西片区。

---

① 刘茜. 南粤寻梦，上万名外国人在广州打工[N].羊城晚报（A6版），2002-5-10. 夏天.广州外乡人——外国人：老外活在羊城识赚又识叹[N].羊城晚报（A8版），2007-2-16. 袁媛，许学强，薛德升.广州市1990-2000年外来人口空间分布、演变和影响因素[J]，经济地理，20007，27（2）：250-261.

第三章 广州流动人口空间分布及演变

二沙岛面临珠江、风景秀丽，配有广州音乐厅、星海音乐学院等高雅艺术场所，近些年逐步开发的高级别墅区吸引了很多外企高级职员、外派人员的入住，近些年出现的新情况是一些外籍高级白领的分布正逐步向珠江新城拓展。对于新港西片区，由于中大布匹市场和中山大学的存在，这里集聚了大量在中大布匹市场和国际轻纺城做生意的韩国商人及留学生，短短2年新港西路一带就有7家韩国餐馆①[244]。

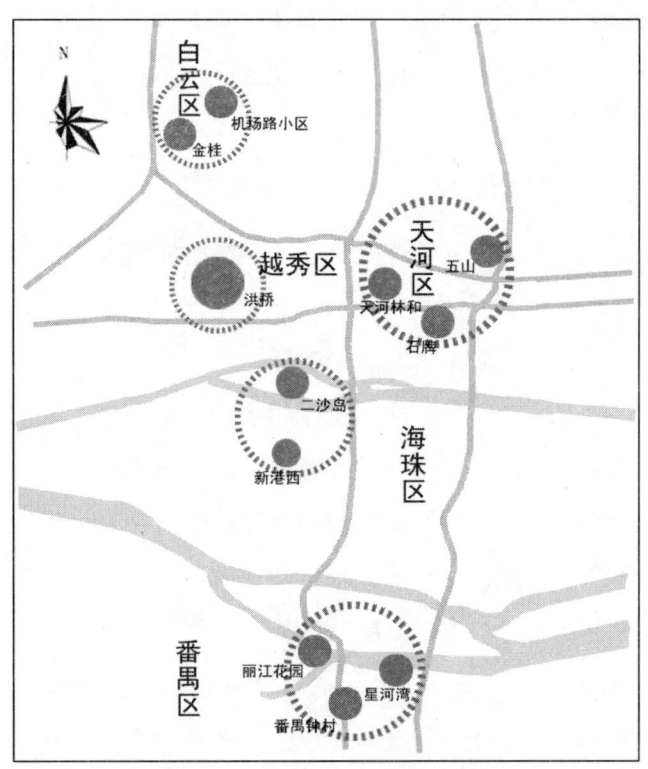

图 3-16 广州外籍居民聚居区的空间分布
Fig.3-16 Spatial distribution of foreign enclaves in Guangzhou

---

① 夏天.广州外乡人——外国人：老外活在羊城识赚又识叹[N].羊城晚报（A8版），2007-2-16.

五、流动人口空间分布的形成机制

从对1990/2000年广州市10区、街道及2007年白云区街道流动人口空间分布的分析不难发现，流动人口的空间选择具有总体位于近郊区、城市外围区靠近工厂、内城区在城中村集聚的规律，本节我们对流动人口空间分布的形成机制进行总结。

（一）城市发展格局变化及产业地域转移

宏观层面其形成机制有两种因素，一是广州城市发展格局的变化，为流动人口空间分布奠定了基本的基调，1990年代末期及20世纪以来，广州市政府实施了"北优、南拓、东进、西联"的城市空间发展格局，尤其是前三者，对广州流动人口分布的拖曳作用十分明显，导致天河、黄埔、番禺、白云等区流动人口较多。从某种意义上讲，城市规划的调整对流动人口分布产生巨大影响。二是产业地域转移的影响，细分为两个亚层次：①从世界版图看，自上世界90年代以来，产业的跨国转移进入了环太平洋时代，由于劳动力、土地等成本低廉等优势，中国成为重要的产业承接地，包括广州在内的珠江三角洲更是其中的佼佼者，广州也打上了"世界工厂"的深刻烙印。在此背景下，工厂成为众多流动人口青睐之地，如广州白云和番禺等城市郊区集聚着大量从事组装加工的工厂和企业，产业的发展为流动人口提供了大量就业机会。②从市域范围看，随着广州市政府"中调"战略的实施，原位于内城大量企业纷纷外迁至近郊或远郊区，郊区因相对较好的承接条件（表现为较好的公交、水电、道路系统等基础设施配置，便捷的信息服务，距离市场近等）而占得先机，大量工厂布局于此，大量就业机会供给是吸引流动人口的首要原因。

（二）户籍、劳动力二元市场等制度

中观层面其形成机制主要是制度性因素。最典型的是基于城乡二元分化的户籍制度，这一制度设计对流动人口就业、医疗、保险、教育等方面产生排斥作用；再如二元化的劳动力市场，本地人多就业于高端、正规劳动力市场，流动人口多就业于低端、非正规劳动力市场，二者间形成严格的"区隔"。从城市管理角度看，较之于城区，近郊区城市管理制度的城市管理较松散，为大量从事非正规经济的流动人口提供机会。上述排斥作用将流动人口分布局限在有限的空间。

（三）人力及社会资本的拥有状况

微观层面其形成机制主要是流动人口自身携带的人力及社会资本。由于流动人口文化程度普遍较低，总体上缺乏相关的技术技能，社会关系也相对简单，在激烈的市场竞争中他们往往处于不利地位，导致流动人口空间相对狭小。因为有限的经济状况，多数流动人口只能选择与自身收入水平相匹配的居住条件与环境进行居住，城中村成为流动人口集聚的重要场所。这一点在广州新城区及老城区体现尤为明显，如杨箕村、石牌村、三元里村、冼村、立滘村、林和村、康乐村、猎德村等集聚了大量流动人口。有学者[1][247]通过对广州城中村布局和流动人口集中分布区的对比研究发现两者在空间上的匹配性较好，城中村分布密集的地方流动人口也较多。囿于有限的收入，多数流动人口尽可能压缩其消费活动，从而最大限度地降低生活成本。为减少通勤支出，很多流动人口选择在同一街道或社区工作和生活，或选择交通便利之地租房。笔者调查发现，广州很多流动人口选择在天河区上班，但在白云区居住，为的是收入较高而消费较少，天河区经济相对发达，就业收入普遍较高，但消费也贵，而白云区因城中村众多，有大量可供租赁的廉价房屋，生活成本相对低廉。

---

[1] 袁媛，许学强，薛德升.广州市1990-2000年外来人口空间分布、演变和影响因素[J]，经济地理，20007，27（2）：250-261.

基于户籍地的流动人口聚居区和外籍居民在特定地段集中的情况，本研究认为改革开放不断深入、中国入世、城市外贸经济的迅速发展、城市会展产业的兴起等宏观层面的因素固然重要，这些为基于户籍地的"集聚空间"的形成提供了制度与体制背景。但微观层面的解释力更强，一些偶然性事件的发生使得在城市某一地段开始形成基于户籍地的"集聚空间"，此后亲缘、地缘和业缘的流动人口社会资本发挥重要效用，在路径依赖作用下，集聚现象不断强化，最终形成了目前的空间格局。

通过总结我们得出流动人口的空间区位选择及机制模型，见图3-17。

六、本章小结

本章首先对广州流动人口形成和发展的背景进行了简要归纳，体现为良好的地理区位条件、开放性强的历史沉淀、政策的转变、全球化和空间一体化、广州与港澳的特殊关系。

其次，利用广州市第4次人口普查资料、第5次人口普查资料及2007年调查资料，本章对广州市流动人口特征演变进行分析。发现流动人口规模增长迅猛、性别构成以男性主导、年龄分布呈现菱形结构、文化程度前期低后期高、婚姻构成前期未婚主导后期已婚主导、来源地构成初期省内占优后期省外占优、职业上制造业主导、外籍人口数量日益增加。

第三，本章从广州市10区、10区街道及典型流动人口集聚区（白云区）街道等空间尺度分析了流动人口空间分布。发现流动人口总体分布具有近郊区指向、工厂指向、城中村指向和低成本指向；流动人口文化程度与区域经济活力相匹配，天河区流动人口文化程度较高；已婚流动人口比例在天河、白云区较高；基于流动人口原户籍地的集聚区经济基本形成；产业转型与转移对流动人口职业分布产生拖曳作用；行业性质及区域发展

第三章 广州流动人口空间分布及演变

基础对流动人口行业分布产生重要影响。此外，在一定地段分布相对集中的跨国移民集聚区初现雏形。

至于流动人口空间选择机制，本研究将其归纳为3方面：宏观层面的城市发展格局变化及产业地域转移；中观层面的户籍制等制度性因素；微观层面的流动人口自身的人力及社会资本的拥有状况。

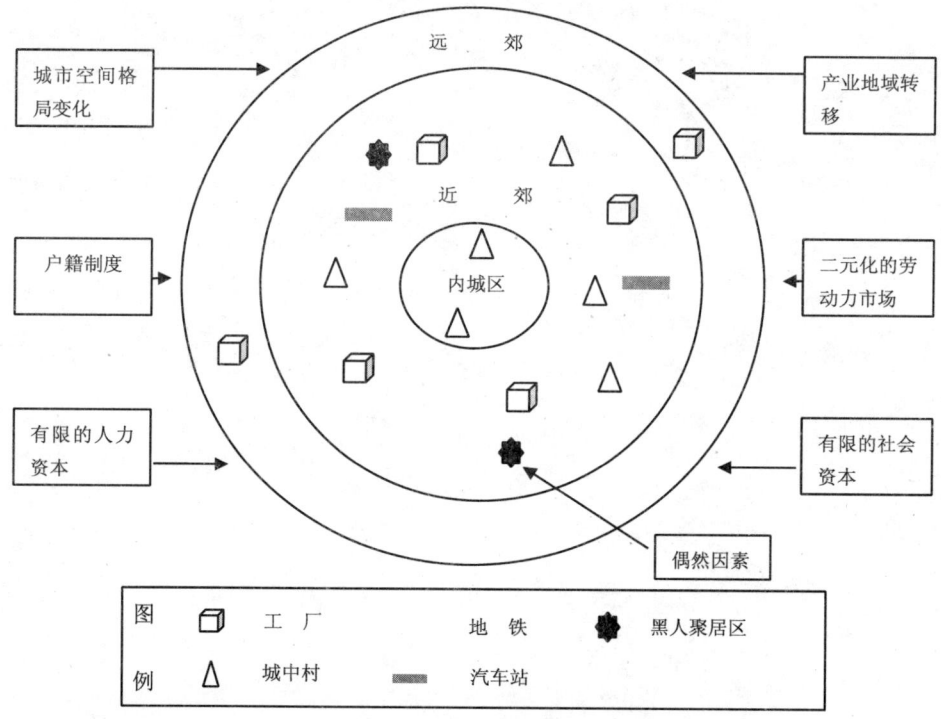

图 3-17 流动人口空间选择及机制模型
Fig.3-17 Model of spatial choices and mechanism for floating populations

第四章

广州流动人口工作与居住空间

对广州流动人口空间系统的微观层面考察,大体分为3个层次:①流动人口主导性空间,即工作空间与居住空间;②流动人口附属性空间,即购物空间和休闲娱乐空间;③流动人口精神层面的空间,即流动人口感应空间。本章对流动人口的工作及居住空间进行重点分析。

第四章　广州流动人口工作与居住空间

一、流动人口工作空间

（一）工作空间是流动人口最重要的行为空间

在流动人口工作空间、居住空间、通勤空间、购物空间及休闲娱乐空间等诸多行为空间中，工作空间居主导性地位。调查结果显示，广州市流动人口来穗目的构成中，以赚钱为目的的比例高达68.6%，学技术占11.1%，见世面占6.7%，其它目的合计占13.3%。可见，为改善自身及家庭经济状况寻求一份工作是流动人口来穗的主要动机。对于他们中的多数而言，只有工作有了着落才谈得上其它行为。调查还发现，90.1%的流动人口选择在工作地周边（同一社区、街道和行政区）寻找居住地，围绕工作和居住的其它行为一般也在工作地附近展开。总之，流动人口在自身各种行为空间的关系处理方面大致遵循"以工定居"、"以工定购"和"以工定娱"的逻辑。

（二）工作获取途径高度依赖于原有社会资本

从流动人口寻找工作所依赖的具体途径看，本次调查结果见表4-1。

表4-1　流动人口找工作的主要途径
Tab.4-1 key approaches of job-hunting for floating population

工作获取途径	亲戚或朋友介绍	老乡介绍	人才市场	广告	职业介绍所	老家招工	其它
比例（%）	30.7	28.0	13.6	7.4	6.7	3.5	10.0

资料来源：根据问卷统计得出。

很明显，"亲朋介绍"和"老乡介绍"是流动人口寻找工作的主要途径,如果将两者进行归并,合计占58.7%,可见,基于血缘、地缘、乡缘的乡土社会资本在流动人口找工作过程中起巨大作用。这种有连带关系的社会资本具有自增强机制(self-strengthening mechanism),即具有不断复制与强化的功能。令人惊讶的是,"人才市场"、"广告"、"职业介绍所"等颇具市场化倾向的主流途径占据很少比例,这似乎与广州作为市场经济体制相对发达地区的事实不太吻合。但通过访谈发现,很多流动人口尤其是初来乍到者经历了一些不愉快的事情,如介绍所胡乱收介绍费、广告中的虚报酬薪、人才市场的欺诈与骗局等屡有发生的情况,给流动人口带来了一定的物质损失或心理阴影,不信任随即成为他们的常态性反应。

(三)来穗前流动人口以农民和学生群体为主

调查显示,农民和学生是广州流动人口来穗前的主要职业(表4-2)。这与1989年广州流动人口研究课题组的调查结果有所出入(后者研究结果是农民占54.47%、学生占8.08%)[248]。对比而言,农民群体的相对下降、学生群体的迅速上升是流动人口来穗前职业变化的主要表现。究其原因,体制是重要的解释因素,1989年人口流动受到极大限制,国家和机关统筹安排是主导学生就业的主要模式,学生毕业后大都回原籍地工作。近20年来,随着学生自主择业的市场化模式的推进,广州等相对发达的城市具有很强的吸引力。

表4-2 流动人口来广州前的主要职业构成
Tab.4-2 Occupational structure of floating populations before arriving in Guangzhou

来广州前的主要职业	农民	学生	工人	教师	干部	其它
比例/%	33.7	25.9	14.8	2.2	1.3	22.1

资料来源:根据问卷统计得出。

从各区情况看,白云区、花都区和荔湾区流动人口来穗前职业以农民为主,唯有天河区学生取代农民成为第1位,占29.9%,这与该区高科技、商业服务业主导的产业特征所要求的较高层次文化水平不无关系。

（四）职业构成以制造业、建筑及和服务业居多

从流动人口来穗后职业分布情况看，从事制造和建筑等行业的工人占绝对优势，比重为35.7%，服务业、商业和个体经营者分列2、3、4位，分别为14.7%、14.6%和11.0%，管理人员、文员、工程技术人员、医生、教师和其它职业分列其后。整体上流动人口就业存在二元分化的格局，一方面是就业于信息服务业等部门年轻流动人口，工薪相对较高，生活相对稳定；另一方面是为数众多的集中在建筑施工、家政服务、工厂做工、农业劳动及低端零售业和服务业等行业的中年流动人口，工薪较低，生活不稳定，是城市非正规经济（informal economy）的重要成分。

从各区情况看，天河区流动人口商业和服务业从业人员比重较高，分别是28.4%和20.6%，工人比重仅占19.1%，这与天河作为广州CBD、商业服务业发展基础较好相关；荔湾区流动人口中个体经营者比例达20.9%，居各区之首，访谈发现这些个体户大都很早就来到广州，多为广东本省户籍，轻松的工作环境和不菲的利润是他们选择的初衷；花都区流动人口中工人比重达51.7%，居各区之首，这与该区作为产业转移的承接地不无关系。

（五）工作变动频繁

流动性是流动人口的本质性特质，不仅包括人口在地域上的经常性更变，还包括职业的频繁转换。调查结果显示有47.7%的流动人口有变换工作经历，其中，变换工作1次占24.6%，2次占41.0%，3次占21.1%，4次或更多占13.3%。这里对于工作变换进行具体分析，包括前后工作的关系及变换原因的解析。

1. 前后工作的关联性

对于变换工作的流动人口而言，存在着一个工作连续性与否的问题，即前任工作和后任工作之间有关联。调查发现57.2%的受访者表示前后工作不相关，42.8%的表示前后工作存在直接关联。调查发现，很多流动人

口的职业特征表现出很强的兼业性，即一人可以兼做几种职业或行业。

当问道"你现在从事什么职业？"时，一位受访者表示：

"我什么都做，只要能赚钱，拣破烂、砌房子、掏下水道、搬东西、旧货回收、发传单、卖菜、倒卖火车票，我都做过"[①]。

不难发现，正是由于这种兼业性质，使他们缺乏真正专业的技能和技术，只能在低端的劳务市场中寻求就业机会，虽然换过很多工作，但是工作性质多属于劳动力密集型行业，即工作流动限于水平性流动，而转向技术或智力密集型工作的垂直性流动比例很少，这很大程度上决定了他们干活最重但赚钱最少的命运。对于表示前后工作有关联的流动人口，分析发现64.5%的具有高中及以上学历，46.9%的以学技术为来穗目的，其中很多人掌握了一些专业技能和技术，加上有实践经验，对于他们而言轻易放弃以前的"绝活"是不划算的，正如一位受访者所言：

"我学钳工技术已经五年了，虽然现在赚不到很多钱，但是轻易丢掉也舍不得，再说了，重新学习一门新技术既花钱，又费时间，工作也不见得好找"[②]。

2. 变动工作原因多元化

变换工作的原因见表4-3。可见，之前工作收入较低是流动人口变换工作的主要原因，排第2位的是"以前的工作没有发展潜力，想换个发展环境"，一位受访者表示：

"我1998年大专毕业后就来到广州，在一家加工厂做质检员，一直做到质检科科长，后被老板赏识，两年后我提升到驻从化销售部主任，做了半年觉得没有意思，回到广州去了一家外贸公司，觉得这行赚钱，但是大钱都被老板赚了，自己不甘心，学会了相应技能后，我琢磨着自己也注册一个外贸公司，正巧2003年我一个大学同学也来了广州，我们一拍即合就开了现在这家公司，现在经营情况还可以，至于以后干什么，自己也不知

---

① 访谈A-11。
② 访谈A-7。

第四章　广州流动人口工作与居住空间

道，反正我这人不喜欢老呆在一个地方。"①

另一位商店老板说：

"我之前在天河一家电器销售公司上班，每天7点不到就要出门上班，下午不到6点也不能下班，觉得挺死板，虽然工资还不错，但我不喜欢这样，我喜欢相对自由的生活。于是我辞职了，开了这个五金杂货店。"②

令人惊奇的是，本以为很多流动人口会选择"以前的工作太辛苦（如时间太长、体力消耗过大等）"，出乎笔者的意料，只有10.7%的人以此作答。当被问道"你是不是因为以前的工作很辛苦才换？"时，一位受访者表示：

"累？辛苦？像我们这样40多岁的人，又没有技能，哪有什么不累的活给我们做，有做就不错了，还管什么累不累。"③

可见，那种对于常人而言的身体极限不可忍受的"累"对于流动人口而言，其实是不"累"的，只要能赚钱，"累"算不了什么。很多人来广州前就有了吃苦的思想准备，"累"这种体验对于他们而言是预知的和几乎是肯定的。

另有10.3%的认为是"自己觉得不开心"才换工作，持这种说法以年轻人居多，50.9%的受访者是介于17-25岁的年轻群体。

表4-3　广州流动人口变动工作的原因
Tab.4-3 Causes of changing jobs for floating populations

变换工作原因	赚钱少	工作太辛苦	人际关系难以处理	朋友介绍新工作	无发展潜力，想换个发展环境	被解雇	觉得不开心	有事要开
比例/%	41.3	10.7	5.4	2.9	20.0	6.4	10.3	3.0

资料来源：根据问卷统计得出。

（六）工作单位以私企主导

调查发现绝大多数流动人口就业于私营单位（表4-4），一来这些企

---

① 访谈A-21。

② 访谈A-12。

③ 访谈A-14。

业进入门槛较低,对员工素质要求不高;二来有关管理部门对这类企业监管力度有限,其中有相当比重的非正规就业成分,在广州有较大的生存空间。相对而言,流动人口进入国家机关等正规国有单位的机会很少,39位就业于国有单位的受访者中有高达69.2%的具有专科及以上学历,较高的文化素质要求对于多数流动人口存在较大障碍。

各区大体遵循私企主导,外资、国有和集体企业比例相当的匹配方式,但花都区由于相对廉价的土地供应、较为完善的基础设施建设和优惠的引资政策等优势,大批外资企业尤其是日资企业纷纷落户花都,该区流动人口在外资企业就业比例高达18.4%。

表4-4 流动人口工作单位性质构成
Tab.4-4 Unit structure of floating populations

单位性质	国有单位	集体单位	外资企业	私营企业
比例/%	4.8	5.2	8.0	82.0

资料来源:根据问卷统计得出。

(七)工作合同率较低

一般而言,正规单位与企业都要与被雇者签订一份涉及双方权益的合同,哪怕是雇用零工。但对于流动人口而言,情形大不一样。调查发现有高达59.2%的流动人口表示没有签订任何工作合同。干完活月末从老板那里拿钱是默认的契约,由于缺少诸如生产安全责任、工伤保险等具体细则的规定,一旦流动人口在工作过程中出现工伤等意外事故,往往成为受损方。通过访谈发现,合同不总是"好的",一位受访者表示:

"我没有签订工作合同,要合同干什么,合同一签就是几年,我如果不想干了要走了还要支付一大笔钱(违约费),说实话像我这种有经验的技工,老板就怕我走了,我才不签什么合同呢"[①]。另一位建筑工人说:

"合同?没有。我今天干建筑,说不定下月干其它的,什么赚钱干什

---

① 访谈A-18。

么,我不会一直呆在这里的",当被问及"那万一出事故怎么办,比如建房子时从楼上摔下来"时,他回答说:

"没有办法,只有自己注意一点,万一出事只有自己吃亏。我一个搞建筑的老乡不小心摔成骨折,老板也只是意思一下,住院费外加1000块就打发了"[①]。

可见,合同这东西,对于流动人口而言,可能是部分人的向往之物,也可能是老板的心计所在,还可能是下一步流动的束缚。

从各区情况看,白云区和花都区类似,"无合同"较之"有合同"多出近20个百分点,但天河及荔湾区不一样,天河区流动人口"签合同"比率占52.1%,"无合同"人数占47.9%,这与该区就业群体大多是大中专毕业生,自我保护意识相对较强有关;其次,本区作为广州市经济和商业中心,正规企业比例稍高于其它区,合同签订率自然较高。荔湾区无合同人数高达72.9%,这主要和该区流动人口相当比例从事个体经营,商店型私营企业比例较大,即"自雇型"企业较多,合同率自然很少。

(八)整体收入状况偏低

调查发现流动人口收入在1 000–1 500元的比重最大,有36.6%,其次是500–1 000元,占总人数的34.6%,再次是1 500–2 000元,比重为14.3%,接下来依次是2 000–3 000元、4 000元以上、500元以下和4 000元以上,分别占总人数的6.4%、3.3%、2.4%和2.3%,这表明广州流动人口的整体工资水平处于中下游。

相关分析发现流动人口月收入与流动人口文化程度、来广州时间成正相关关系,相关系数分别是0.375和0.184(显著性水平$Sig \leq 0.05$),即文化程度越高,收入越高,这说明流动人口文化程度作为一种人力资本在工作中的效用;来广州时间越长,月收入越高,这反映了时间虽然不直接影响收入,但时间这一变量可以使其它变量产生正向的累计效应,如时间因素可以扩大流动人口对

---

① 访谈A-20。

于劳动力市场的信息量、增加流动人口本身的工作及生活阅历等。另外,流动人口收入与工作状况有极大关系,月工资500元以下的流动人口中89.1%的来穗前的职业是农民,月收入在4000元以上的人来穗后有46.8%的从事个体经营,还有38.2%的人是经理等企业高层管理人员。此外,流动人口的收入情况还受到制度性因素影响,比如户口属性。交叉分析发现月收入在500元以下、500–1 000元、1 000–1 500元、1 500–2 000元、2 000–3 000元、3 000–4 000元和4 000元以上的流动人口中,农村户口所占比例分别是90.0%、81.5%、72.5%、60.6%、53.8%、42.1%和29.6%。显见,持农村户口的流动人口在各档次收入中的比例不断下降,持城镇户口的流动人口比重不断上升,这说明户口像人口的教育水平、技能技巧、经验等人力资本一样成为一个影响收入的自变量,作为户口这一制度性因素在收入高低解释中具很强的解释力。

从各区情况看,天河区流动人口收入状况好于全市平均水平,这无疑与各区的产业结构特征相关,天河作为广州新城区商业发达,工资水平整体较高。

(九)工作时间长

调查发现流动人口每天工作9–15小时占42.1%,居首位;工作4–8小时占41.7%;回答"不定时"占10.9%,超过16小时和不足4小时分别占4.5%和0.7%。可见,大部分流动人口长期处于加班的过渡劳累状态。对此,不同受访者看法不一。一位电子厂上班的受访者说:

"我们这个厂总是加班,中午吃饭时间很紧,只有1个小时的休息时间,晚上还要加班,活多的时候有时要干到凌晨2–3点,虽然钱多一点,但是我不愿意这么累,我可能过几个月就走,受不了总是加班。"[1]

另一位50岁左右的人不以为然,他表示:

"加班好,加班有钱,累点无所谓,我的孩子一个上高三,一个读初二,正需要钱,就是希望加班多挣点钱。"[2]

值得注意的是有10.9%的以"不定时"作答,这反映了很多流动人口

---

[1] 访谈18。
[2] 访谈27。

第四章 广州流动人口工作与居住空间

由于缺乏专业技能使工作变得极不稳定,兼业性很强,今天干这么,明天干那个,不同工作其工作时间就不一样。一位拣垃圾的人被问道"每天工作几个小时"时回答说:

"我的工作时间不固定,夏天主要拣矿泉水瓶子和一次性饭盒,一天工作17-18个小时都有。如果碰到雨天,一般就在家里睡觉,谈不上什么工作。"[①]

关于每月休息时间,回答"1-3天"占45.5%,"1天以下"占26.8%,"4-6天"占19.7%,"7-8天"及"8天以上"分别占5.2%和2.8%。可见,多数流动人口的休息时间严重不足,有正规双休日的比例还不到3%。休息时间与流动人口从事职业和单位属性密切相关,工人、个体经营、服务业等职业休息时间短,而文员、管理人员、医生、教师等休息时间稍长。对于工作单位而言,59.8%的就业于国有单位的流动人口月均休息时间是7天及以上,而高达67.9%就业于私营企业的人月均休息时间是3天及以下。

二、流动人口居住空间

对流动人口居住空间的研究,而言,除了工作之外,居住是最重要的生存条件。在借鉴相关研究[②][144-149;154-156;249]基础上,本研究从流动人口住房类型、住房级别、住房用途、居住方式、住房面积、住房面积满意度、住房设施、住房设施满意度、住房花销、住房花销满意度、住

---

① 访谈11。
② 吴维平,王汉生.寄居大都市:京沪两地流动人口住房现状分析[J].社会学研究,2002,(3):92-110. 张展新.城中村、外来人口与城市发展[J].北京规划建设,2005,(3):9-11. Wu W. Sources of migrant housing disadvantages in urban China[J]. Environment and Planning, 2004, 36: 1285-1304. Lin G C S. Regional urbanization in post-reform China: spatial restructuring in the Pearl River Delta. In Logan J R. The new Chinese city. Oxford: Blackwell Publishers, 2002.245-257. 刘玉亭.转型期中国城市贫困的社会空间[M].北京:科学出版社,2005.

房比较、居住状况满意度等几方面加以考察。

（一）居住空间特征及区域差异

1. 居住类型高度市场化，出租屋主导，集体宿舍次之

分析流动人口住房类型前首先对中国城市住房供给体制进行归纳，见表4-5。

表4-5 中国城市住房类型及其获得性
Tab.4-5 China's urban housing types and its availability

住房代码	住房类型	住房特征
I	商品房	任何人均可购买，但购买时只有持本地户籍人口才能获得购房贷款
II	市政府公房	公房在租者可从单位购买其单元房所有权、使用权和交易权，其它本地市民可以在二级市场上购买所有权、使用权，征得市房管局同意后可进行租赁业务（高等院校住房、里弄房等公房不在产权出售范围之内，不允许在二级市场上交易）
III	单位公房	公房在租者可从单位（多数是国有单位）购买所有权并可在二级市场上进行交易，征得单位同意后可进行租赁业务
IV	经济实用房	城市中低收入市民可廉价购买
V	廉租房	城市中极低收入市民在一定条件下可享受政府补贴廉价租赁（如上海市规定人均住房面积小于6m2）
VI	拆迁房	由于城市土地开发等致使该地段原有城市居民在政府补贴下往往在城市外围区廉价购房，可在二级市场上进行交易
VII	传统私房	1949年前在家庭范围内由上辈传给下辈的老房子、农民或以前是农民的居民在城市周边区利用生产队分给他们的土地上自建的房屋
VIII	租房	任何人都可租赁商品房、拆迁房或私房

资料来源：吴维平，王汉生.寄居大都市：京沪两地流动人口住房现状分析[J].社会学研究，2002，（3）：92-110.经整理后。

新中国成立到1980年前后，中国城市的住房作为一种福利成分由市民所在单位或市政府免费分配或廉租给市民，即类型II和III，1998年起这两种类型住房在一定条件下可以进行一定范围的出售和转让。IV和V两类型住房始于1995年一些城市实施的安居工程，目的是在政府支持下为城市中低收入家庭提供住房，房屋以成本价售出，尤其是那些住房紧张（不

第四章 广州流动人口工作与居住空间

足4m2）或没有住房的家庭。与此类似，城市房管局也有经济实用房的项目，做法是将被补贴的商品房出售给符合条件的家庭，但在操作层面上出现住房长期滞留或被富人购买的情形，总体上背离了初衷，于是1998年停止了该项工程。同年国务院颁布了《关于进一步深化住房体制改革及加快住房建设的几点建议的通知》（23号文件），该文件提出了新的以住房市场为基础的城市住房政策框架，标志着中国城市住房改革取得突破性进展。此后，I类型住房成为城市住房供给体系的主要部分。除上述3种类型住房外，城市居民还可以通过二级房屋市场来置换旧房的所有权或使用权，如1998年上海推出一项政策，拥有以前所居住的公房（甚至包括单位住房和经济实用房）产权的城市居民可在住房二级市场上进行交易，即类型VI。对于VII住房，城市外围居民不能享受住房公积金和低息贷款等政策优惠，与郊区自有私房相比，城市居民常在市区自建非正式住房。VIII住房是最普遍的住房类型，随着城市流动人口数量的急剧增加，巨大的住房需求使得租房成为城市住房市场中最活跃份子。

　　面对上述城市住房供给体系，流动人口的住房选择是本研究要探讨的问题。从表4-1可知，类型II和III主要是本地市民获取房屋的主要途径，IV和V是针对本地市民中贫困群体的具有福利性质的住房类型，VI和VII是在城市快速开发和传统遗留背景下针对本地居民的住房设计。显而易见，这6种类型住房都是基于城市居民设计的住房供给体制，流动人口鲜有机会获得上述类型的住房。结果只有I和VIII类型住房可供选择。可见，中国城市住房体制存在明显的二元性特征，一极是针对本地户籍人口的通过种种福利政策把各类型本地居民都包含进去的一揽子住房制度设计，另一极是针对被排斥在城市主流住房体制之外的流动人口群体。对于I类型住房，理论上流动人口可以购买，但高昂的房价对绝大多数流动人口而言只能望其心叹，且不论城市购房贷款对其的排斥性。于是，真正有效的住房供给只有VIII类型，租房及工地工棚等非正规方式成为流动人口主要的住房选择。具有讽刺意味的是，购房、租房这两种最市场化的方式恰好被最弱势的流动人口群体占据，从这里我们看到了户口在中国城市住房获取过程中产生的巨大差别。

本研究把流动人口住房类型分为集体宿舍、出租屋、工地或工棚、寄宿亲友家里、自购商品房和其它类型住房，其中集体宿舍多见于工厂和占地面积较大的企业；出租屋散见于各类型流动人口；工地、工棚多见于建筑工地；寄宿和自购房比例较少。调查结果显示，817位受访者中有529位住在出租屋，占总数的64.7%，其次是集体宿舍，占24.5%，工地或工棚、寄宿、自购和其它类型比例较小，分别是1.2%、4.0%、2.6%和2.9%。

对于住房类型选择的影响因素，相关分析发现流动人口工作单位性质、婚姻状况是影响流动人口住房选择的主要因素。选择住集体宿舍与"包住宿"的福利、婚姻状况和工作时间密切相关，住集体宿舍的流动人口中有93.5%的人享受单位提供的"包住宿"，62.3%的是未婚者，52.5%的工作时间在9小时以上。选择住出租屋与婚姻状况及所在单位性质有关，有70.4%的已婚流动人口选择住出租屋，82.8%的就业于私营企业。可见婚姻状况对于这两种住房选择起到重要作用。工地工棚的住房选择与职业有关，建筑行业尤为集中，自购商品房与流动人口自身收入水平有很大关系，高达89.7%的人月薪在3 000元以上。

一个相关问题是居住类型的更换问题。对此，很多流动人口表示更换过，这与流动人口职业变换频繁及个体状况变化有关。一位小伙子这样说：

"我最开始住工厂的免费宿舍，四人一间，两个上下铺，其中一人因为睡觉习惯不好，喜欢打鼾，我只好搬出去租了一个小房子，后来，因为谈了朋友，就换了一个现在这么大的房子"[①]。

关于住房类型在各区的分布情况，调查结果显示，天河的情况比较不同，该区流动人口选择集体宿舍的比例偏低（10.3%），选择出租屋的比例高达80.4%，这与天河作为广州高科技产业园区、广州商业中心、工厂

---

① 访谈A-7。

相对少有关。花都的特点是选择集体宿舍比例要高于出租屋的比例，前者是46.3%，后者是40.1%，由于地处远郊，花都有大量土地资源供应，工厂众多，集体宿舍比例相对高。至于工地、工棚类型，荔湾和天河相对较多，与这两个区的城市基础设施改造频繁有关。自购商品房的比例从高到低依次为花都、白云、荔湾和天河，这与地理位置不同而带来的级差地租有关。

2. 住房级别以中低层楼房为主

住房级别包括独立式住宅、高层楼房、中低层楼房、平房、自搭建房及其它等几类。调研发现57.8%的人住在中低层楼房，17.1%的人住高层楼房，15.1%的住平房，4.5%的住独立式住宅，1.7%的自搭建房，还有3.8%的人住其它类型住房。相关分析发现，流动人口的住房级别选择与流动人口的工作性质有较大关系，以独立式住房为例，有56.9%的此类型住房者的职业集中于管理人员和个体经营者，而住平房的受访者中有49.6%的人是从事体力劳动，自搭建这一住房级别中高达71.4%的人是体力劳动者。

从各区住房级别分布情况看，花都和荔湾比较特别。花都流动人口住平房的比例（23.8%）高于住高层楼房的比例（19.7%），荔湾流动人口住平房的比例更是高达30.2%，前者与花都区建筑整体容积率较小有关，后者与荔湾作为广州市老城区旧的平房相对较多有关。

3. 住房用途存在"商住兼用"现象

这是关于流动人口居住和工作空间共存与否的问题。在广州某些区域尤其是城中村里的店铺，很多老板为有效利用空间和尽量降低生活成本，通过增加简易扶梯的手段使本只有一层的房屋增至"两层"，其结果是，工作与居住空间出现并置性。对于流动人口而言，此举具有相当的理性，但城市管理部门出于消防等隐患的考量不允许这样做。

一次访谈过程中，一位学生模样的女顾客无意中看见了笔者问卷中的一个问题，即"您租房的用途：①居住和工作或其它功能；②仅居住或仅

工作功能",郑重的向我指出:

"你这个问题设计有问题,如果让城管人员发现会很麻烦的,因为他们明令禁止不准搞'房中房'"[①]。

笔者多次观察到,一些店铺白天经营小买卖,房屋的角落放着一张简易床,晚间打烊后就可把商品整理一下腾出地方放床,在狭小的空间里实现了功能的多样化。

具体到本次研究,被调查的817位中有18%的是"违规操作",即居住和工作空间的共存。相关分析发现,这种现象在城中村比较典型;职业构成上个体经营者占有较高比例(43.1%)。

对于各区的情况,"违规操作"的情况是白云、荔湾高于全市平均水平,花都和天河低于全市平均水平。究其原因,白云城中村分布较多,职业上以家庭作坊为主的加工较多,而荔湾区也有一些城中村,职业构成上个体经营者比重较大。花都区地处城市外围区,城中村分布较少,天河区作为广州新城区对于城中村管理力度较大,"违规比例"在4区中最小(9.3%)。

4. 居住方式以合住为主

为最大程度的降低生活成本,流动人口一般会选择适合自己经济状况的居住方式,合租以分摊不菲的租金是主要策略,其居住方式包括独住、2人合住、3人合住、4人合住和5人及以上合住。调研发现,独住比例为19.0%,2人合住比例为31.7%,3人合住比例是23.0%,4人合住比例是12.1%,5人及以上合住比例是14.2%。流动人口平均居住方式是3人合住,流动人口整体住房拥挤状况比较严重。相关分析发现,居住方式的选择与流动人口收入有较大关系,月收入超过2 000元的流动人口中5人及以上合住、4人合住、3人合住、2人合住和独住比例分别为2.5%、8.1%、10.1%、11.5%和25.2%,即月收入越高,独住能力越强。此外,居住方式与居住类

---

① 访谈A-4。

型有关,在4人及以下的合住组合中都是出租屋人数多于集体宿舍人数,但5人及以上的116人中选择集体宿舍的有56人,住出租屋的只有42人。从各区情况看,荔湾独住比例明显较低(10.9%),这与该区住房成本相对较高有关。

5. 居住面积狭小,满意度一般

(1)住房面积较小

住房面积是评判流动人口住房状况的重要因素。调研结果显示,流动人口人均面积$2m^2$以下的占6.5%, $2-5m^2$占28.2%, $5-10m^2$占39.2%, $10-20m^2$占17.6%, $20-50m^2$占7.7%, $50m^2$以上占0.9%。住房面积与流动人口居住方式负相关,相关系数为0.255(显著性水平Sig≤0.05)。另外,流动人口收入与住房面积正相关,系数为0.346(显著性水平Sig≤0.05),收入在500-1 500元的低收入群体中住房面积在$2m^2$以下的占86.8%,住房面积在$2-5m^2$的占86.1%,而收入在2 000元以上的群体中住房面积在$20-50m^2$的人占63.5%, $50m^2$以上的占85.7%。

从各区分布情况看,花都流动人口住房面积中人均面积为$2m^2$以下比例较高(13.6%),居各区之首,这与该区工厂较多、集体宿舍比重较大有关。

(2)住房面积满意度一般

对于住房面积满意度,调研结果显示流动人口对其非常不满意占3.1%,不太满意的占12.2%,满意度一般占52.6%,比较满意的占26.6%,非常满意的占5.5%。可见,对于住房大小,多数流动人口持一般态度。相关分析发现住房面积与满意度成正相关,相关系数为0.271(显著性水平Sig≤0.05)。但通过对住房面积分等的修正(6项变成5项)及其与对应住房面积满意度的对比分析,满意度比例普遍高于对应住房面积比例,也就是说,即使住房面积客观上很小,但对流动人口的主观感受无所谓,一位受访者这样说:

"虽然我们4个人住这不足20m²的房子，显得很狭窄，但我觉得无所谓，我每天早出晚归，每天只是在这里睡觉而已，房子大小就无所谓了"①。

这很大程度上反映了流动人口对住房面积认同感的特殊性，旁观者觉得房子很小，但在他们看来可能觉得还过得去甚至有地方落脚已经满足了。

此外，住房面积满意度与年龄有关，年轻人对于住房大小满意度低于成年人。交叉分析发现35岁以下的年轻人中78.4%的人对住房面积不满意，超过35岁的人中有高达82.9%的人对于住房大小表示满意态度或一般。

对于各区的情况，花都、荔湾有些特殊。花都流动人口对于住房面积不满意比例最低，"非常不满意"仅占0.7%，"不太满意"也只占8.2%。与之对比的是，荔湾区流动人口对住房面积不满意程度高得多，"不太满意"比例高达20.9%。这与两区住房供给水平的差异有关，荔湾区作为内城流动人口人均住房面积小于处于地处外围郊区的花都，不满意程度自然较高。

6. 集体宿舍消费较小，出租屋较大，满意度一般

（1）住房花销方面集体宿舍较小，出租屋较大

住房消费方面仅就集体宿舍和出租屋两种类型进行讨论。首先看集体宿舍类型。调查显示，由工厂或单位免费提供的占84.7%，住房支出不到100元的占8.9%，100-300元的占6.4%。可见，选择住集体宿舍的绝大部分流动人口不用掏住宿费，该费用往往从薪水中扣除。从各区情况看，天河由于工厂较少，选择集体宿舍的人口免费比例较低（55.1%），花都与此相反，调研结果是免费率是100%，这显然与实际不符，但极高的免费比例毋庸置疑。

再分析出租屋的花销情况。调查结果显示每月支出100元以下占5.6%，100-300元占37.6%，300-500元占40.8%，500-1000元占14.4%，1000元以上占0.6%。相关分析发现流动人口出租屋花销与收入、住房分

---

① 访谈A-24。

第四章 广州流动人口工作与居住空间

摊面积、文化程度和流动人口总花销成正相关,相关系数分别是0.395、0.270、0.173和0.091(显著性水平Sig≤0.05)。以收入为例进行分析,出租屋花销不足100元以下的人中有56.67%月收入不足1000元,出租屋花销在100-300元的人中,月收入在1000元以下的比例降至48.5%,出租屋花销在300-500元的人中只有26.7%月收入不足1000元。从各区情况看,白云和花都流动人口出租屋花销以100-300元主导,而天河和荔湾以300-500元主导。从花销各档次看,天河区流动人口100-300元比重较低(23.1%),300-500元比重高(48.7%),500-1 000元的高花销也占据较高比例(21.2%)。花都情况与之相反,低档次花销占据多数,100元以下比例占20.3%,100-300元占59.3%,300-500元和500-1 000元分别只占13.5%和6.9%,而花销超过1000元的比例为零。这与天河作为新城区整体住房供给紧张,而花都出租屋市场相对宽松的区情相吻合。

(2)集体宿舍住房花销满意度较高,出租屋一般

对于住房花销的满意程度,调查结果显示,非常不满意占2.1%,不太满意占15.5%,表示一般占60.5%,比较满意占19.4%,非常满意占2.5%。可见,多数流动人口对住房花销表示可以接受。显然,住房花销满意度与住房花销负相关,花销越大,满意度越低。此外,住房花销满意度与住房类型相关,住集体宿舍的流动人口满意度较高,住出租屋的流动人口满意度较低。同时,住房花销满意度与流动人口收入有关,收入越高,支付能力越大,住房花销占总收入比重越小,满意度相对较高。

从各区情况看,花都流动人口对住房花销满意度偏高,调查结果显示,该区非常不满意比例为零,表示一般和比较满意比例高达57.4%和26.7%,而荔湾流动人口对于住房花销满意度偏低,不太满意比例高达30.1%,比较满意比例也有13.8%,非常满意比例为零。可见,住房花销满意度与区位条件密切相关,外围郊区生活成本稍低,满意度较高,内城生活成本较高,对住房花销满意度较低。

7. 居住条件一般，满意度较好

（1）住房设施一般

衡量住房状况好坏的重要条件是对生活必需住房设施有无的考察。本研究以有无水、电、卫生间和厨房作为指标，调研发现水的拥有程度达到99.1%；电的拥有程度达到100.0%；卫生间拥有情况是没有占2.9%，共用占47.7%，单独使用占49.3%；厨房拥有情况没有占12.6%，共用占36.5%，单独使用占50.9%。可见，水、电的拥有程度最高。交叉分析发现卫生间和厨房的拥有情况与住房类型相关。对于卫生间而言，住集体宿舍的流动人口中没有卫生间占4.5%，共用卫生间占79.5%，单独使用卫生间占16.0%，住出租屋的流动人口中没有卫生间占2.6%，共用卫生间占36.6%，单独使用卫生间占60.6%。整体上看，出租屋的住房设施拥有情况比工厂要好些。对于厨房而言，住集体宿舍的流动人口中没有厨房占33.5%，共用厨房占51.5%，单独使用厨房占15.0%，住出租屋的流动人口中没有厨房占5.4%，共用厨房占30.4%，单独使用厨房占64.2%。整体上出租屋的厨房拥有率高于集体宿舍。对此，2位受访者这样描述：

"我们这个厂里没结婚的年轻人一般住集体宿舍，像我住三楼，每层楼的两边都有公用卫生间，厨房就没有，因为工厂有饭堂，很少自己做饭"[①]。

"这里有卫生间，不然上厕所不方便，厨房也有，我每天下班回来经过菜场都会买菜做饭，一来在外面吃太贵，便宜的又担心不卫生，二来自己做可以节约一点"[②]。

从各区情况看，天河流动人口共用卫生间比例较低（36.6%），单独使用比例较高（61.9%），对于厨房而言，没有厨房只占5.2%，共用厨房比例为30.4%，单独使用厨房比例是64.4%。花都情况与天河相反，卫生

---

① 访谈A-22。
② 访谈A-13。

间共用比例较大（63.9%），单独使用比例较低（32.0%），没有厨房的占19.0%，共用比例是49.0%，单独使用比例只有32.0%。这与两区住房类型的差异有关。

（2）住房设施满意度较好

从流动人口对住房设施的满意程度看，非常不满意比例是1.7%，不太满意占12.2%，表示一般比重是53.1%，比较满意占27.9%，非常满意占5.0%。可见，流动人口对住房设施的满意程度总体上比较满意。

从各区情况看，荔湾区有些特别，住房设施满意率很低，比较满意占17.1%，非常满意只占1.6%，不太满意比例占到19.4%。这一结果与该区流动人口设施拥有情况不太一致，花都住房设施情况较差，但最不满意的是荔湾，说明设施拥有与其满意度不总是匹配。可能的解释是，荔湾作为老城区，来自本省流动人口比例远高于其它区，"本地化"的自我认同意识强烈，对住房设施的满意程度相对较低。

（二）居住空间质量及影响因素

1. 居住状况的综合评价

为全面反映广州市流动人口居住状况的总体质量，在借鉴相关研究[1][144]基础上，结合广州市流动人口居住特征，我们构建了涉及流动人口住房的水、电、煤气供应、有无卫生间和厨房、住房用途即居住方式等8方面的住房评价指标体系，即居住质量指数HQI（Housing Quality Index）[2][144]，其计算公式为：

$$HQI=\sum_{i=1}^{8} X_i/19$$

其中，HQI是住房质量指数，X为单项指标的对应值，各指标和赋值情况见表4-6。

---

[1] 吴维平，王汉生.寄居大都市：京沪两地流动人口住房现状分析[J].社会学研究，2002，(3)：92-110.

[2] 吴维平，王汉生.寄居大都市：京沪两地流动人口住房现状分析[J].社会学研究，2002，(3)：92-110.

表4-6 居住质量指数的分指标赋值情况

Tab.4-6 Weight of sub-indexes of Housing Quality Index

分指标项	含义	赋值情况
X1	通电	0=没有，1=有
X2	通水	0=没有，1=有
X3	煤气	0=没有，1=有
X4	卫生间	0=没有，1=共用，2=单独使用
X5	厨房	0=没有，1=共用，2=单独使用
X6	住房用途	0=居住兼工作或它用，1=纯居住使用
X7	居住方式	1=4人以上合居，2=4人合住，3=3人合住，4=2人合住，5=独住
X8	住房面积	1=2m^{2}以下，2=2-5m^2，3=5-10m^2，4=10-20m^2，5=20-50m^2，6=50m^{2}以上

资料来源：通过问卷分析整理得出。

经计算，广州市及4个典型区的居住质量指数见表4-7。

表4-7 广州及各调查区居住质量指数

Tab.4-7 Housing Quality Indexes of Guangzhuo and surveyed subarea

区域	广州	白云	天河	花都	荔湾
HQI	0.66	0.68	0.69	0.62	0.63

资料来源：通过问卷整理计算得出。

可以看出，从住房供给程度看，新城区天河流动人口住房状况总体占优，近郊区白云其次，老城区荔湾再次，远郊区花都住房状况最差。

2. 居住状况的影响因素

为分析广州流动人口居住质量的影响因素，在借鉴相关研究[144]基础上，在此列举住房类型等客观因素、流动人口社会经济属性等主观因素及户籍制等制度性要素。为分析之便，对其中部分因素进行赋值，各要素及其赋值情况见表4-8。对于住房类型和单位性质，按问卷反映的统计数据进行计算。

表4-8 部分指标的赋值情况

Tab.4-8 Weight of some indexes which influence Housing Quality Indexes

部分要素	赋值情况
年龄	1=0-16岁，2=17-25岁，3=26-35岁，4=36-45岁，5=46-55岁，6=55岁以上
性别	1=男，0=女
户口	1=城镇户籍，0=农村户籍
受教育程度	1=不识字或很少识字，2=小学，3=初中，4=高中，5=中专/中技/职高，6=大专/大本，7=研究生及以上
婚姻状况	1=已婚，0=未婚

第四章 广州流动人口工作与居住空间

（续上表）

部分要素	赋值情况
在广州的年限	1=1个月以下，2=1个月–1年，3=1–3年，4=3年以上
月均收入	1=500元以下，2=500–1000元，3=1 000–1 500元，4=1 500–2 000元，5=2 000–3 000元，6=3 000–4 000元，7=4000元以上

资料来源：根据问卷分析得出。

将上述各因素作为自变量，将各区流动人口居住质量指数作为因变量，运用SPSS软件进行多元回归分析，结果见表4–9。

表4–9 居住状况的影响因素
Tab.4–9 Influencing factors of Housing Quality Indexes

区域 影响因素	广州	白云	天河	花都	荔湾
住房状况					
居住质量指数	0.66	0.68	0.69	0.62	0.63
住房类型					
集体宿舍	0.24	0.23	0.10	0.46	020
出租屋	0.64	0.66	0.80	0.40	0.71
工地工棚	0.01	0.01	0.02	0.01	0.02
寄宿亲友家中	0.04	0.03	0.05	0.04	0.02
自购商品房	0.02	0.03	0.01	0.05	0.01
其它类型住房	0.03	0.04	0.02	0.04	0.04
社会经济因素					
年龄	2.83	2.74	2.71	2.87	3.25
性别	0.57	0.60	0.56	0.56	0.48
受教育程度	3.95	3.89	4.38	3.88	3.45
婚姻状况	0.45	0.42	0.38	0.58	0.53
居住年限	2.89	2.93	2.90	2.75	2.96
月均收入	3.08	3.08	3.19	3.10	2.84
制度性因素					
户口性质	0.29	0.28	0.38	0.25	0.23
单位性质					
国有企业	0.05	0.05	0.07	0.02	0.02
集体企业	0.05	0.06	0.07	0.01	0.06
外资企业	0.08	0.06	0.08	0.18	0.02
私营企业	0.82	0.83	0.78	0.79	0.90

资料来源：根据问卷分整理计算得出。

从住房类型看，出租屋和集体宿舍对居住质量指数影响最大，尤其是出租屋，在天河区、白云区表现得最为明显，集体宿舍对居住质量指数的影响在远郊区花都表现明显，而工地工棚、自购商品房等影响很小。

流动人口自身社会经济情况对居住质量指数产生影响。其中年龄、受教育程度、居住年限和收入情况对居住质量指数影响尤其突出。年龄越大、受教育程度越高、男性流动人口、未婚流动人口、长期在广州工作、收入越高，这些情况的人对居住状况越满意。

从制度性因素看，户口性质对流动人口居住质量指数影响较大，持农村户籍流动人口对自身居住状况更为满意，持城镇户口流动人口对居住质量普遍不满意。此外，从流动人口工作单位的属性看，就业于私营企业的流动人口对居住条件满意程度远高于在国有企业、集体企业和外资企业的就业人口，这一方面反映了私营企业就业者对居住状况要求较低，另一方面与本研究问卷统计有关，因为多数流动人口就业于私营企业，大量样本积累造成这一现象。

三、流动人口通勤空间

流动人口通勤空间是流动人口在工作和居住地之间发生周期性位移时所产生的空间。在借鉴相关研究[①][249-250]基础上，本研究对流动人口工作与居住的空间关系、出行目的、出行频次、出行时间和出行交通方式等方面进行重点探讨。

（一）通勤距离较短

这一问题的研究旨在探讨流动人口通勤及其它活动的空间范围。调查

---

① 刘玉亭.转型期中国城市贫困的社会空间[M].北京：科学出版社，2005. 柴彦威，刘志林，李峥嵘等.中国城市的时空间结构[M].北京：北京大学出版社，2002。

第四章 广州流动人口工作与居住空间

结果显示,流动人口的工作地和居住地位于同一街道占51.2%,同一城区占38.8%,不同城区占10.0%。可见,多数流动人口活动空间局限在同一街道内。访谈发现,对于一些住工厂集体宿舍的流动人口而言,基本上什么活动都可在工厂内部完成,而工作和居住在同一城区的人很多是晚上住城中村,白天出去上班。

笔者在调研过程中发现很多人就近工作地寻找居住地("以工定居"),此举可最大程度减少通勤时间和通勤费用,从而间接增加潜在的休息和娱乐时间,有助于提高流动人口整体的生活质量。

从各区情况看,天河区流动人口在不同城区工作和居住比重较大,为12.4%,尤其在白云和天河区之间比较多见,白云区出租屋及流动人口管理办公室的一位领导告诉我:

"很多流动人口住在白云区,但在天河区工作,因为那边房租贵,他们在天河纳税,但一旦出问题又在我们区,所以我们区流动人口管理工作很难"[①]。

调查还发现荔湾区流动人口在同一街道工作和居住的比例较大(56.6%),花都区流动人口在不同城区工作和居住的比例很小(4.8%),这与流动人口就业特征的区际差异有关,前者个体经营者比重较大,后者就业于工厂的较多。

(二)出行目的以上班为主

关于流动人口的出行目的,调查显示上班比例是56.8%,购物占15.3%,访友占4.2%,休闲娱乐占6.9%,其它目的占16.9%。笔者在访谈过程中发现,由于有相当一部分流动人口(尤其是在工厂上班的人)把出行理解为"走出厂门"的外出活动,因而购物、访友、其它等活动比例增加,上班比例相对减少。尽管如此,上班还是流动人口出行最主要的活动。

---

① 访谈B-2。

从各区情况看，天河区流动人口出行目的中上班比例更高，达到63.9%；花都区流动人口出行活动中的上班比例仅为46.3%，购物比例达到22.4%，这与两区流动人口就业特点相关，天河区流动人口居住地与工作地分离的情况较多，花都区由于工厂较多，流动人口居住地与工作地重叠或相邻较多。

（三）出行频率较低

出行频次是对通勤行为考察另一重要指标。在借鉴相关研究[251]基础上，对出行概念的界定是单程超过500米的距离。调查结果显示，流动人口日出行次数是0次占13.3%，1次占31.3%，2次占35.5%，3次及以上占19.8%。平均出行次数介于1–2次之间，很多流动人口表示每天就是工作、吃饭、睡觉等基本活动，在工厂上班的流动人口更是枯燥，几乎什么活动都可在工厂内部完成，只有假期或晚上出去玩玩，由于出行频次极为有限，对广州的了解程度也很有限。正如一位开药店的老乡这样讲：

"我基本上一天24小时在小店里，除早晨去菜场买菜外。你说的广州的一些地方我统统都不知道"[①]。

他说的菜场只有不到5分钟的步行路程，后者笔者还打听到，老乡自过年后坐火车来广州，然后乘公共汽车来康乐村，此后竟然再也没有出过村，进货都是其它老乡送货上门。也就是说，他的生活圈子基本上只有方圆10分钟的范围，娱乐、逛街、购物等都与他无关。

关于出行频次的影响因素，交叉分析发现出行频次与性别、年龄和工作性质有关，出行次数是1次、2次和3次及以上的流动人口中，男性比例分别占60.5%、56.5%和64.2%。可见，男性流动人口出行频次高于女性。就年龄而言，总体上随着年龄的增加，出行次数趋于下降。以日出行次数为2次为例，17–25、26–35和36–45岁的流动人口比例分别是37.0%、36.4%和29.2%，丰富多彩的都市生活对年轻人更有吸引力。对于工作性质而言，

---

① 访谈A-1。

分析发现多数工人、文员、个体经营者日均出行次数是1次,而多数从事商业、服务业、管理、工程技术等工作的流动人口日均出行次数是2次。

(四)出行时间较短

对于流动人口每次出行的时间长短,调查结果显示,流动人口每天出行时间小于0.5小时的占28.4%,介于0.5-1小时占42.2%,1-2小时占26.1%,2-3小时占2.7%,3小时以上占0.6%。可见,流动人口出行时间以0.5-1小时居多,大致在街道范围附近,这与前述关于流动人口工作地和居住地的地缘关系的分析结果相一致。交叉分析发现在同一街道工作和居住的人中出行时间不足1小时的比重是74.8%,在同一城区工作和居住的人中49.2%的出行时间介于0.5-1,在不同城区工作和居住的人中43.9%的出行时间介于1-2小时。

从各区情况看,花都流动人口出行时间不足0.5小时和介于0.5-1小时的比重分别高达32.0%和44.9%,介于1-2小时的人数比重只有20.4%。这与该区流动人口职业特征有关,选择接近居住地附近就业的比重高于其它区。

(五)出行方式以步行为主

出行乘坐的交通工具是考察流动人口通勤行为的重要指标。在借鉴相关研究[251]基础上,本研究设定了步行、自行车、公共汽车、地铁、出租车、自驾车和其它等7种交通方式。调查结果表明,流动人口出行过程中步行比例是50.6%,居首位,其次是公共汽车,占25.2%,再次是自行车,占17.7%,地铁、出租车、自驾车及其它方式分别占2.2%、0.7%、1.7%和1.8%。可见,步行是流动人口最普遍的出行方式,这与流动人口工作地和居住地在同一街道居多的情况相吻合。交叉分析发现工作和居住在同一街道的流动人口中步行出行比例高达62.4%,工作和居住在同一城区的流动人口中自行车和公共汽车的比例占54.2%,而工作和居住在不同城区的流动人口中公共汽车比例升至46.3%,步行比例下降,而地铁、出租

---

① 胡华颖.城市·空间·发展[M].广州:中山大学出版社,1993。

车等方式上升。

从各区情况看，天河流动人口出行交通方式中步行比例只占44.8%，公共汽车比例较高（34.0%），这与该区流动人口居住和工作的地缘关系密切相关，一些流动人口在天河工作，但在白云区居住，乘坐公共汽车是主要的交通方式。花都流动人口出行方式中以步行和自行车为主，分别占54.4%和24.5%，公共汽车的比例较低（14.3%），这与花都流动人口就业特征有关，很多流动人口是在工厂上班，工作和居住在同一街道的比例高于其它区。

四、本章小结

通过对广州市典型流动人口集聚区的问卷调查和访谈，本章对流动人口工作、居住和通勤空间进行了研究。

本章首先对流动人口工作空间特征进行研究，发现流动人口工作空间是流动人口行为空间中最重要的部分；工作获取途径高度依赖于原有社会资本；流动人口职业特征表现为来穗前以农民和学生群体主导，来穗后职业以制造、建筑及服务业为主；且工作变动频繁、单位以私企主导、工作合同率很低、整体收入偏低、工作时间长。

其次，本章对广州市流动人口居住空间特点及空间差异进行分析，发现在城市二元住房结构体制背景下，流动人口居住类型高度市场化，以出租屋和集体宿舍为主；住房级别以中低层楼房为主；住房用途存在"商住兼用"现象；居住方式以合住为主；居住面积狭小、居住花销因类型而异、居住条件一般，对居住状况的满意度一般。各居住特征在空间上存在一定差异。通过构建居住质量指数对广州市及各调查区居住状况进行综合评价，发现新城区住房状况总体占优，近郊区其次，老城区再次，远郊区住房状况最

第四章 广州流动人口工作与居住空间

差。出租屋和集体宿舍等居住类型、流动人口个体的社会经济属性、流动人口户口属性等制度性因素是影响流动人口居住质量的主要方面。

最后，本研究对流动人口通勤空间进行研究，发现多数流动人口通勤距离较短，工作地和居住地较为接近；流动人口出行目的以上班为主；出行频率较低、时间较短；出行方式以步行为主。

第五章
广州流动人口购物及休闲娱乐空间

第4章探讨了流动人口工作空间、居住空间和通勤空间等处于主导性地位的空间，它们是流动人口的基本生存需求的空间形态。此外，流动人口日常行为活动还包括一些非基本生存需求的活动，如购物、休闲、交往、学习等，这些活动也产生了相应的空间形态。依据流动人口行为活动的重要性，本章重点对流动人口购物空间和休闲娱乐空间两类空间进行重点分析。

一、流动人口购物空间

对于流动人口购物空间的研究,在借鉴相关研究[251]基础上,本研究重点考察流动人口的购物地点、购物场所和购物考虑的主要因素。

(一)购物地点邻近居住地

购物地点是对购物区位宏观层面的考量。调查结果显示,相对于流动人口住所而言,购物地点与住所在同一街道比例是49.4%,同一城区占43.8%,不同城区的占6.7%。可见,流动人口购物区位以与居住地位于同一街道和同一城区为主。一位受访者表示:

"我平时买点肥皂、洗衣粉、吃的、衣服都在村里,不需要出去,我们一个老乡在这里开了一个杂货店,小东西什么都有,而且这里的东西比外面便宜,因为是老乡关系,我买东西还可以赊账"①。

可见,对于部分生活在城中村的流动人口,购物限于买一些基本生活品,购物场所就在住所附近,这样做也有其合理性成分,至少可减少因远距离(跨区)购物所需的交通成本,哪怕是大件商品,在同一城区大型的购物中心也可以满足购物需求。至于在不同城区的购物情形,一位年轻的女士表示:

"工厂放假的时候我喜欢约工友或老乡一起去上下九逛,因为那里东西样式多,价格也不贵,何况我们女孩子本来就很喜欢逛街,哪怕是不买东西"②。

可见,部分年轻人购物本身不是目的,逛街放松心情才是目的,感受

---

① 访谈A-3。
② 访谈A-6。

第五章 广州流动人口购物及休闲娱乐空间

和体验现代都市给他（她）们带来的刺激和新奇才是目的。笔者认为，正是这些购物、逛街等与城市的亲密接触和交往行为是流动人口精神城市化的重要途径。

从各区情况看，白云区流动人口在购物过程中选择与居住地在同一街道的比例较大（58.8%），该区流动人口很多在工厂就业，城中村也较多，就近购物比较方便。天河的情况不一样，在同一街道购物比例锐减（37.6%），在同一城区购物比例骤增（55.7%），这与天河作为广州的商业中心有关，与区内有天河路、天河北等商业街和正佳、天河城等购物中心有关。花都区流动人口选择在同一城区购物比例较大（55.8%），与花都除中心街道（新华）外其它街道整体经济实力稍弱有关，一些人表示选择在周末或假期去新华街购物消遣。

（二）购物场所等级较低

购物场所是对购物区位微观层面的考量。本研究列举了地摊、街边零售店、低档次批发市场、超市、专卖店或高档购物中心等5种类型。调查结果表明，流动人口购物场所中地摊占6.7%，街边零售店占20.9%，低档次批发市场占11.0%，超市占57.2%，专卖店或高档购物中心占4.2%。可见，超市因价格低廉而倍受亲睐，其次是街边零售店（尤其在城中村里），批发市场和地摊比例较小，专卖店或高档购物中心比例更小。由于不同购物场所的商品价格上的差异，购物场所与流动人口收入有一定关系。交叉分析发现选择地摊购物的流动人口中月收入在500-1 000元的人占50.9%，选择街边零售店的流动人口中月收入在500-1 000元的人占44.4%，选择专卖店或高档购物中心的流动人口中月收入在4 000元以上的人占35.3%。基本上购物场所的档次与流动人口收入成正相关。

从各区情况看，荔湾流动人口购物时选择地摊和街边零售店的比例稍高，分别是10.1%和27.9%，这与该区流动人口月收入较低的事实相吻合。总体上看，由于经济条件的限制，流动人口购物场所趋向于低档化，光顾高级购物场所的机会很少。很多城中村里面，一到晚上，街边摆满了地摊，因价格便宜光顾者络绎不绝。但经常会受到城管人员的处罚，摊主不得不频繁变换地方。

（三）购物时主要考量价格与质量

除空间概念外，本研究还对流动人口购物时所考虑的主要因素进行研究。调查结果表明考虑外观占9.2%，考虑价格占43.6%，考虑质量占39.4%，考虑品牌、售后服务比例分别占5.9%和2.0%。可见，价格与质量是流动人口购物时首要考虑的因素。由于多数流动人口经济条件的限制，实用廉价成为流动人口购物的基本准则。关于购物考虑因素的影响因子，交叉分析发现流动人口每月收入与购物考虑因素有关，收入越高，对价格的考虑比例降低，而对质量、品牌等因素的考虑比例增大。以价格为例，月收入为500元以下、500-1 000元、1 000-1 500元、1 500-2 000元、2 000-3 000元、3 000-4 000元、4 000元以上的流动人口的比例分别为50.0%、49.4%、46.8%、36.7%、30.7%、21.0%和11.1%，以品牌为例，月收入为500元以下、500-1 000元、1 000-1 500元、1 500-2 000元、2 000-3 000元、3 000-4 000元、4 000元以上的流动人口的比例分别为0%、1.4%、3.0%、8.5%、19.2%、34.8%和44.4%。此外，文化程度越高，购物时注重考虑质量、品牌和售后服务的比例越大。以质量为例，文化程度为初中、高中、中专/中技/职高的流动人口分别占39.0%、41.2%和43.4%，再以品牌为例，文化程度为初中、高中、大专/大本的流动人口分别占3.6%、4.4%和16.5%。

从各区情况看，荔湾区流动人口更多的考虑价格因素，比例占52.7%，考虑品牌因素较之其他区少，仅为2.3%，这可能与该区流动人口平均收入较低有关。

（四）购物空间形成机制

本研究从发生学的视角，将广州市流动人口购物空间的发生与发展过程概括为图5-1。

第五章 广州流动人口购物及休闲娱乐空间

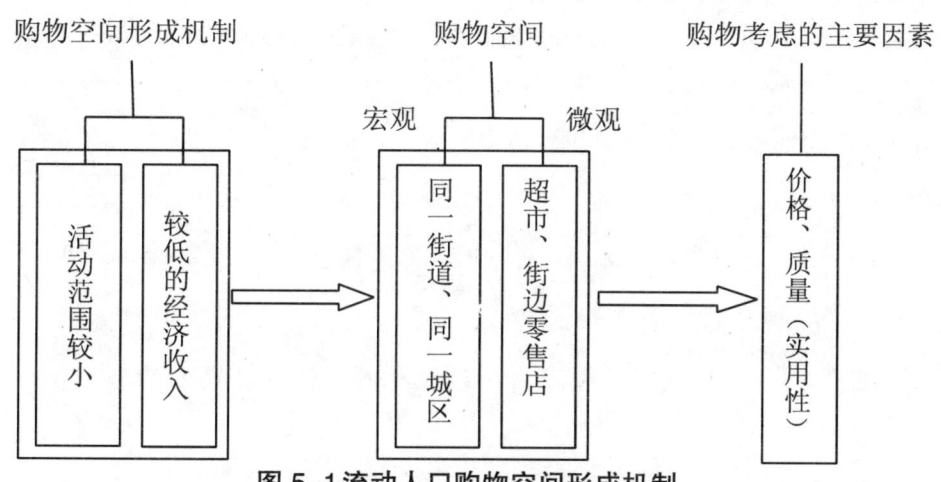

图 5-1 流动人口购物空间形成机制

Fig.5-1 Mechanism of shopping space of floating population

流动人口购物空间总体上呈现中低档化特征，表现为购物区位与住所在同一街道、同一城区，购物场所以超市、街边零售店主导，购物过程中所主要考虑的因素集中在价格和实用性两个方面，形成这种购物空间的原因主要在于广州流动人口总体较低的经济收入。

二、流动人口休闲娱乐空间

流动人口行为活动除通勤、工作和购物行为外，休闲及娱乐也是重要的内容，本研究主要涉及两个问题：①是流动人口在日常空闲时间主要从事哪些活动；②流动人口休闲活动的区位选择。

（一）休闲娱乐活动特征及影响因素

在对相关研究借鉴①[250]和笔者对流动人口的试调查分析基础上，本研究设计了包括睡觉、看电视或听广播、逛街、与朋友聚会聊天、玩扑克或打麻将、上网、读书或看报、进行体育活动、上歌舞厅、看电影录像、

---

① 柴彦威，刘志林，李峥嵘等.中国城市的时空间结构[M].北京：北京大学出版社，2002.

旅游等11项活动。笔者在试调查期间本来没有设置"睡觉"这一项（好像不是正常人眼中的休闲活动），但在访谈过程中发现很多受访者每天工作超过15个小时，主要活动除工作外就是吃饭，休闲活动极少，由于长时间处于紧张的工作状态，身体经常处于超负荷状态，睡觉成为他们空闲时间最大的愿望。从这个意义上讲，或许睡觉成为他们重要的休闲活动之一。

1. 休闲娱乐活动总体特征

对有效样本进行分析得出广州市流动人口休闲活动的参与率（表5-1）。

表5-1 流动人口休闲活动参与率
Tab.5-1 Participant ratio of recreational activities for floating population

休闲娱乐活动	睡觉	看电视或听广播	逛街	与朋友聚会聊天	玩扑克或打麻将	上网
参与率（%）	57.2	59.6	29.1	33.3	18.5	31.0
休闲娱乐活动	读书或看报	体育活动	上歌舞厅	看电影、录像	旅游	
参与率（%）	25.9	11.3	6.4	9.4	5.1	

资料来源：根据问卷统计得出。

从消费的视角将上述休闲娱乐活动进行聚类分析，大致分3类（表5-2）。

表 5-2 流动人口休闲活动的分类
Tab.5-2 Classification of recreational activities of floating population

类型代码	活动类型	活动内容
I	无偿消费型	睡觉、看电视或听广播、与朋友聚会聊天
II	有偿消费型	逛街、玩扑克或打麻将、上网
III	文化消费型	上歌舞厅、看电影录像、读书或看报、进行体育活动、旅游

各类型流动人口休闲娱乐活动的参与率及特点大致如下。

对于类型I，从事3种活动的流动人口比例最高，从最低的33.3%（与朋友聚会聊天）到最高的59.6%（看电视或听广播），属于第一档次。共同点是不需要额外的经济支出，或仅需很少的经济支出。

第五章 广州流动人口购物及休闲娱乐空间

对于类型Ⅱ，从事该类活动的流动人口比例居中，从最低的18.5%（玩扑克或打麻将）到31.0%（上网），属于第二档次。共同点是需要支出一定费用。

对于类型Ⅲ，从事该类型活动的流动人口比例普遍较低。从最低的5.1%（旅游）到25.9%（读书或看报），属于第三档次。共同点在于活动本身可增长知识与见识，如读书看报、旅游，或有利于身心健康，如从事体育活动，或是一些高雅活动，如上歌舞厅、看电影等。

总体上看，流动人口休闲娱乐活动呈现出低价格、低文化含量的特征。

2. 休闲娱乐活动影响因素及空间差异

本研究对流动人口休闲娱乐活动进行总体考察后，再对各类型休闲娱乐活动的影响因素及空间差异进行重点分析。

（1）睡觉

鉴于本研究的因变量是二元逻辑变量（即0=不选择睡觉、1=选择睡觉），选择"睡觉"（Sl）作为因变量，选取流动人口年龄（ag）、性别（se）、工作时间（jt）、每月休息时间（rt）等作为协变量，使用向后逐步剔除选择法进行逻辑斯蒂回归进行分析（回归分析过程与结果见附录Ⅲ）[①]。

回归结果表明，睡觉这一休闲活动的选择与年龄成强相关，与工作时间次相关。随着流动人口年龄的增长，选择睡觉作为休闲活动的比例越小，中年人较之于年轻人承担更大的家庭责任，选择睡觉的比例较少。工作时间越长，身体负荷越大，休息的需求也越大，选择睡觉的比例就越大。一位在制衣厂上班的受访者告诉我：

"我休息的时候主要是睡觉，我每天早晨7点就要起床，上午8点开始干活到12点，中午只有1个小时的吃饭时间，下午从1点干到6点，吃完晚

---

① 回归分析过程中进入方程的影响因子以其显著性水平≤5%为标准，本研究其它逻辑回归分析、相关分析均以此为依据。

饭后又要从7点到10点，还经常加班到12点，遇上老板催得紧还要赶工到凌晨4点，所以，我偶尔有空的时候哪里也不去，就是睡觉"[①]。

从各区情况看，白云流动人口选择睡觉作为休闲活动比例稍高，达到61.2%，该区工厂众多，流动人口工作时间普遍较长，身体压力较大。天河区与之相反，选择睡觉作为休闲活动的比例只有53.6%，这一方面与天河地处广州商业的繁荣地带，相对其它区有更多的休闲选择有关，另一方面与该区流动人口相对正规的职业构成有关。

（2）看电视或听广播

与广州整体流动人口类似，各区流动人口选择电视或听广播作为休闲活动的比例在60.0%左右。笔者调研过程中发现电视在城中村里最普及，自进入广州城中村的那一刻，电视的声音就不绝于耳。理发店、饭店、餐厅、商店等几乎都有电视，一些位于城中村的作坊型加工厂门口摆放着一台电视，很多人在没事的时候靠看电视来打发时间（图5-2）。有时还能见到很多流动人口在一家商店门口看电视的情景（图5-3）。

资料来源：笔者摄于海珠区康乐村，2010-3-25.

图5-2 看电视（Ⅰ）
Fig.5-2 Watching TV（Ⅰ）

图5-3 看电视（Ⅱ）
Fig.5-3 Watching TV（Ⅱ）

[①] 访谈A-2。

第五章 广州流动人口购物及休闲娱乐空间

(3) 逛街

运用逻辑斯蒂回归模型,以"逛街"(Sh)作为二元因变量(即0=不选择逛街、1=选择逛街),选取性别(se)、年龄(ag)、婚姻状况(ma)、受教育程度(ed)、收入(in)等作为协变量,使用向后逐步剔除选择法运用逻辑斯蒂回归进行分析(回归分析过程与结果见附录Ⅲ)。

回归结果表明,逛街这一休闲活动的选择与流动人口的性别和年龄成强相关,与收入次相关。相比而言,女性、年轻的和收入相对高的流动人口更热衷于逛街。很多女性流动人口喜欢以逛街的方式打发空闲时间,哪怕是只逛不买,年轻人比起中年人更喜欢和朋友一起逛街,对于那些购买能力强的流动人口,逛街的次数一般比经济窘迫者更频繁。

从各区情况看,花都流动人口选择逛街的比例比其它区高,达到41.5%,这与花都区流动人口中女性较多不无关系。荔湾区流动人口选择逛街作为休闲活动的比例很低(17.1%),这可能与该区流动人口收入较低有关。

(4) 与朋友聚会聊天

运用逻辑斯蒂回归模型,以"与朋友聚会聊天"(Ch)作为二元因变量(即0=不选择与朋友聚会聊天、1=选择与朋友聚会聊天),选取性别(se)、年龄(ag)、婚姻状况(ma)、受教育程度(ed)、户籍来源地(pr)、户口(hk)、在穗滞留时间(st)等作为协变量,使用向后逐步剔除选择法运用逻辑斯蒂回归进行分析(回归分析过程与结果见附录Ⅲ)。

回归结果表明,与朋友聚会聊天这一休闲活动的选择与年龄、受教育程度相关。相比而言,年轻人在空闲时间更喜欢和朋友一起玩耍,而受教育程度越高的人比较重视朋友间的信息交流,热衷于朋友聚会等活动。

从各区情况看,花都区流动人口选择这种方式的比例较高,达到42.9%,这可能与该地区流动人口户籍来源比较集中,有41.5%的人来自湖南和广西两省,访谈过程中笔者发现很多老板喜欢招聘与自己同籍的员工,这样同乡在一定地域上形成扎堆,相互间聊天的机会自然较多。

(5)玩扑克或打麻将

运用逻辑斯蒂回归模型,以"玩扑克或打麻将"(Mj)作为二元因变量(即0=不选择玩扑克或打麻将、1=选择玩扑克或打麻将),选取性别(se)、年龄(ag)、婚姻状况(ma)、受教育程度(ed)、收入(in)等作为协变量,使用向后逐步剔除选择法运用逻辑斯蒂回归进行分析(回归分析过程与结果见附录Ⅲ)。

回归结果表明,玩扑克或打麻将这一休闲活动的选择与流动人口性别强相关,与婚姻状况次相关。较之于女性更热衷于逛街,男性更喜欢玩扑克或打麻将打发时间,此外,相对于未婚年轻人喜欢玩电脑游戏等刺激热闹的活动,已婚者更喜欢玩扑克或打麻将这种安静的休闲活动。

从各区情况看,荔湾区流动人口选择这一活动人数的比例稍高于全市平均水平(24.0%),这与该区流动人口职业构成有很大关系,由于很多人开小卖店,时间上比较灵活,有更多的时间玩扑克或打麻将。

(6)上网

运用逻辑斯蒂回归模型,以"上网"(Su)作为二元因变量(即0=不选择上网、1=选择上网),选取性别(se)、年龄(ag)、婚姻状况(ma)、受教育程度(ed)、收入(in)等作为协变量,使用向后逐步剔除选择法运用逻辑斯蒂回归进行分析(回归分析过程与结果见附录Ⅲ)。

回归结果表明,上网这一休闲活动的选择与流动人口的年龄和受教育程度强相关,与婚姻状况次相关。流动人口中的年轻群体更热衷于这种活动,玩游戏、看电影、听音乐、聊天等是他们的主要网络活动内容。笔者在2008年春节期间和一个老家(湖北黄冈)的朋友聊天,他说过年在家里呆不惯,每天除了看电视都不知道干什么好,别人打麻将、走亲戚,他又不喜欢这些,因为习惯了在城里每天上网的日子,他还肯定的告诉我以后能不回家过年就不回来。当然,上网一族未婚者居多,一些已婚者由于家

第五章 广州流动人口购物及休闲娱乐空间

庭负担等原因很少有时间上网。此外，流动人口文化水平越高，上网的频率也越高，一般而言，高中及以上文化水平的流动人口都喜欢并习惯上网。

从各区情况看，荔湾区流动人口选择上网作为休闲活动的比较很低，只有11.6%，这可能与该区流动人口年龄偏大有关。

（7）读书或看报

运用逻辑斯蒂回归模型，以"读书或看报"（Re）作为二元因变量（即0=不选择读书或看报、1=选择读书或看报），选取性别（se）、年龄（ag）、婚姻状况（ma）、受教育程度（ed）、收入（in）、单位（dw）、户口（hk）等作为协变量，使用向后逐步剔除选择法运用逻辑斯蒂回归进行分析（回归分析过程与结果见附录Ⅲ）。

回归结果表明，读书或看报这一休闲活动的选择与婚姻状况和收入强相关，与流动人口受教育程度次相关。流动人口中的未婚群体有些是刚踏出校门，读书看报是学生时代学习习惯的一种延续，已婚者大都忙于工作和家务，少有时间读书看报。对于此类型文化活动，文化程度越高，对书报的接触越多。此外，收入越高，对于信息搜集的意识越强烈，读书看报的比例也相对较多。

从各区情况看，花都区流动人口选择此类活动的人较多，这与该区有更多的年轻群体有关。荔湾则相反，只有17.8%的人选择此类活动，这与该区流动人口整体收入较低、受教育程度偏低有关。

（8）进行体育活动

运用逻辑斯蒂回归模型，以"体育活动"（Sp）作为二元因变量（即0=不选择体育活动、1=选择体育活动），选取性别（se）、年龄（ag）、婚姻状况（ma）、受教育程度（ed）、收入（in）、户籍地等级（ho）、户口（hk）、在穗滞留时间（st）等作为协变量，使用向后逐步剔除选择法运用逻辑斯蒂回归进行分析（回归分析过程与结果见附录Ⅲ）。

回归结果表明,体育活动这一休闲活动的选择与流动人口婚姻状况和收入强相关,与其性别和户籍地等级次相关。男性较之女性更喜欢运动,后者更喜欢逛街等非剧烈型活动。相比而言,未婚群体有更多的时间进行运动。收入越高的人更注重健身,运动在一些时候成为一种高雅而相对昂贵的活动,尤其是室内运动往往需要支付数额不菲的费用。此外,从省城、地级市等体育设施相对完善的地方来的流动人口,因为之前接触过一些运动项目,来穗后继续保持运动习惯的人不少,而多数来自农村的人很少涉足篮球、羽毛球、足球等运动。

从各区情况看,荔湾区流动人口选择运动的比例相对较少,这可能与该区土地面积较少致使公共运动场地布局较少、流动人口整体年龄结构偏大有关。

(9) 上歌舞厅

运用逻辑斯蒂回归模型,以"上歌舞厅"(Da)作为二元因变量(即0=不选择上歌舞厅、1=选择上歌舞厅),选取性别(se)、年龄(ag)、婚姻状况(ma)、受教育程度(ed)、收入(in)、户籍地等级(ho)、户口(hk)、在穗滞留时间(st)等作为协变量,使用向后逐步剔除选择法运用逻辑斯蒂回归进行分析(回归分析过程与结果见附录Ⅲ)。

回归结果表明,上歌舞厅这一休闲活动的选择与收入强相关,与流动人口的年龄次相关。相比而言,年轻人更喜欢去歌舞厅放松心情,同时,歌舞厅作为高消费的场所,经济状况较好的人才可以支付得起。

从各区情况看,天河区流动人口选择上歌舞厅作为休闲活动的比例稍高,达到8.2%,这与天河作为广州商业中心区区内休闲服务业相对发达、流动人口收入较高有关。荔湾因位处老城区,流动人口收入较低,选择上歌舞厅的比例较低(4.7%)。

(10) 看电影、录像

运用逻辑斯蒂回归模型,以"看电影录像"(Ci)作为二元因变量

第五章　广州流动人口购物及休闲娱乐空间

（即0=不选择看电影录像、1=选择看电影录像），选取性别（se）、年龄（ag）、婚姻状况（ma）、受教育程度（ed）、收入（in）、户籍地等级（ho）、户口（hk）、在穗滞留时间（st）等作为协变量，使用向后逐步剔除选择法运用逻辑斯蒂回归进行分析（回归分析过程与结果见附录Ⅲ）。

回归结果表明，看电影录像这一休闲活动的选择与年龄和收入相关。与中年人相比，年轻人更喜欢看电影或录像打发时间，这类场所尤其受年轻情侣亲睐。同时，电影院高昂的门票不是一般人所愿意支付，只有经济状况较好的人才经常光顾。

从各区情况看，天河区流动人口选择看电影录像的比例稍高，达到11.3%，这与该区作为广州娱乐中心地带、流动人口收入较高有关。

（11）旅游

运用逻辑斯蒂回归模型，以"旅游"（To）作为二元因变量（即0=不选择旅游、1=选择旅游），选取性别（se）、年龄（ag）、婚姻状况（ma）、受教育程度（ed）、收入（in）、户籍地等级（ho）、户口（hk）、在穗滞留时间（st）等作为协变量，使用向后逐步剔除选择法运用逻辑斯蒂回归进行分析（回归分析过程与结果见附录Ⅲ）。

回归结果表明，旅游这一休闲活动和流动人口收入强相关，与性别、婚姻状况和受教育程度次相关。相对于男性而言，女性更喜欢成群结伴的外出旅游，年轻的未婚人士外出游玩的机率比已婚者大，受教育程度越高，通过旅游这一活动达到放松心情的比例越大。同时，部分旅游活动也是需要支付相当的费用，经济状况较好的人才支付得起。访谈中笔者发现，流动人口的旅游活动半径一般很小，一位受访者表示：

"我在假期会邀上几个朋友去逛沙面、北京路、上下九，不过有时候也会花一点钱逛白云山、越秀公园"[①]。

可见，流动人口的旅游活动多是低消费性的平民化旅游，一些公共的

---

① 访谈A-6、A-8和A-11。

免费或很低价的公园、商业景点是他们经常光顾的地方，很多时候，旅游和逛街等活动往往同时进行，旅游支出的费用较之于一般意义上的旅游不可同日而语。各区情况都比较平均，选择旅游作为休闲活动方式的比例在6.0%上下。

（二）休闲场所邻近居住地

以上研究的是休闲娱乐活动、影响因素及区域差异，下面再从空间层面对流动人口休闲活动半径进行分析。调查结果显示，流动人口休闲地点离住所在500m以内占34.4%，500–1 000m占42.2%，1 000–2 000m占14.9%，2 000m以上占8.4%。可见，流动人口主要集中在离住所1km之内的近地域进行休闲活动。关于影响流动人口休闲场所的因素，相关分析发现流动人口休闲场所离住所的距离与流动人口收入、受教育程度、工作地与居住地的地缘关系、每天出行次数、在穗滞留时间和年龄相关，相关系数分别为0.209、0.185、0.164、0.132、0.080和–0.071（显著性水平Sig≤0.05），具体表现为流动人口收入越高，文化程度越高，休闲半径越大；工作地和居住地越远，休闲场所也趋向于远离住所；流动人口每天出行次数越频繁，休闲半径也随之增大；来广州的时间越长，对广州越了解，休闲半径也越大。此外，年轻人较之于年长者的休闲半径为大。

（三）休闲娱乐空间形成机制

下面从发生学视角出发，对广州市流动人口休闲娱乐活动空间的形成和发展规律进行简要归纳，见图5-4。

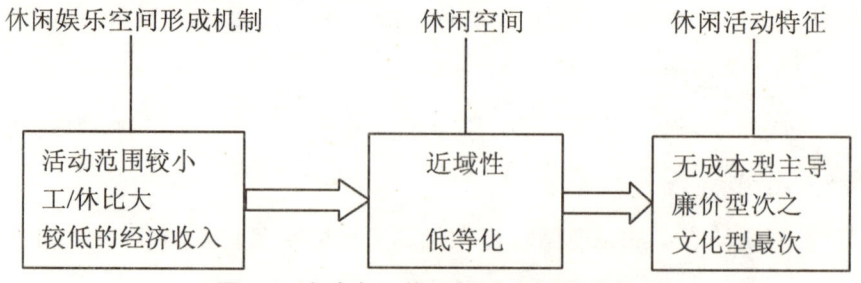

图5-4 流动人口休闲娱乐空间形成机制

Fig.5-4 Mechanism of recreational space of floating population

第五章　广州流动人口购物及休闲娱乐空间

总之，由于多数流动人口工作时间较长，空闲时间较少，加上较低的收入水平，流动人口往往选择一些无偿型或低消费型的休闲方式，如睡觉、看电视、与朋友聚会聊天等，只有那些收入较高的人才会选择上歌舞厅、看电影等文化型活动放松心情，休闲空间总体上呈现出近域性（相对住所而言）和低等化特征。

三、本章小结

通过对典型的流动人口非基本需求的行为空间分析，本章发现广州市流动人口购物地点总体上距离住所较近，大都在同一街道或同一行政区内进行；购物场所等级较低，以街边零售店、超市为主；购物时主要考虑价格和质量，售后服务和商品品牌等要素考虑较少。

对广州市流动人口休闲娱乐空间的研究发现，流动人口休闲娱乐方式以睡觉、看电视或听广播、与朋友聚会聊天为主，整体上呈现出低价格、低文化含量的特征。逻辑回归分析发现，各类休闲活动的选择与流动人口年龄、性别、文化程度等流动人口属性特征高度相关。此外，休闲场所也表现出近域性特征，即休闲场所距离流动人口的住所较近。

总体而言，近域性、廉价性、低层次性是流动人口购物与休闲娱乐空间的共同特征，主要原因在于流动人口处于较低的社会与经济地位以及其本身工作与居住地邻近而导致的整体活动范围较小。

第六章

广州流动人口感应空间

第4章和5章分别对流动人口基本需求活动空间（工作空间、居住空间及由此而衍生的通勤空间）和非基本需求活动空间（购物空间和休闲娱乐空间）进行论述，都属于流动人口物质性实体空间范畴，本章对流动人口精神层面的空间——流动人口感应空间进行分析，较之于物质性空间，感应空间是城市文化（包括物质性和非物质性元素）对流动人口发生影响后产生的反馈，主观性较强。对于流动人口感应空间的研究，本研究试图突破传统城市地理学中林奇（Lynch K.）倡导的做法，即注重城市的路径、界限（边沿）、区域（区）、节点（枢纽）、标志等5个要素[181]。在某种意义上这是把城市物化的做法，笔者认为城市作为一个文化地域综合体，对感应空间的研究除了关注各种有形的"物"在人们心中的感知情况外，还应从文化互动学的视角考察城市人口、城市文化（精神）对流动人口的感应程度。此外，在上述因素综合作用下，流动人口对自身的感知（自我认知）也会发生嬗变。总之，本研究从仅注重城市中有形的"物"扩展到城市中的"物"、"人"、"文化"及自身对流动人口的感应程度，流动人口与城市中的人、物、文化等关系互动的过程是流动人口精神城市化的重要表征，也是其感应空间形成的基础。基于以上逻辑，本研究试图从空间维度对流动人口的日常交往活动、城市文化感知（非空间感知）及城市意向图（空间感知）3方面进行论述。各部分间的逻辑关系及本研究拟考虑的具体内容见图6-1。

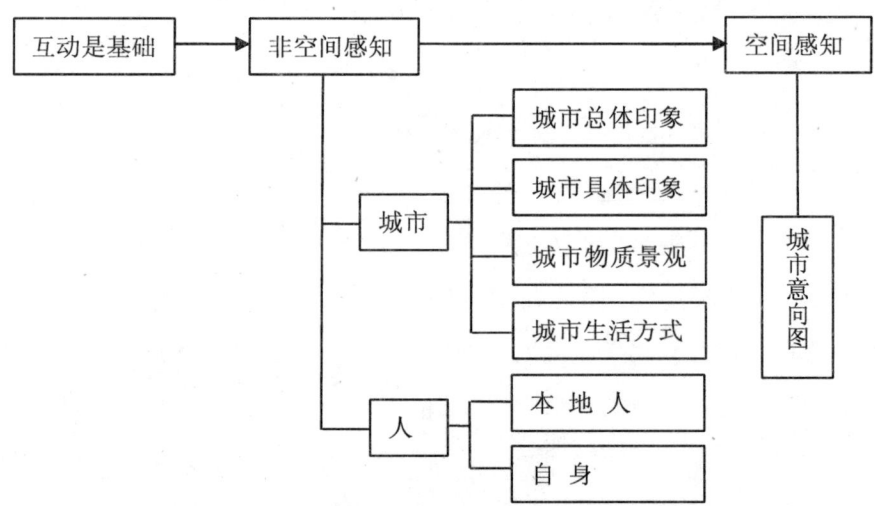

图 6-1 流动人口感应空间分析框架

Fig.6-1 Analytic frame on cognitive space of floating population

第六章 广州流动人口感应空间

一、日常交往活动

交往活动主要考察流动人口的交往对象、遇到困难时的求助对象、与本地人的交往程度等3方面。

（一）日常交往对象以老乡和亲戚为主

关于流动人口的日常交往对象，调研发现亲戚占14.2%，老乡占36.0%，同事占26.7%，本地人占2.3%。依据人际关系建立的时间顺序，把亲戚和老乡进行归并，比例是50.2%。可见，对于流动人口而言，基于亲缘、乡缘、地缘的社会资本在交往过程中比基于业缘的社会资本更重要，原有关系网络仍然发挥主导作用。相关分析发现影响流动人口交往对象的因素有流动人口户籍所在地、文化程度、收入、来广州的途径、婚姻状况、户籍地等级、来广州的时间、户口、年龄等相关，相关系数分别是0.543、0.173、0.157、0.137、-0.134、-0.095、0.090、0.088和-0.079（显著性水平Sig≤0.05）。具体而言，来自广东、广西两省的流动人口与本地人交往比例更高，这与其语言上的同源性有关，来自其它省份的人更多的与老乡打交道；文化程度越高，与本地人交往的可能性越大；收入在一定程度上为交往本地人提供资本，收入越高，融入本地人生活圈子的机会越大；从来广州的途径看，依赖亲朋介绍等户籍地关系网来穗方式的流动人口更多的与老乡等打交道，而依靠人才市场等市场化手段来穗的流动人口与本地人交往的可能性越大；相对于年轻人而言，已婚的流动人口更多的选择与老乡交往；流动人口的户籍等级越高，与城市的融合程度越好，来自最低等级的农村流动人口大都选择与老乡交往；来广州时间越长，对包括语言在内的广州文化越熟悉，与本地人交往的可能性越大；年龄越大，学会粤语的可能性越小，与老乡交往的比例越高。

此外，需要特别指出的是，有多达20.8%的人选择"交往对象不固定"，这主要与流动人口的兼业性特征有关，尤其那些散工。一位受访者在回答"平时和哪些人打交道"时这样描述：

"这个就不好说了，回收废品时与本地人打交道稍多一点，有空的时候与亲戚、老乡等玩牌、打麻将，还有送货、搬东西、发传单，干不同的事当然与不同的人打交道了"[①]。

从各区情况看，天河区流动人口与同事打交道比例稍高，达到32.8%，这与该区流动人口职业相对正规化（很多流动人口在公司上班）、流动人口文化水平较高有关，即来穗后建立的新的人际关系网发挥着重要作用。

（二）困难时的求助对象以老乡为主

流动人口在广州可能会碰到这样或那样的问题，通过考察其在面对困难时的求助对象，可以洞悉流动人口的心理寄托。调研发现求助于广州本地朋友占13.0%，老乡占55.8%，老家的朋友和亲戚分别占8.7%和10.5%，其它占12.0%。可见，遇到困难时多数流动人口选择求助于在广州的老乡，不是本地人，也不是在老家的亲戚或朋友。不难看出，有些时候这种关系网的异地移植比在原籍地更牢靠，来到一个陌生的城市这种关系网有了更大的发挥空间。流动人口作为城市的外来群体，一旦利益受损或受到不公正对待，往往会产生抱团效应，个人危机升级为集体危机，这种集体意识是流动人口重要的社会资本。相关分析发现流动人口遇到困难时的求助对象与流动人口经常交往的对象密切相关，相关系数达到0.534（显著性水平Sig≤0.05），经常交往的对象往往也是流动人口遭遇困难时的求助对象。

（三）与本地人的交往程度一般

流动人口交往的一个重要方面是与本地人的交往程度。在回答"是否

---

① 访谈A-15。

与本地人交往"时，5.8%表示没有，37.5%表示很少，40.0%有时与本地人交往，16.8%经常与本地人交往。相关分析发现流动人口与本地人的交往程度与流动人口经常交往对象、文化程度、来广州的时间、收入、户口及来广州的途径有关，相关系数分别是0.248、0.244、0.223、0.223、0.152和0.111（显著性水平Sig≤0.05）。如果流动人口交往对象主要是老乡，则其与本地人交往的程度较少，反之亦然；文化程度越高，融入广州的人力资本越强，与本地人交往的程度越高；来广州时间越长，对本地文化越了解，与本地人交往可能性越大；收入越高，也与本地人打交道相对多；来广州途径中越依赖于在老家建立的社会资本，与本地人交往的可能性越小。此外，户口作为一种制度性因素影响着流动人口与本地市民的交往程度，来自城市的人会产生心理上的平衡感，而农村流动人口心理往往潜存一种相对落差感，潜在的"二等公民"的阴影可能长时间挥之不去。其结果是前者会更大方更自主地与本地人交往，后者在交往过程中可能缩手缩脚。从各区情况看，花都区流动人口中与本地人交往程度高于全市平均水平，表示经常与本地人交往的比例高达23.8%，荔湾情况与花都相反，表示很少与本地人交往的比例占48.1%，这与位于不同区位的流动人口的心态有关，花都作为郊区，一些本地人之前的身份是农民，和流动人口的身份认同较类似，流动人口与本地人交往的心理压力相对小，而荔湾作为广州老城区，流动人口在交往过程中产生的心理落差会比较大，这种压力一定程度上阻碍流动人口与本地人之间交往的深度。

（四）交往空间演化机制

流动人口一定的交往活动产生相应的交往空间，这一空间随着流动人口交往对象的变化而变化。流动人口没有进城前，其主要的交往对象是亲戚和朋友，交往空间较小。进城之初，交往对象主要限于在户籍地就已经熟悉的老乡，范围相对较小，随着工作、居住、购物、娱乐等行为的不断开展和对城市日渐熟悉，流动人口在城市里会结交和认识更多的朋友，如同事或本地人,交往空间也随着增大。这里对广州市流动人口交往空间的演化机制进行简要归纳,见图6-2。

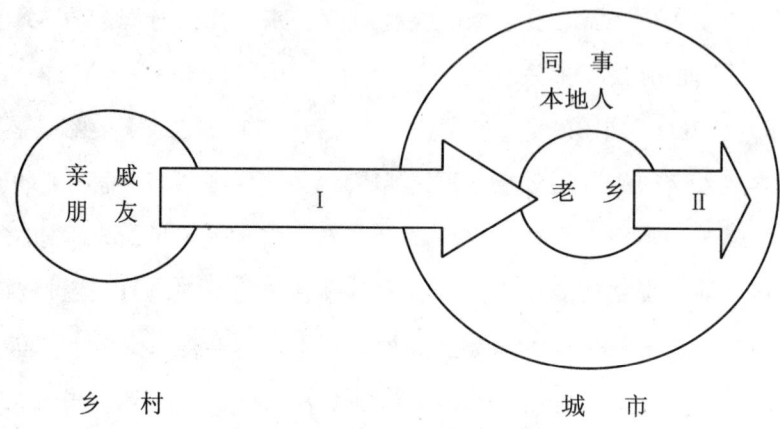

图 6-2 流动人口交往空间演化

Fig.6-2 Evolvement of communicative space for floating population

至于流动人口空间演化特征、条件与机制见表6-1。需要指出的是,这种基于亲缘、地缘和乡缘的社会资本不是流动人口融入城市(精神城市化)的障碍,而是流动人口城市化的重要动力,还是流动人口社会资本再生产的基础。

表6-1 流动人口交往空间演化机制

Tab.6-1 Evolving mechanism of communicative space for floating population

交往空间演化阶段	演化特征	拓展条件	拓展机制
I	跨越地理边界	亲缘、乡缘、地缘	社会资本的异地移植
II	跨越关系网边界	文化程度高;来广州时间长;收入较高	社会资本的再生和延展

二、城市文化感知

城市是一个文化综合体,城市文化当然也具有多元性。本研究将流动人口城市文化感知分为两个层次:①流动人口对"城市"的感知,包括城

第六章　广州流动人口感应空间

市有形的和无形景观；②流动人口对"人"的感知，包括对本地人和自身的认知。

（一）流动人口对"城市"的感知

1. 对城市总体印象的感知

首先考察流动人口对广州的总体印象。研究发现流动人口对广州总体印象很好占11.0%，较好占40.5%，一般占44.4%，差占3.2%，很差占0.9%。可见，流动人口对于广州的总体印象较好。相关分析发现流动人口对广州总体印象好坏程度的影响因素有流动人口对本地人的印象、对住房设施的满意度、对住房大小的满意度、对住房花销的满意度及收入水平，相关系数分别是0.511、0.247、0.209、0.168和0.085（显著性水平$Sig \leq 0.05$）。总体而言对本地人印象较好的流动人口对广州的印象也不错，后几个因素是有关住房情况的，对住房大小、花销、设施满意的流动人口对广州的印象也较好。此外，收入越高的人对广州的印象一般也较好。从各区情况看，花都区流动人口对广州印象普遍较好，表示不好的比例为0，天河区流动人口对广州的印象也较好，回答"较好"、"很好"的比例分别占44.3%和16.0%，这与天河区作为广州的新城区，高楼林立、商业繁荣等现代化大都市的形象有关。

2. 对城市具体印象的感知

以上是考虑广州宏观层面文化的总体感知情况，再从微观层面对广州总体印象进行分析。本研究设计了"你最喜欢广州哪些方面"和"你最不满意广州哪些方面"两道主观题。所有817位受访者中有606位对此题作答，各类型答案及统计结果见表6-2。

流动人口的空间透视：
以广州为例

表6-2 关于"你最满意的方面"和"你最不满意的方面"的统计结果
Tab.6-2 Statistical Results of floating population's likes and dislikes

最满意的方面	比例（%）	最不满意的方面	比例（%）
热闹/生活丰富多彩（购物便利、美食之都）	34.8	卫生状况差	20.3
经济繁荣、交通发达、综合实力强	22.1	治安状况差	20.0
市内一些知名景点、道路	17.2	交通拥挤	17.5
赚钱机会多	12.2	人人之间缺乏人情味、经常受到城管人员等的管制	12.9
城市包容性强、多元文化	10.5	物价高	11.9
气候宜人、冬天不冷	3.2	夏天天气太热	8.8
		空气质量差	8.6

资料来源：根据问卷统计分析得出。

（1）正面感知

从流动人口最满意方面看，提及广州的现代都市的热闹、购物方便、广州美食人数最多；其次是广州经济繁荣和交通便捷，广州连接市外的客运站、火车站、市内的地铁、高架桥、立交桥等都令人印象深刻。此外，相当一部分人没有直接回答这一问题，只是列举了一些他（她）们知道的旅游或商业中心、道路等，这些现代化程度较高的城市地标性建筑或道路在他们看来就是对城市比较满意的地方；一些以经济目的来穗的流动人口表达了广州赚钱机会多的看法，较之于内地城市，广州的市场经济更加发达；一些学历较高的人看到了广州文化特质中的重要组成部分——城市包容性强和相对多元的文化构成，对于流动人口而言这是很重要的。很多流动人口直接或间接从事非正规经济，若不是广州的包容性和城市政府实施的新自由主义的管理取向，他们很难在这个城市继续生存。一位在城中村的搬运工这样说：

"我来广州之前在苏州、上海干了五年，虽然那边挣钱比这边多一些，但是广州给我的感觉是更自由，没有多少人管我，有些事情在上海不

第六章 广州流动人口感应空间

能做但在这边可以做"[①]。

可见,在一些其它城市"严禁"之事在这里变成了"默许",允许非正规行业部分存在。笔者认为,这是市场化都市应当具有的一种城市品格,给包括流动人口在内的社会弱势群体以一定的生存与发展空间,很多事情的处理方式不是一棒子打死,不是一味采取"打压"、"取缔"等硬手段,而是在适合地方适合时候给予一定的"默许"姿态。这是城市经济形式多样化的表现,更是城市文化多元性的表征。

此外,部分人还谈到了广州宜人的气候,适合的年均温度、舒适的冬天,对于从北方、中部省区来的人而言这些是在老家享受不到的。

为进一步揭示流动人口对广州诸满意要素间感觉的差别,本研究按特征及级别两类对其进行分类,见表6-3。

表6-3 正面感知的分类
Tab.6-3 Classification of positive effects

最满意的方面	特征类型	级别类型
热闹/生活丰富多彩(购物便利、美食之都)	直观感受型	I
经济繁荣、交通发达、综合实力强	综合型	V
市内的一些知名景点、道路	城市物质景观型	III
赚钱机会多	来穗动机型	II
城市包容性强、多元文化	城市文化型	VI
气候宜人、冬天不冷	城市气候型	IV

其中,特征分类是对流动人口反映出的满意要素特征进行辨析,并概括其主要含意,级别分类是从城市性质、文化、综合实力等角度出发的主观评价。笔者认为,广州相对热闹和丰富的都市生活是流动人口进入广州最直观的城市感知,属于最低层次的第I级;把赚钱机会多等来穗动机作为广州满意要素的实际上是对问题的间接回答,较为普遍,属于第II级;以广州一些知名景点或道路作答的为数不少,可能因为对广州不太了解,他们眼中较为熟悉的地方被演化为他们对于广州最满意的地方,在一定程度上这也是一种间接回答,同时也反映了回答层次的低级性,属于第III

[①] 访谈A-5。

级；其次就是广州的气候，气候是广州与流动人口家乡差异的重要表征，广州的冬季是宜人的，对于流动人口而言气候虽是共性的城市感知，但对于这一以赚钱为目的流动人口而言关注到城市的气候也难能可贵，将其列为较高档次的第Ⅳ级；而以城市经济繁荣、交通发达等作答的就相对"正规"，属于更高档次的第Ⅴ级；最高档次属于那些道出城市文化特性的流动人口，城市文化型属于第Ⅵ级。

（2）负面感知

从流动人口对广州最不满意方面看，卫生状况差排第1位，笔者认为这很大程度上与流动人口的居住环境有关，很多人在卫生状况不好的城中村居住，垃圾遍布、污水横流等成为他们的习惯性感知；治安不好是另外一个方面，火车站等共同场所经常出现抢劫、偷盗等事件，给流动人口带来心理压力。此外，行路难也是被埋怨的对象，与其它城市一样，车多人多、交通拥挤成为广州的一大问题。在广州这种市场化程度相对较高的城市，人际关系中的次属关系取代了首属关系，比较难以处理，物欲主义和拜金主义等思想意识形态盛行，人与人之间相对冷漠，在局部范围内流动人口受歧视行为屡有发生。广州物价高是流动人口日常感知的重要部分，吃饭、租房等生活开销远远高于一般内陆城市。此外，自然气候也是部分人病诟的对象，表现之一是夏天酷暑难挡；之二是因为城市各种机动车辆鳞次栉比，开敞空间不足，空气质量不好。

为进一步揭示流动人口对广州诸不满意要素间的差别，按特征及级别两类对其进行分类，见表6-4。

表6-4 负面感知的分类
Tab.6-4 Classification of negative effects

最不满意的方面	特征类型	级别类型
卫生状况差	居住环境型	Ⅰ
治安状况差	城市安全型	Ⅵ
交通拥挤	出行状况型	Ⅱ
人人之间缺乏人情味、经常受到城管人员等的管制	文化交往型	Ⅶ
物价高	生活成本型	Ⅴ
夏天天气太热	城市气候型-1	Ⅲ

（续上表）

最不满意的方面	特征类型	级别类型
空气质量差	城市气候型-2	IV

其中，卫生状况、交通情况等关乎流动人口"居"、"行"基本活动方面，属于较低层次的第Ⅰ和Ⅱ级；夏天天气热、空气质量差同属于城市气候方面，但是前者更为直观，属于第Ⅲ级，后者涉及人居环境等要素，列为第Ⅳ级；物价高是流动人口城市生活成本高的直观表述，属于第Ⅴ级；治安状况差则反映了流动人口生存安全方面的问题，是城市公共安全和人本主义思想的体现，属于较高的第Ⅵ级；最高级别的是城市文化方面的考量，人际关系相对复杂、经常受到城管人员等的管制（或歧视）是人际互动的表征，属于第Ⅶ级。

3. 对城市物质景观的感知

这一论题涉及流动人口对于广州微观文化主体的认同，主要列举一些与广州文化相关的方面，让流动人口进行逻辑性判断。具体选项设置有5方面，共计63项，见表6-5。

表6-5 城市物质景观的分类
Tab.6-5 Classification of urban physical landscapes

选项类别	广州整体面貌	道路、交通	景点	住宿、饮食	经济与文化	合计
个数	7	12	20	5	19	63

资料来源：根据问卷统计得出。

对于广州整体面貌的考察，本研究设计了羊城、岭南文化、珠江、白云山、西关风情、十三行和"北优南拓、东进西联"7个选项。其中，羊城是广州的简称，岭南文化是广州文化的重要基石，珠江和白云山是广州"一山一江"自然景观核心体现，西关风情和十三行是广州传统文化重要组成部分，"北优南拓、西联东进"是广州城市形态进入新世纪以来空间结构扩展的高度凝练。调查结果显示流动人口对这7项内容的了解程度见

表6-6。

表6-6 整体面貌的感知
Tab.6-6 Perceptiveness of chief visage

内容	羊城	岭南文化	珠江	白云山	西关风情	十三行	北优南拓、东进西联
认知度（%）	58.4	27.4	74.8	81.2	25.0	20.8	4.3

资料来源：根据问卷统计得出。

总体上，流动人口对实体性物质要素的感应能力强于概念或不可见的文化元素，前者如白云山、珠江、羊城；后者如岭南文化、西关风情、十三行、"北优南拓、西联东进"。对于各项要素认知程度的影响因素，建立逻辑斯蒂回归模型，以各要素作为二元因变量，选取性别（se）、年龄（ag）、婚姻状况（ma）、受教育程度（ed）、收入（in）、户口（hk）、在穗滞留时间（st）等作为协变量，使用向后逐步剔除选择法运用逻辑斯蒂回归进行分析（回归分析结果见附录Ⅲ）。

分析结果表明，流动人口对上述7项广州整体要素的认知程度都与其受教育程度成正相关关系，即流动人口文化程度越高，对这些要素越熟悉，反之，文化程度越低，对这些要素越不熟悉。同时，对于羊城、西关风情、十三行、"北优南拓、西联东进"的分析显示，这些要素的认知程度还与流动人口在广州逗留时间正相关，即来广州的时间越长，对这些要素更加熟悉，反之亦然。但是，对于岭南文化、珠江、白云山3项要素，统计分析结果没有显示其与流动人口来穗时间有明显的正相关关系，这反映了文化程度和来穗时间2个影响因素对流动人口认知程度的影响过程不一样，前者具有先知性，无需面对面接触，大都可以通过道听途说、网络、书本等媒介获得，后者往往是来到广州后的亲自感知或听说，对于那些文化程度较低的流动人口而言，如果来广州之前不知道相关信息，来广州后没有见过或听说，有些资讯难以获取。对两者的综合比较发现，对于广州整体要素的认知程度，"先天性"的文化水平比"后天性"的来穗时间更有解释力。还有一点需要指出,对于岭南文化这一项,相关分析发现流动人口对其的认知程度与流动人口户籍来源地负相关,即来自广东本省的流动人口对这一项要素的认知度要大于来自广东省之外的流动人口,这与地域文化上的同源性有关。

4. 对交通系统的感知

对于道路和交通系统的感应情况,本研究设计了广州火车站、广州东站、白云机场、广州大道、中山路、东风路、华南快线、天河路、海印桥、广州大桥、海珠桥、洛溪大桥等选项。调查结果显示流动人口对广州道路和交通系统的认知度见表6–7。

表6–7 交通系统的感知
Tab.6–7 Perceptiveness of transportation system

内 容	广州火车站	广州东站	白云机场	广州大道	中山路	东风路
认知度(%)	92.9	72.7	61.9	42.8	38.7	35.4
内 容	华南快线	天河路	海印桥	广州大桥	海珠桥	洛溪大桥
认知度(%)	28.0	41.0	29.6	35.4	32.8	34.3

资料来源:根据问卷统计得出。

可以看出,流动人口对广州火车站、广州东站有较高的认知度,流动人口尤其是广东省以外的流动人口来穗的交通工具主要是火车,广州火车站往往是流动人口进入广州后的第1个被感应的对象。此外,流动人口对广州大道、天河路等在广州有中轴线意义的主干道有较高的认知度。关于各项要素认知程度的影响因素,建立逻辑斯蒂回归模型,以各要素作为二元因变量,选取性别(se)、年龄(ag)、婚姻状况(ma)、受教育程度(ed)、收入(in)、户口(hk)、在穗滞留时间(st)等作为协变量,使用向后逐步剔除选择法运用逻辑斯蒂回归进行分析(回归分析结果见附录Ⅲ)。

分析结果表明,流动人口对于广州道路与主要交通干道的感应程度与流动人口受教育水平及来广州时间正相关,流动人口受教育程度越高、来广州时间越长，对广州交通系统越熟悉。另外，对广州大道、东风路、天河路的分析可以看出年龄较轻的流动人口更加熟悉，尤其是天河路一带作为作为广州的集购物、娱乐为一体的中心地带，是年轻流动人口经常光顾的地方。对海印桥、广州大桥和洛溪桥的分析看出有更多的男性流动人口从事跨区活动，他们对这些桥更加熟悉。

此外，交叉分析还发现流动人口对道路或交通系统的认知程度与该道路所处方位与流动人口本身所在区位有密切关系，如荔湾区流动人口对中山路有更高认知度，天河区流动人口对天河路有更高认知度，白云区流动人口对白云机场有更高认知度，而花都区流动人口对上述景点的认知度稍低一些。

5. 对著名景点的感知

对于广州知名景点的感知程度，本研究设计了沙面、二沙岛、珠江新城、中山纪念堂、越秀公园、烈士陵园、海珠广场、北京路步行街、上下九、天河城、天河体育中心、中信广场、正佳广场、广州奥林匹克中心、陈家祠、白云山风景区、珠江夜游、番禺香江野生动物园、长隆欢乐世界、芳村酒吧街等选项。其中大部分是广州知名的旅游景点，还有一些广州地标性建筑、广场或商业街。调查结果显示流动人口对广州景点的认知度见表6-8。

表6-8 著名景点的感知
Tab.6-8 Perceptiveness of well-known scenery

内容	沙面	二沙岛	珠江新城	中山纪念堂	越秀公园	烈士陵园	海珠广场
认知度（%）	18.5	25.3	35.6	49.2	68.5	44.7	38.6
内容	北京路步行街	上下九	天河城	天河体育中心	中信广场	正佳广场	广州奥林匹克中心
认知度（%）	57.3	61.4	59.4	56.4	41.4	32.7	25.3

第六章 广州流动人口感应空间

(续上表)

内　容	陈家祠	白云山风景区	珠江夜游	番禺香江野生动物园	长隆欢乐世界	芳村酒吧街
认知度（%）	24.7	50.2	35.6	25.8	24.7	16.6

资料来源：根据问卷统计得出。

可以看出，流动人口对越秀公园、上下九、天河城有较高认知度，越秀公园作为广州市内较大面积的绿地，临近火车站，门票较低，有较高知名度，上下九作为传统的广州商品集散地，不仅商品种类齐全，价格也非常实惠，受到众多流动人口的亲睐；天河城作为广州CBD标志性地段，流动人口对其备受关注。而对于像沙面、二沙岛、陈家祠、芳村酒吧街等旅游景点或高消费场所，流动人口对其认知度较低。关于各项要素认知程度的影响因素，建立逻辑斯蒂回归模型，以各要素作为二元因变量，选取性别（se）、年龄（ag）、婚姻状况（ma）、受教育程度（ed）、收入（in）、户口（hk）、在穗滞留时间（st）等作为协变量，使用向后逐步剔除选择法运用逻辑斯蒂回归进行分析（回归分析结果见附录Ⅲ）。

分析结果表明，流动人口对于广州主要景点的感应程度与流动人口本身受教育水平及来广州时间成正相关关系，流动人口受教育程度越高、来广州时间越长，对广州主要景点越熟悉。对于一些特殊景点的认知度，存在流动人口年龄上的差异，沙面作为广州近代历史的见证，年长的流动人口更加熟悉，而北京路步行街、中信广场、正佳广场、广州奥林匹克中心、白云山、珠江夜游、番禺香江野生动物园、长隆欢乐世界等商贸旅游集散地则受到更多年轻流动人口的亲睐。流动人口对广州景点认知度还存在性别差异，上下九是廉价商品的购物天堂，女性流动人口对其认知度很高，广州奥林匹克中心，作为广州体育活动的标志性场所，男性流动人口更加熟悉。

此外，交叉分析发现流动人口对广州景点的认知程度和该景点所处方位与流动人口本身所在区位有关，荔湾区流动人口对沙面、陈家祠、北京路步行街有更高认知度,天河区流动人口对天河城、天河体育中心、中信广场、正佳广场有更高认知度,白云区流动人口对白云山风景区认知度较高,而花都区流动人口对上述景点认知度稍低。

6. 对著名酒店的感知

为考察广州住宿和饮食地点对流动人口的感应情况,本研究设计了白天鹅宾馆、中国大酒店、东方宾馆、花园酒店、广州酒家等选项。调查结果显示流动人口对于广州知名酒店的感应程度见表6-9。

表6-9 著名酒店的感知
Tab.6-9 Perceptiveness of well-known hotels

内 容	白天鹅宾馆	中国大酒店	东方宾馆	花园酒店	广州酒家
认知度(%)	57.4	63.8	35.6	49.3	51.2

资料来源:根据问卷统计得出。

在这些知名宾馆或酒店中,流动人口对中国大酒店、白天鹅宾馆的认知度较高,对东方宾馆的认知度较低。关于各项要素认知程度的影响因素,建立逻辑斯蒂回归模型,以各要素作为二元因变量,选取性别(se)、年龄(ag)、婚姻状况(ma)、受教育程度(ed)、收入(in)、户口(hk)、在穗滞留时间(st)等作为协变量,使用向后逐步删除选择法运用逻辑斯蒂回归进行分析(回归分析结果见附录Ⅲ)。

分析结果表明,流动人口的受教育水平、平均收入和来广州的时间要素是影响流动人口对广州知名住宿和饮食地点认知的主要因素。流动人口文化程度越高,收入越高,来广州的时间越长,对这些高级场所的认知度越高。

7. 对经济与文化事件的感知

对于广州经济与文化事件的感应情况,本研究设计了广州钢铁集团、广州地铁、广汽丰田、东风日产、广州本田、黄埔军校、星海音乐厅、广州博物馆、广州国际会展中心、广交会、广博会、大学城、中山大学、暨南大学、华南理工大学、广州美术学院、林树森、朱小丹、张广宁等选项。

第六章 广州流动人口感应空间

调查结果显示，流动人口对广州经济或文化事件的认知程度见表6-10。

表6-10 经济与文化事件的感知

Tab.6-10 Perceptiveness of well-known economic and cultural events

内 容	广州钢铁集团	广州地铁	广汽丰田	东风日产	广州本田	黄埔军校	星海音乐厅
认知度（%）	17.1	91.1	33.2	26.8	43.7	32.9	23.1
内 容	广州博物馆	广州国际会展中心	广交会	广博会	大学城	中山大学	
认知度（%）	21.5	32.6	47.5	25.1	46.5	45.7	
内 容	暨南大学	华南理工大学	广州美术学院	林树森	朱小丹	张广宁	
认知度（%）	32.6	31.9	17.9	18.8	25.7	39.9	

资料来源：根据问卷统计得出。

对于广州经济与文化事件，流动人口对广州地铁的认知度最高，达到91.1%，广州地铁已经成为广州交通乃至整个广州市的一个标志性事件。对广州工业企业的认知方面，流动人口对广钢等老企业不太熟悉，对新型汽车产业如广汽丰田、东风日产、广州本田等企业相对熟悉。从文化事件看，流动人口对广交会、大学城、中山大学等有较高认知，而对广州美术学院、广州博物馆、星海音乐厅等专业性较强的地方不太熟悉。从广州市政府领导（历任、在任）看，对现任市长张广宁先生的认知度较高。关于各项要素认知程度的影响因素，建立逻辑斯蒂回归模型，以各要素作为二元因变量，选取性别（se）、年龄（ag）、婚姻状况（ma）、受教育程度（ed）、收入（in）、户口（hk）、在穗滞留时间（st）等作为协变量，使用向后逐步剔除选择法运用逻辑斯蒂回归进行分析（回归分析结果见附录Ⅲ）。

分析结果表明，影响流动人口对广州经济与文化事件的认知度的因素包括流动人口的文化程度、来广州的时间和收入状况。此外，性别与年龄也影响流动人口对部分要素的认知程度。具体而言，作为广州知名的老企业，年龄较大的流动人口对广州钢铁集团更加熟悉，而作为广州工业支柱产业的汽车产业的代表企业——广汽丰田、东风日产、广州本田，高收入群体、男性、年轻的流动人口对其认知度更高。对于黄埔军校和星海音乐厅而言,年轻人对其认知度相对高,而像博物馆、广州国际会展中心、广交会、广博会等会展型场所,高收入和相对年轻的流动人口对其更了解。对于大学城、中山大学等文化场所及广州政府领导人,流动人口的受教育程度越高、来广州的时间越长,对它们的了解程度越深。同时,对于部分人物的感应度,存在性别差异,男性有着相对更高的认知度,这与男性更喜欢看报纸、对所在地区政治事件更加关注有关。

此外,交叉分析还发现流动人口对广州经济与文化事件的认知程度和该经济与文化事件所处方位与流动人口本身所在区位有密切关系,如荔湾区流动人口对广州钢铁集团有更高认知度,天河区流动人口对暨南大学、华南理工大学有更高认知度,白云区流动人口对广州国际会展中心的认知度较高,花都区流动人口对东风日产的认知度更高一些。

8. 对城市生活方式的感知

从文化互动学视角看,流动人口进城后会发生涵化(Acculturation)的过程,即一个文化群体在与另一个文化群体接触过程中,前者采纳后者风俗习惯、品德、传统和价值观的过程[252],这种涵化过程是流动人口精神城市化的重要表征。本研究从流动人口对本地语言、习俗和生活方式的看法等视角探讨这一涵化过程及其影响因素。

(1) 对语言及饮食的感知

面对"工作时主要操何种语言?"这一问题时,表示讲家乡话的占7.7%,说普通话占67.2%,讲广州话占25.1%。在回答"上街买东西时主要操何种语言?"时,讲家乡话占3.1%,讲普通话占70.6%,讲广州话占26.3%。可见,普通话是流动人口工作和购物时主要使用的语言。交叉分析发现工作或购物过程中使用的语言种类与户籍地有关。以工作语言为例,广东、广西两省流动人口

---

① 陈 华.广东外来人群的适应性[M].香港:国际炎黄文化出版社,2004.31.

讲广州话的比例较高，前者达到60.2%，后者达到32.8%。

对于"您更喜欢在哪种餐馆吃饭？"这一问题，9.1%的人选择粤菜馆，33.4%的人选择家乡菜馆，还有57.5%的人表示无所谓。总体而言，对于流动人口而言，家乡菜馆比粤菜馆更有吸引力。这似乎与一般认知有所差别，广州作为中国的美食之都，粤菜作为中国的4大菜系之一，并没有受到流动人口的青睐，除文化差异外，较高的价格门槛可能是障碍因素之一。交叉分析发现选择菜馆与户籍地关系密切，热衷于家乡菜馆的流动人口中来自湖南、四川、重庆3地比例最高，依次是54.3%、47.6%和57.8%。至于各区情况，花都区较为特殊，该区流动人口选择家乡菜馆比重较大（44.2%），这与该区湖南籍贯的人数较多（湘籍流动人口比例高达33.3%）有关。

（2）对本地习俗的感知

对于广州习俗的认同，本研究设计了6个命题。对于"您是否喝过早茶或晚茶？"这一问题，回答没有占19.0%，很少占44.3%，有时占32.3%，经常喝茶占4.4%。可见，对于这种文化习俗，流动人口没有吸收多少。相关分析发现流动人口对这一习俗参与的程度和与本地人交往的程度、来广州的时间和单位属性相关，相关系数分别是0.358、0.165和-0.093（显著性水平Sig≤0.05）。与本地人交往越频繁，喝早茶或晚茶比例越大；来广州的时间越长，学习这种习俗的比例越大；在国有或集体单位上班的流动人口更习惯喝早茶。至于各区情况，荔湾区流动人口喝早茶比例居各区之首，达到41.1%，这与该区作为老城区本地人较多，喝茶的习俗延续较好，流动人口学习与模仿机会较多有关。

另外5个题目的调查结果见表6-11。

表6-11 流动人口对于广州生活方式的态度（%）
Tab.6-11 Attitude to local lifestyle for floating population（%）

对广州习俗的态度	赞成	有点赞成	无所谓	不赞成	反对
穿拖鞋上街	11.9	6.7	41.1	29.0	11.3
食用蛇、猫等动物	5.4	5.1	25.6	35.5	28.4
穿奇装异服	5.5	4.9	41.0	32.1	16.5
钱是生活中最重要的部分	51.5	23.6	16.4	5.8	2.7
对于"靓仔"、"靓女"的称呼	30.8	18.6	46.1	2.6	1.8

资料来源：根据问卷统计分析得出。

体上看，对于前面3个问题而言，多数流动人口表示难以接受，对后2个问题认同度较高。再对影响流动人口对各种生活方式认同的因素进行分析。对于"穿拖鞋上街"，相关分析发现与流动人口文化程度及收入有关，相关系数分别是0.135和0.143（显著性水平Sig≤0.05），流动人口文化程度越高，对于穿拖鞋上街这种现象持反对意见比例越大；收入越高的流动人口文明意识也越强，越看不惯穿拖鞋上街这种习俗。流动人口对"食用蛇、猫等动物"的看法与性别有关，相关系数是-0.138（显著性水平Sig≤0.05），较之于男性，女性流动人口更加反对这种行为，这多少与女性较善良的心理有关。对于"穿奇装异服"，流动人口年龄对其认同有影响，相关系数为0.031（显著性水平Sig≤0.05），即年龄越大的人越反对这种举动。对于"钱是生活中最重要的部分"，表示赞成和比较赞成的比例较高，相关分析发现这与流动人口来广州的目的、收入、对广州的总体印象及对本地人印象有关，相关系数分别为0.206、0.104、-0.116和-0.122（显著性水平Sig≤0.05）。具体而言，以学技术、增长见识等技术和文化型为来穗目的的流动人口反对这种说法，在他们看来，除了钱之外生活中还有很多更重要的东西。本次研究发现收入越高的人越不赞成这种说法，这似乎是一种悖论。笔者认为，这其中有虚假的信息，一些人因为自己有钱了就认为钱不是最重要的。此外，广州是个市场经济较发达的城市，对这种城市文化较认同的人也对钱最重要比较认同，依此类推，对广州印象较好、对广州本地人印象较好的流动人口对这种说法也比较认同。需要指出的是,在市场经济体制下,物欲主义和拜金主义入侵到社会的角角落落,传统的纯朴、友爱、精神需求等价值观正在消解,前者甚至成为时下社会的主流价值观,对包括流动人口在内的所有群体产生深远影响。一方面,流动人口进城就是为了更好地生活,需要学习和领会市场经济的规则,另一方面,一些优良的传统价值观的传承问题值得有关部门深思。最后,对于"靓仔"、"靓女"的称呼一说,与流动人口与本地人交往的程度、对广州的印象、对广州本地人的印象有关,相关系数分别为-0.076、-0.098和-0.123(显著性水平Sig≤0.05),流动人口与本地人交往越频繁、对广州城市印象越好、对广州本地人印象越好,对这种称谓持赞成意见的比例越高。

流动人口对广州生活方式的态度存在空间差异。对于"穿拖鞋上街",荔湾流动人口中持赞成或有点赞成意见的比例稍高,分别是17.8%和11.6%,广州文化中舒适、务实的衣着观体现得更为明显,流动人口也受其影响。对于"食用蛇、猫等动物"、"穿奇装异服"及"靓仔"、"靓女"的称呼,各区情况与全市平均比例类似。对于"钱是生活中最重要的部分",荔湾流动人口中对此表示赞成的比例高达70.5%,高居各区之首,这与荔湾作为老城区市场经济中的金钱意识相对更强有关。

(二)流动人口对"人"的感知

流动人口对"人"的感知可以分为几个层次:一是对广州本地人的感知,即"我对人"的感知;二是对广州人对自己态度的感知,即"我看人看我"的感知;三是在流动人口与城市不断接触和了解过程中对自身的认识情况,即"我看我"的感知,由于种种精神城市化因素的存在,流动人口对自身的认同往往会发生一定程度的变化。

1. 对本地人的感知

首先考察流动人口对本地人的印象。调查结果显示流动人口认为本地人很差占2.0%,较差占4.2%,一般占52.0%,较好有32.1%,很好占

9.8%。总体而言,流动人口对本地人的印象不错。相关分析发现影响流动人口对广州本地人印象的因素有与本地人交往的程度、来源省份及流动人口工作单位性质,相关系数分别为0.134、-0.066和-0.067(显著性水平Sig≤0.05)。与本地人交往越频繁对本地人印象越好;来自广东、广西2省的流动人口对本地人印象相对较好,这主要与语言的相似性有关。此外,工作在国有或集体单位的流动人口与本地人一起工作机会较多,对本地人的印象好于在外资和私营企业上班的流动人口。从各区情况看,花都区流动人口中对本地人印象较好,较好比例高达43.5%,这与该区作为广州郊区,市民的经济、心理及自我认同感与流动人口较为接近有关。

2. 对广州人对己态度的感知

再分析流动人口对本地人对其态度的感知情况,即"您在广州是否有被歧视的经历"。调查结果显示有占32.4%,没有占67.6%。由于本命题属逻辑型变量,运用逻辑斯蒂回归模型,以"歧视"(Di)作为二元因变量,选取年龄(ag)、婚姻状况(ma)、受教育程度(ed)、户籍地等级(ho)、户口(hk)、在穗滞留时间(st)、工作变动情况(jc)、经常交往的对象(fr)和与本地人交往的程度(lf)等作为协变量,使用向后逐步剔除选择法运用逻辑斯蒂回归进行分析(回归分析过程与结果见附录Ⅲ)。

回归结果表明,流动人口是否受到歧视与工作变动情况强相关,与户籍地等级、滞留广州的时间、与本地人交往程度次相关。作为制度性因素,流动人口户籍地等级越低被歧视的可能性越大,如来自农村的流动人口;流动人口在广州的时间越长,经历被歧视的次数越多;工作变动频繁有时候是被歧视后的结果;而与本地人交往频繁,被歧视的可能性越小。需要特别指出的是,本命题设置存在问题:①对歧视的定义较模糊,不只是被本地人公开的谩骂、指责等恶性行为,也可能是语言上的不敬乃至一个难看的表情等,这有赖于每个人对歧视的理解;②对于"歧视"这一敏感性字眼,有相当比例的受访者可能有被歧视的经历,但碍于面子还是选择"没有",这在一定程度上影响本命题的分析结果。

3. 自身认同及对未来行为的预期

随着流动人口与城市、本地人交往过程的深入,其对自身的认同也在发生变化。本研究将从流动人口对自己的情感生活、对目前生活的感受、对自身的新认知及对未来的选择等方面进行论述。

(1) 对孤独的感知

对于"你在广州生活是否感到孤独?"这一命题,调查结果显示流动人口认为很孤独占8.6%,有时孤独占56.4%,不孤独占35.0%。可见,有时孤独是广州流动人口的主要体验。相关分析发现影响因素有流动人口婚姻状况、户口属性、来穗时间、来穗途径、经常交往的对象、与本地人交往的程度、对广州的印象及对广州本地人的印象,相关系数分别为0.099、0.074、0.128、0.108、0.071、0.234、0.211和0.214(显著性水平Sig≤0.05)。具体而言,已婚流动人口的孤独感比未婚者弱;来自农村的流动人口孤独感相对强烈,制度性因素在这里发挥了重要作用;来广州时间越短会越觉得孤独,这与他们对所在城市不甚了解,新的关系网络未建立有关;通过人才市场、招聘会等市场化方式找到工作的流动人口对于孤独感不太认同,他们的独立意识相对更强;经常与本地人交往、交往越频繁的人孤独感相对较弱;对广州及广州本地人的印象越好,孤独感越弱。从各区情况看,花都区流动人口中孤独感较大(68.7%),这可能与该区地处郊区、社会经济与文化生活不够丰富有关。

(2) 对广州生活的感知

对于目前流动人口对总体生活的感受,表示非常不满意占2.1%,不太满意占10.5%,一般占52.6%,比较满意占29.9%,非常满意占4.9%。可见,流动人口对生活的满意程度总体较好。由于生活感受本身是一个很复杂的综合的概念,影响因素较多,相关因素及系数见表6-12(显著性水平Sig≤0.05)。

表 6-12 流动人口生活满意度的影响因素
Tab.6-12 Influncing factors of life satisfaction for floating population

因素	户籍地	户籍地等级	来穗途径	合同情况	每月收入	住房大小满意度	住房花销满意度	住房设施满意度	对广州的印象	对广州本地人的印象
系数	-0.082	-0.071	0.087	0.101	0.145	0.386	0.283	0.449	0.382	0.419

资料来源：根据问卷分析计算得出。

首先，户籍地及其等级影响流动人口生活感受，相对于来自广东本省的流动人口而言，来自其它省份流动人口对生活的感受中不满意比例稍高，本省流动人口在语言、文化认同等方面具有优势，对生活感知正面因素较多；同时，来自农村的流动人口比来自城市的对生活满意度相对差，户籍所在城市等级与广州越接近，满意度越高，城市与乡村在文化与价值观的落差具有解释力；与依靠亲朋来广州的流动人口相比，倚靠市场方式（人才市场、招聘会等）来广州的对生活的满意度更大；工作合同在某种程度上可以反映流动人口工作的正规性与稳定性，相比之下，没有合同保障经常换工作的流动人口对生活的满意度更低；收入越高的流动人口总体上对生活有更高的满意度，毕竟挣钱是多数流动人口的首要流动动机。还有关于住房的3个因素，对住房大小、花销和设施满意的流动人口对生活满意度更高。此外，越融入广州城市文化的流动人口对生活状况的满意度越高，对广州及本地人比较满意的人总体上对生活情况比较满意。从各区情况看，天河区流动人口对生活满意度较高，比较满意比例达到36.1%，与该区流动人口收入较高、现代化的城市生活气息相对浓厚有关。

（3）对自身的感知

流动人口从各地来到广州，感受和体验着这个现代化程度相对较高的都市文化，这里的城市建筑、这里的人、这里的事都或多或少的对流动人口的价值观和人生观产生影响，这种影响反过来会改变流动人口对自身的身份认同。

第六章 广州流动人口感应空间

对于"目前,你觉得自己是外地人、本地人还是说不清?"的命题,受访者中有60.0%表示自己仍然是外地人,36.2%表示自己既是外地人、也是本地人,3.8%明确表示自己是本地人。与生活感受一样,流动人口对自身认同也是一种复杂体验过程的综合,影响因素及相关系数见表6-13(显著性水平Sig≤0.05)。

表6-13 流动人口自我认同的影响因素
Tab.6-13 Influnencing factors of self-identification for floating population

因素	文化程度	户籍地	户口	来穗时间	来穗途径	单位性质	合同情况	每月收入	住房大小满意度	住房设施满意度
系数	0.138	-0.091	0.127	0.132	0.091	-0.131	0.093	0.188	0.130	0.107
因素	交往对象	与本地人交往程度	对广州的印象	对广州本地人的印象	受歧视	工作语言	购物语言	喝早茶	孤独感	生活感受
系数	0.079	0.243	0.129	0.180	-0.107	0.268	0.285	0.285	0.194	0.289

资料来源:根据问卷分析计算得出。

表中系数为正值表示该类指标赋值越高,认同自己是本地人的可能性越大。具体而言,文化程度越高、越是城镇户口、来穗时间越长、依赖市场途径来穗、和用人单位签订正式合同、每月收入越高、对住房大小及设施越满意、交往对象中本地人比重越大、和本地人交往越频繁、对广州及本地人印象越好、工作和购物时使用粤语的比例越大、更习惯喝早茶、很少感觉孤独、对在广州的生活感受越好的流动人口把自己视作本地人的比例越高;表中系数为负值表示该变量赋值越高,认同自己是外地人的可能性越大。具体而言,非广东户籍、在私企工作、有受到歧视的流动人口中认为自己是外地人的比例越高。从各区情况看,荔湾区流动人口中认为自己是外地人的比例稍高,达到54.3%,这可能与该区是广州老城区,本地人相对较多而流动人口较少,人口属性对比差异较为明显有关。

(4)对未来生活的感知

对于广州流动人口对未来生活的预期,这里主要凭借两个问题进行

> 流动人口的空间透视：
> 　　以广州为例

分析。一是考察流动人口今后的打算，即"你是否希望在广州长期居住？"；二是让其作出一个选择，即"假设老家与外出打工在收入上没有差别，你更愿意选择外出还是留在家乡？"。

对于第一个问题，表示希望长期居住的流动人口占49.0%，表示不希望的占51.0%。可见，希望在广州发展和不希望各占一半。对这一变量进行逻辑回归分析，由于本命题属逻辑型变量，运用逻辑斯蒂回归模型，以"歧视"（Re）作为二元因变量，选取年龄（ag）、婚姻状况（ma）、受教育程度（ed）、户籍地等级（ho）、户口（hk）、在穗滞留时间（st）、收入（in）、工作变动情况（jc）、对广州的印象（gzi）、对本地人的印象（li）、经常交往的对象（fr）和与本地人交往的程度（lf）等作为协变量，使用向后逐步剔除选择法运用逻辑斯蒂回归进行分析（回归分析过程与结果见附录Ⅲ）。

回归结果表明，流动人口是否继续选择在广州发展和与本地人交往程度、对广州印象及本地人印象强相关，与流动人口婚姻状况和收入次相关。多数已婚者认为来广州主要是为了赚钱，最终还是要回老家，正如一位受访者表示：

"我从来没有想过在广州住一辈子，这里房价这么贵，怎么买得起？我现在来广州就是为了赚钱回家盖房子，也是没有办法的事情，况且我不喜欢这里，语言不通，广州人比较狡猾，不像我们乡里人老实忠厚，况且家里还有那么多田要种，有钱了我还是愿意在家里，家里自在。"[①]。

此外，收入越高的流动人口在本地购房和生活的机会越大；与本地人交往越频繁、对广州文化的认同度越高，越希望留在广州。从各区情况看，白云区流动人口中表示希望居住在广州的比例只有44.6%，天河区则相反，表示希望居住在广州的比例达到56.2%，这主要与前者流动人口大都在工厂上班、收入较低、整体生活状况较差有关，而后者流动人口整体

---

① 访谈A-25。

素质较高、从事非体力劳动比例相对大些、整体生活状态较好有关。

对于"假设老家与外出打工在收入上没有差别，你更愿意选择外出还是留在家乡？"这一命题，调查结果显示选择留在家乡比例是52.9%，32.1%选择外出打工，15.1%表示不知道。在收入相当的条件下更多的人选择在家里，原因有出行成本、家庭因素和个人因素等。交叉分析发现流动人口选择外出或留守家里与年龄、性别及婚姻状况、来穗目的和现在从事的工作有关。具体而言，年龄越小（16岁以上），外出的可能性越大，17-25岁、26-35岁、36-45岁3年龄段的流动人口选择外出打工的比例分别是34.8%、29.8%和24.3%，相比而言，年轻人更加喜欢丰富多彩的都市生活，这其中有相当一部分80年代以后出生的年轻人，很多是刚刚走出校门，根本不熟悉农村的种田技术，在农村生产生活很不适应，一位受访者表示：

"我高中毕业没有考上大学，就在家里呆了半年，在家里什么事情都不会干，做饭都不会，更不用说下地干活，因为我一直呆在学校，没有人教我农业技术，每天都很无聊，终于等到机会和表叔一起来广州"[①]。

上述想法是基于缺失农业技术的农村外推型的进城选择，另一种更普遍的方式是城市生活依赖型的进城选择，正如另一位受访者所言：

"我不愿意呆在家里是因为喜欢上了城市热闹的生活，我每到过年的时候在家里就呆不惯，每天除了看电视都不知道干什么好，我们那里晚上很早就熄灯睡觉，根本没有城市的夜生活。在城里我可以天天上网，甚至可以半夜吃烧烤、溜冰、逛商场，而这些家里都没有。还有，村里卫生条件不好，到处都是粪便、下雨时路上都是泥巴，脏兮兮的，不如城里干净整洁"[②]。

加之，在现代技术支撑下的电视、电脑等视觉媒体及在城里获得成功（或部分成功）人士直接或间接影响下，城市生活尤其是像广州这样的大都市生活成为很多农村人的向往。在这一普适性认同下，留在农村里的人被认为是缺乏进取心或竞争力，往往会被看不起，这种想法在很大程度上

---

① 访谈A-26
② 访谈A-27。

强化了一些人的进城决策，尤其是年轻人。

同时，进城决策的具体实施存在明显的性别差异。未婚者中男女选择外出的比例相当，由于没有多少压力，男、女性都可选择外出，但婚后男性外出比例达到63.3%，女性外出比例只有36.7%。对于已婚家庭而言，家庭事务的性别分工很明确，在有孩子或种地条件下，一般只能是一个外出而另一方留守家中，往往是男性外出打工，女性在家带孩子或种田。当孩子长到7岁左右，女性可以把孩子留在家里或带进城上学，女性外出比例又开始上升，这样直到中年或老年再回家，可见，对于流动人口外出决策，年龄、婚姻状况以及性别3个变量之间形成一种复杂的嵌套关系。基本上，女性外出的概率呈现一种"M"形态，男性则不一样，外出概率呈现一种"倒U"形态（图6-3）。

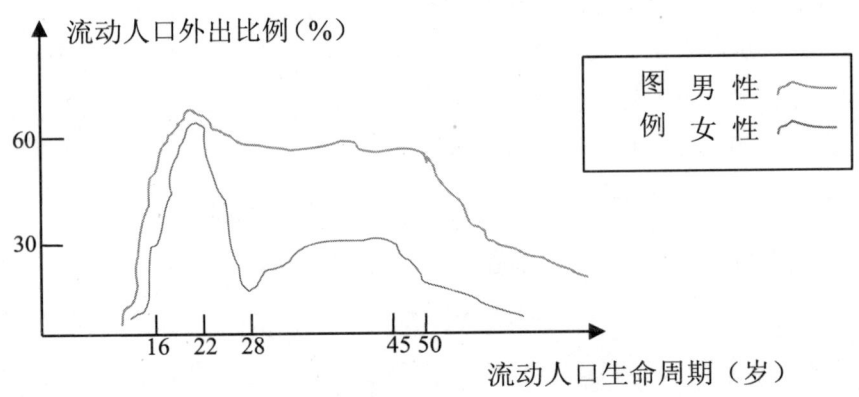

图 6-3 流动人口外出的性别差异
Fig.6-3 Marital difference of outing for floating population

此外，流动人口来穗目的也影响其对在家还是外出的选择。以赚钱为目的的流动人口选择外出的比例是30.4%，见世面的选择外出的比例是36.3%，学技术的外出比例占32.9%。以非经济目的来广州的人只有进城，因为需要学习的东西在家里难以学到。最后，流动人口从事工种中体力劳动者更多选择回老家，这部分人更多以赚钱为目的，在经济利益得到满足条件下，他们多数会待在家里，而管理人员、工程技术人员等更多的选择留在城里，城里有更大的发挥空间。

从各区情况看，白云区流动人口选择在家乡比例较大（56.9%），外出打工比例只有26.8%，这与白云区流动人口的就业构成有关，很多人在工厂上班，以挣钱为目的，一旦家乡可以获得同等收入，外出比例会相对较小。荔湾区流动人口中在同等条件下选择外出比例较高（39.5%），这与该区流动人口很多是来自本省、来广州时间较长、比较认同和适应广州的生活有关。

三、城市意向图

（一）国内外相关研究概述

1. 国外研究概述

城市意向图最早是由美国城市学者林奇（Lynch K.）提出，上世纪50年代他开展了一项对波士顿、新泽西、洛杉矶3城市居民意向图的调查工作，具体操作要领是要求受调查居民画出其各自城市的略图，在此基础上归纳了居民意向图的5个构成要件：路径、界限、区域、枢纽和标志。

此后，大量学者不断丰富和发展了林奇的城市意向理论，体现在分析城市意向类型及影响因素方面。如Applaryard在对Ciudad Guayana意向分析基础上提出把城市意向划分为系列型和空间型2种类型，前者认为居民认识城市主要从道路——顺序要素（Sequential elemants）入手，后者认为从建筑、各种地面标志等区域——空间要素（Spatial elements）入手，在影响城市意向形成因素方面强调市民居住时间长短和文化教育水平的作用。Golledge提出了城市意向的空间学习过程理论，认为城市意向的形成是一个由低级向高级的空间学习的发展过程，包括3个方面：①线性发展阶段。市民对城市意向行为过程始于记住居住地点、工厂场所和其间的线路。②相邻扩散阶段。市民通过出行、购物等活动从居住点、工作地及沿线不断外拓从而扩大记忆点及线路；③等级组织。随着更多的和范围更广的出行、购物、旅行等活动的开展，市民形成更大范围和内容更丰富的记忆，形成以中心、次中心、次点构成的网络等级结构。对于城市意向图的实证研究，Francescato和Mebane通过对米兰、罗马的比较研究发现中产阶级和下层阶级感应中的城市不一样，前者绘出的罗马空间尺度大，内容丰富，后者则空间宽度小，内容相对简单[1][181]。

2. 国内研究概述

国内的开拓性研究肇始于徐放对赣州的研究[2][221]，其后，刘沛林[3][222]对湖南传统村落、顾朝林和宋国臣对北京[4][253]、李建宏和李雪铭[5][254]对大连也进行了类似研究。系统研究是许学强和李郇开展的对广州意向空间的研究[6][224]，对广州的研究显示，广州市整体的城市意向以珠江为城市参考系，环市路、东风路、中山路、解放路、广州大道、江南大道及工业大道构成城市意向的网络状系统，在此基础上有广州火车站、海珠广场、区庄立交和中山五路、东风路、解放北路上的几个交叉节点，形成火车站、海珠广场、白天鹅宾馆、越秀山及珠江4桥等主要标志，辅以各种区域的空间格局。总体上看，广州市城市意向主结构明显，次结构趋于模糊。对于影响广州意向图的因素他们归结为文化水平、居住地点、交通工具等要素。

3. 本研究的问题意识

本研究是上述研究的后续与对比性研究，不同之处有两点：①上述研究

---

[1] Lynch K.The Image of the City.方益萍，何晓军译．城市意象[M]．北京：华夏出版社，2001.35-69.

[2] 徐 放.居民感应地理研究的一个实例——对赣州市的调查分析[J].地理科学，1983，3（2）：167-174.

[3] 刘沛林.湖南传统村镇感应空间规划研究[J].地理研究，1999，18（1）：66-72.

[3] 顾朝林，宋国臣.北京城市意向空间及构成要素研究[J].地理学报，2001（1）：64-73.

[5] 李建宏，李雪铭.大连市城市空间意向初步研究[J].城市发展研究，2006，13（1）：34-39.

[6] 李建宏，李雪铭.大连市城市空间意向初步研究[J].城市发展研究，2006，13（1）：34-39.

是在上世纪90年代初开展的，经过这么多年广州意向空间有何变化；②上述研究的受调查群体主要是对广州较为熟悉的本地人，本研究的对象是流动人口，作为城市的外来群体，流动人口感受到的广州是什么样？与本地人的感应空间有何差别？构成要素有哪些？意向图的影响因素是什么？

（二）对"什么是广州"的感知

对于流动人口意向图的分析，笔者认为，在绘制具体的空间性要素意向图之前，有必要了解城市在大量流动人口心目中的总体印象是什么。基于此，访谈过程中笔者设计了"什么是广州？广州对于你而言意味着什么？"这一开放性问题。

对此，很多流动人口表达了各自的观点：

"广州有很多高楼大厦"[1]

"广州有很多好玩的地方，有网吧、电影院、歌舞厅等"[2]

"广州人多、车多"[3]

"广州有更多的赚钱机会"[4]

"广州大马路、大广场、大商场"[5]

"广州很干净，每天有人打扫卫生"[6]

"广州的大马路上干净，但是有些地方环境很差，如一些城中村里面很脏、很乱"[7]

"广州的空气不好"[8]

从上述回答可以看出，对于广州的理解，很多流动人口以其与户籍来源地的差别加以替代，对于广州的总体感知表述为城市有高楼、大马路、房子多、

---

[1] 访谈A-7。
[2] 访谈A-13。
[3] 访谈A-21。
[4] 访谈A-24。
[5] 访谈A-30。
[6] 访谈A-33。
[7] 访谈A-38。
[8] 访谈A-41。

车子多、好玩的地方多、空气不好等，这些特征在流动人口户籍地是少见的。

笔者进一步要求受访者将上述文字反映在空间上，一些人由于对绘制地图的知识欠缺，方位感不强，以示意图代替意向图的现象时有发生。表面上这些示意图和本研究主题（意向空间）不吻合，算不上严格意义上的有效样本，但经过认真推敲，其中的信息量相当丰富，它们可以反映流动人口对广州感知的心路历程。这里以本次调研中出现的示意图为例进行解析，典型的示意图见表6–14。

表 6–14 典型示意图
Tab.6-14 Typical sketch maps

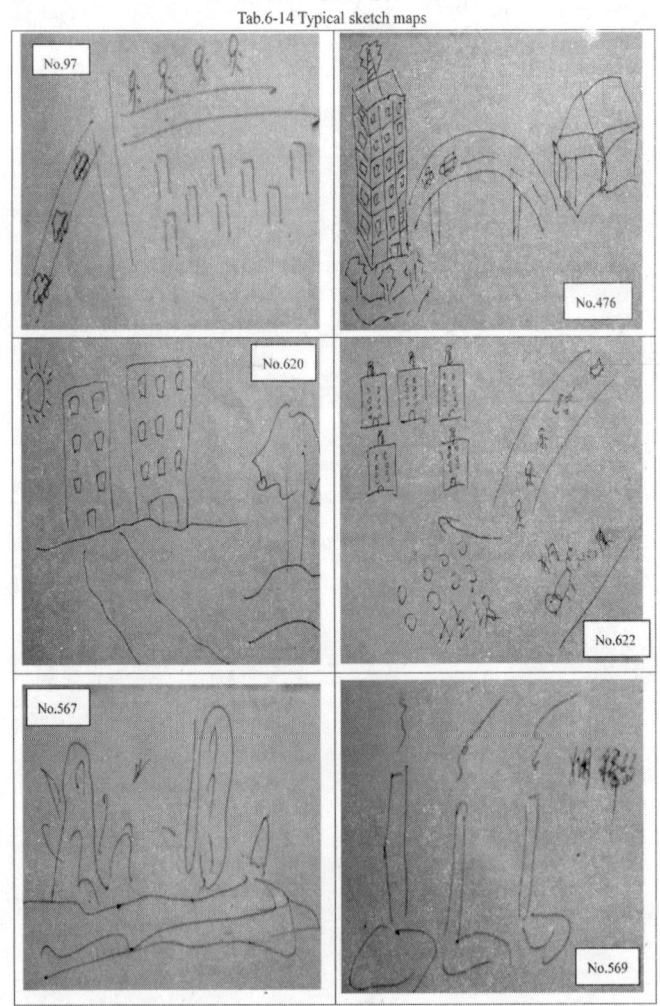

资料来源：根据问卷整理得出。

第六章 广州流动人口感应空间

可以看出，No.97关注了广州城市的"三多"现象，即人多、车多、楼多，这是很多流动人口对于广州最真切的体验。此外，道路是主要的空间意向要素。No.476关注了广州城市的高楼，在流动人口眼里，高楼大厦是广州作为现代化的大都市的重要象征，这是和户籍地相区别的重要表现。立交桥是主要的空间意向要素，正是由于"三多"现象的存在，这一节点型要素才显得十分重要。此外，城市植被等环境因素也有表现。No.567示意了广州的三大标志——珠江、白云山和高楼，是广州意向空间中的重要边界和地标元素。No.569类似漫画，画了三支烟，旁边标注"烟释放"字样，没有出现任何林奇先生所说的城市意向元素，但却真实道出了广州的环境问题，由于人多、车多造成的空气质量下降和大量高楼玻璃幕墙带来的光污染，广州的环境问题令人堪忧。No.620与No.476类似，同样关注了广州的高楼林立、道路、植被等要素。No.622是综合性的要素表达，关注了城市高楼、道路、由于人口、车辆众多和城市动物带来的垃圾问题。

总体上看，流动人口对广州的印象有两个特点：①流动人口对广州整体的感知要素极其简单，感知要素集中体现为人多、车多、房子多、空气质量差；②流动人口对于广州的感知图并没有体现出广州的城市特点，人多、车多、房子多、空气质量差等特征是所有城市共有的特征，即流动人口用对所有城市的共性的感知来表达对广州的认知程度。

进一步考察绘制广州示意图的流动人口属性特征，发现绘图者都是男性，都来自广东省外的农村地区，来广州的时间不足1年，且都没有换工作的经历。可见，对于更富有想像力的示意图而言，男性的绘图能力强于女性，来广州时间较短、无工作流动经历致使其总体上对广州不甚了解。所绘之图虽缺乏元素间的拓扑关系，但是他（她）们在广州生产与生活过程中的真切体验，是对广州感应过程的重要体现。此外，通过对绘制者文化程度的考察，并未表现出明显的低文化水平的特征，6人中仅1人是初中文化水平，4人是高中文化程度，还有1人是大学学历。

(三)城市意向图分类

从调查结果看,广州城市意向图大体可分为2类。

1. 城市意向图缺失

调查结果显示,817份问卷中有489份缺失,即59.6%的受访者没有填写。

至于意向图缺失原因,一方面,这一题目比较特殊,要求受访者手绘心目中的广州草图,较之于选择型题型要复杂和困难得多,需要一个思考和再现的过程,对于多数流动人口而言比较困难;另一方面,一些流动人口对广州不太了解,由于文化水平的限制、空间方位感的欠缺和画图基本技巧的缺失,即使心里知道但用笔不一定能如实表达。但是也不全是这样,笔者原以为流动人口文化程度的高低、来广州的时间长短与其所绘制的意向图直接关联,即认为文化水平低、来穗时间短的流动人口绘制地图的可能性较小。但是,交叉分析的结果显示并非如此。先看文化程度,表6-15是不会画或没有画的流动人口文化程度构成情况与所有流动人口文化程度构成情况。

表6-15 流动人口文化程度构成比较

Tab.6-15 Comparison between educational levels of floating population

类型\文化程度	不识字或少识字	小学	初中	高中	中专、中技或职高	大专、大本	研究生及以上
I(%)	0.6	4.9	37.3	27.7	15.8	13.3	0.4
II(%)	0.6	4.5	36.9	27.9	15.4	14.2	0.1

资料来源:根据问卷统计分析得出。

不难看出,不会画或没有画的流动人口文化水平与整体广州流动人口文化水平基本相当,并未表现出强烈的低文化指向。通过访谈发现,一些高学历的人仅因为画图麻烦才拒绝绘图。再考察流动人口来穗时间的长短对绘图与否的影响,表6-16是不会画或没有画的流动人口来穗时间构成情况与所有流动人口来穗时间构成情况。

第六章 广州流动人口感应空间

表 6–16 流动人口来穗时间构成比较
Tab.6–16 Comparison between remaining periods of floating population

类型 \ 来穗时间	1个月以下	1个月–1年	1–3年	3年以上
I（%）	4.8	31.9	32.7	30.6
II（%）	5.3	32.0	29.8	32.9

资料来源：根据问卷统计分析得出。

同样，不会画或没有画的流动人口来穗时间与整体广州流动人口来穗时间基本一致，绘制地图的流动人口并未表现出明显的来穗时间较长的特征。

2. 城市意向图类

在所有的817份问卷中，绘制成图问卷数有328份，占总问卷数的30.4%。由于流动人口年龄、性别、文化程度等社会经济情况及所在区位各异，绘出的意向图也是千姿百态。因此，如何对其进行合理的分类成为本研究的重要问题。本研究按绘画地图的空间范围大致分I和II两类，其中I类是流动人口工作或居住地附近或周边的社区层次的地图，II类是广州整个城市层次的地图。依据绘画范围和地图要素的详细程度的相互关系，构建流动人口广州城市意向图分类象限图（见图6-4）。

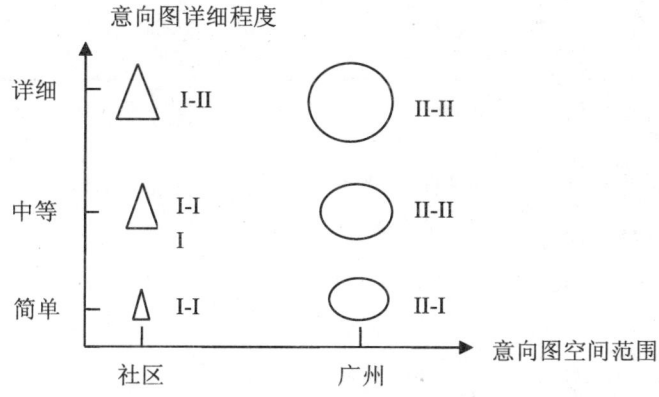

图 6–4 流动人口意向图分类系统
Fig.6-4 Sorting system of floating population's cognitive map

表6-17是两类型意向图在各受访区数量分布情况。

表 6-17 意向图的区域分布情况
Tab.6-17 Number of cognitive maps in surveyed areas

区域意向图类型	白云区	天河区	荔湾区	花都区	其它
广州整体型	22	14	17	9	6
社 区 型	94	39	44	83	0
合 计	328				

可见，流动人口城市意向图具有明显的二元性特征，即所绘意向图包括城市层次和社区层次的意向图。其中，市域层次的意向图68幅，占总图幅数的20.7%，社区层次的意向图260幅，占79.3%。从数量看，后者占据大多数。可见，多数流动人口对广州整体空间形态不甚熟悉，倒是对其工作或居住地附近的情况更加了解，这表明流动人口整体城市意向程度的相对局限性。接下来分别对两类意向图进行分析。

（四）市域层次意向图

1. 意向图分类及构成要素

综合流动人口绘制意向图的具体情况，按如下标准（表6-18）对城市层次的意向图进行分类。

表 6-18 城市层次意向图的分类标准
Tab.6-18 Sorting criterion of cognitive on urban level

简 单	1-2个城市核心意向要素的表达或粗略城市示意图（大体轮廓）
中 等	3-4个城市核心意向要素表达或1-2个城市意向要素辅以简单城市示意图
详 细	5个及以上的城市核心意向要素表达或详细城市示意图

经过对流动人口意向图细致的考量，按上述标准将城市意向图分解为很多亚类，分类系统及典型意向图见表6-19。

第六章　广州流动人口感应空间

表 6-19城市层次意向图的分类
Tab.6-19 Sorting of cognitive map on urban level

详细程度等级（括号内数字为图幅数）	亚类型（括号数字为图幅数）	典型意向图
简单（24）	一点型（7）	No.217
	一路型（6）	No.102
	一江型（5）	No.499

（续上表）

	一江一桥型（4）	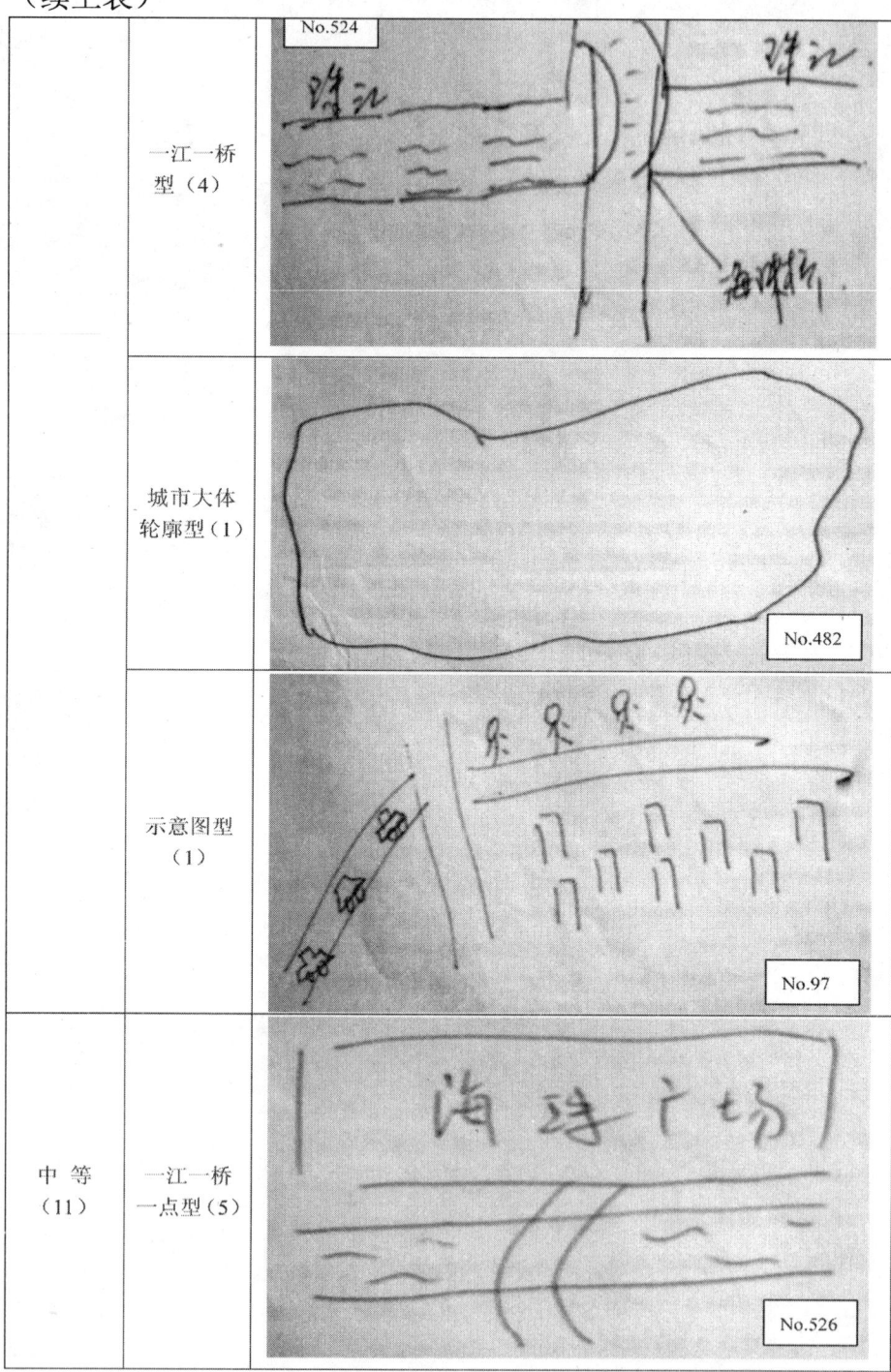 No.524
	城市大体轮廓型（1）	No.482
	示意图型（1）	No.97
中 等（11）	一江一桥一点型（5）	No.526

第六章 广州流动人口感应空间

（续上表）

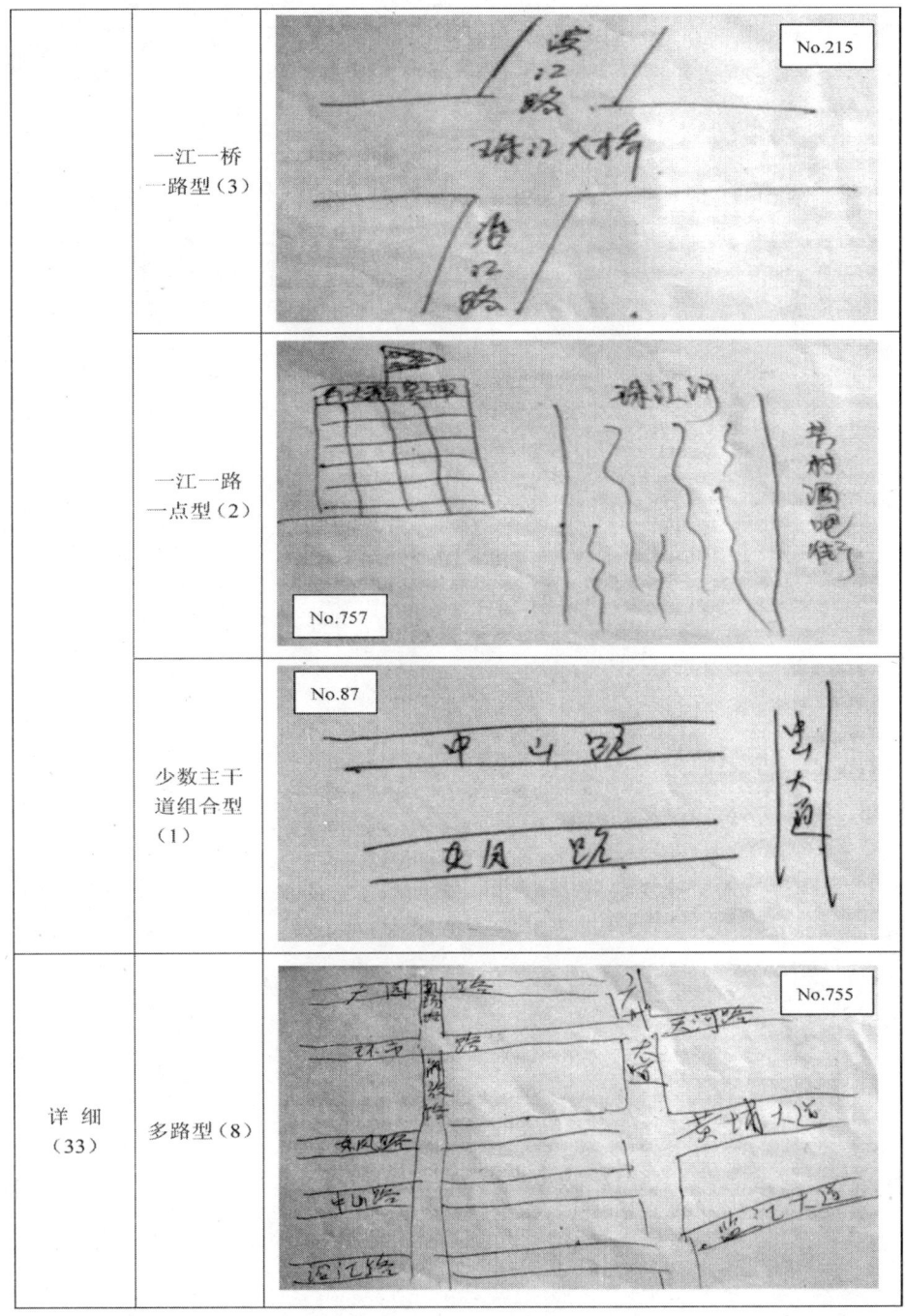

（续上表）

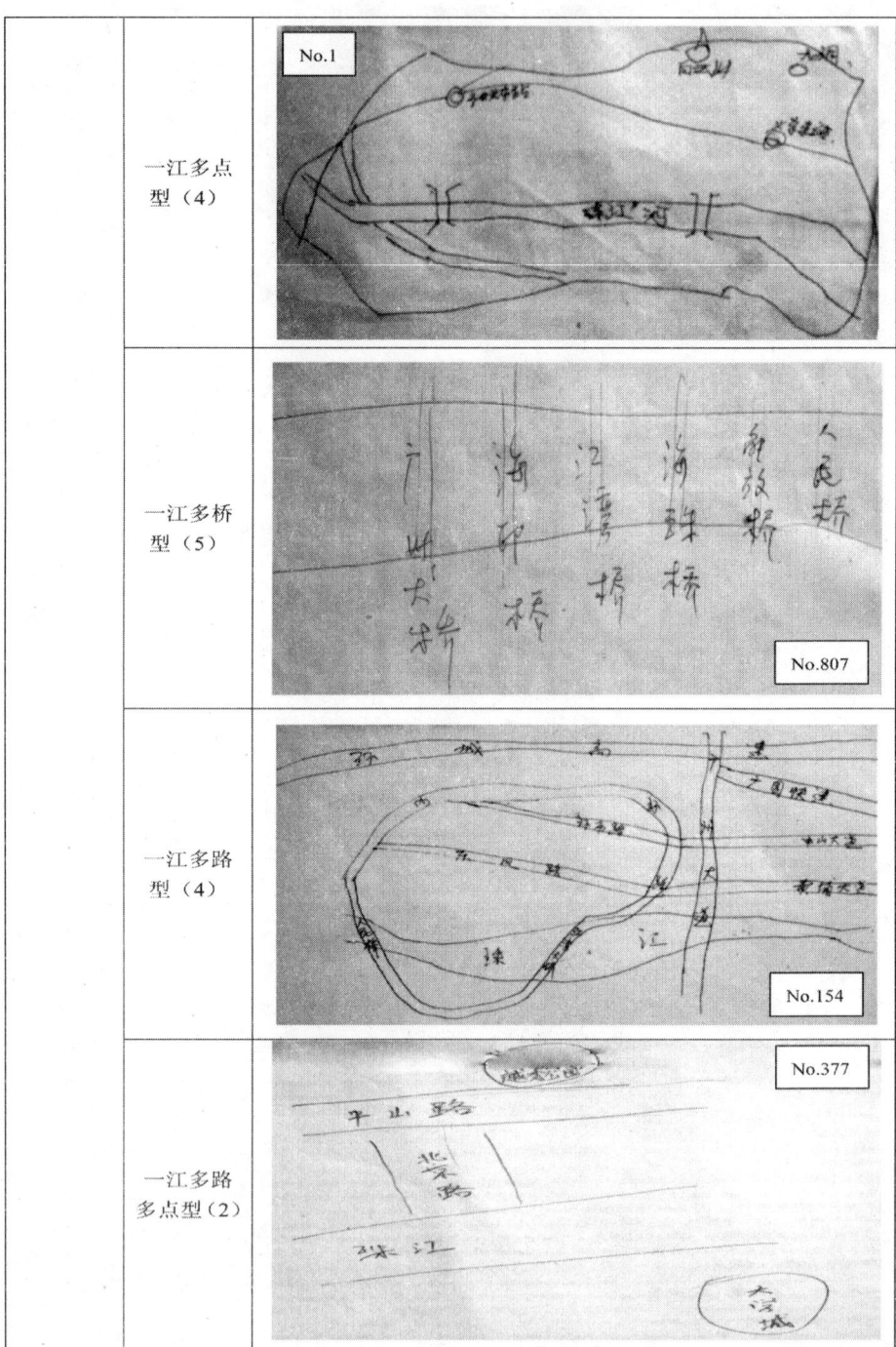

	一江多点型（4）	No.1
	一江多桥型（5）	No.807
	一江多路型（4）	No.154
	一江多路多点型（2）	No.377

第六章 广州流动人口感应空间

（续上表）

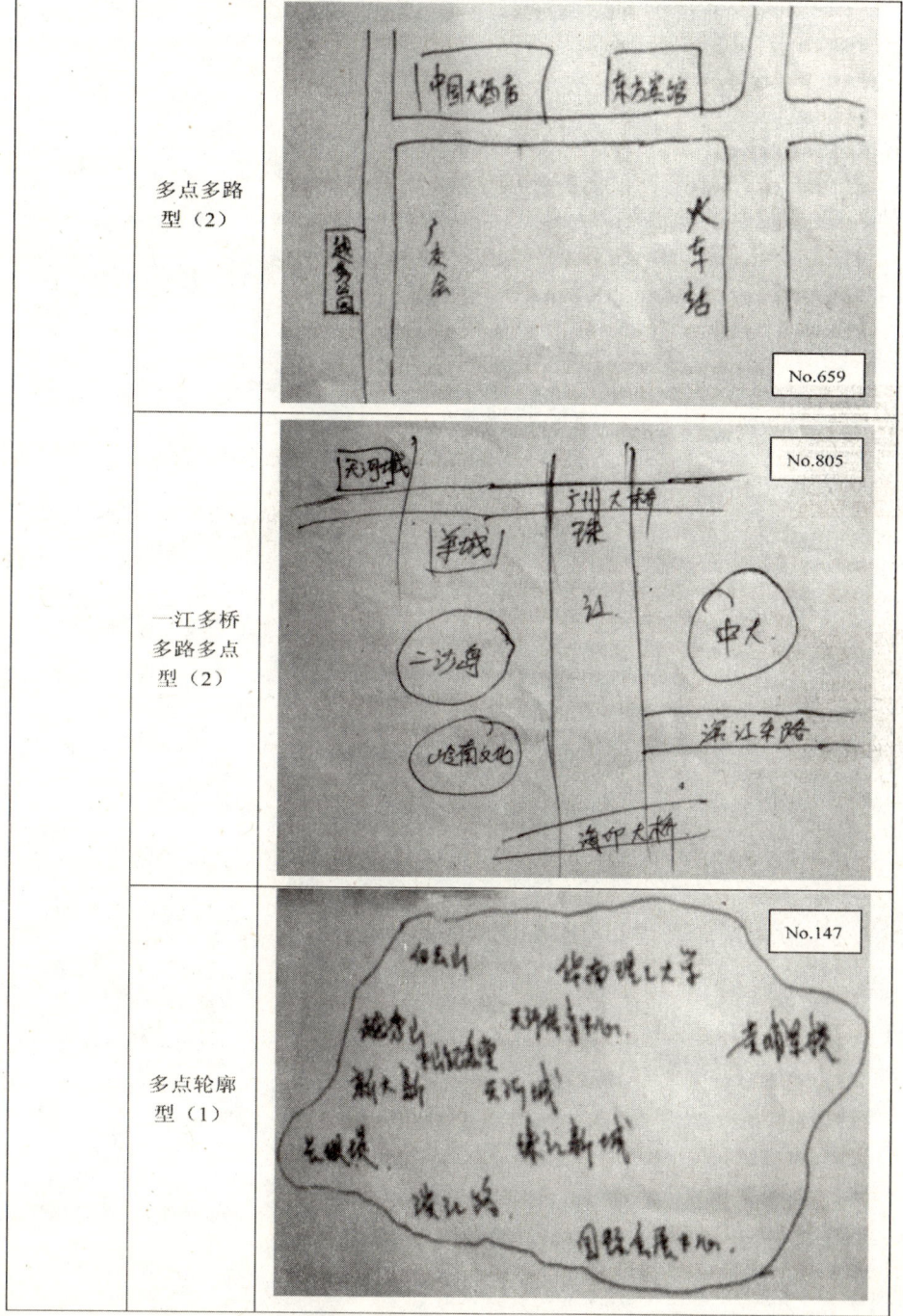

217

（续上表）

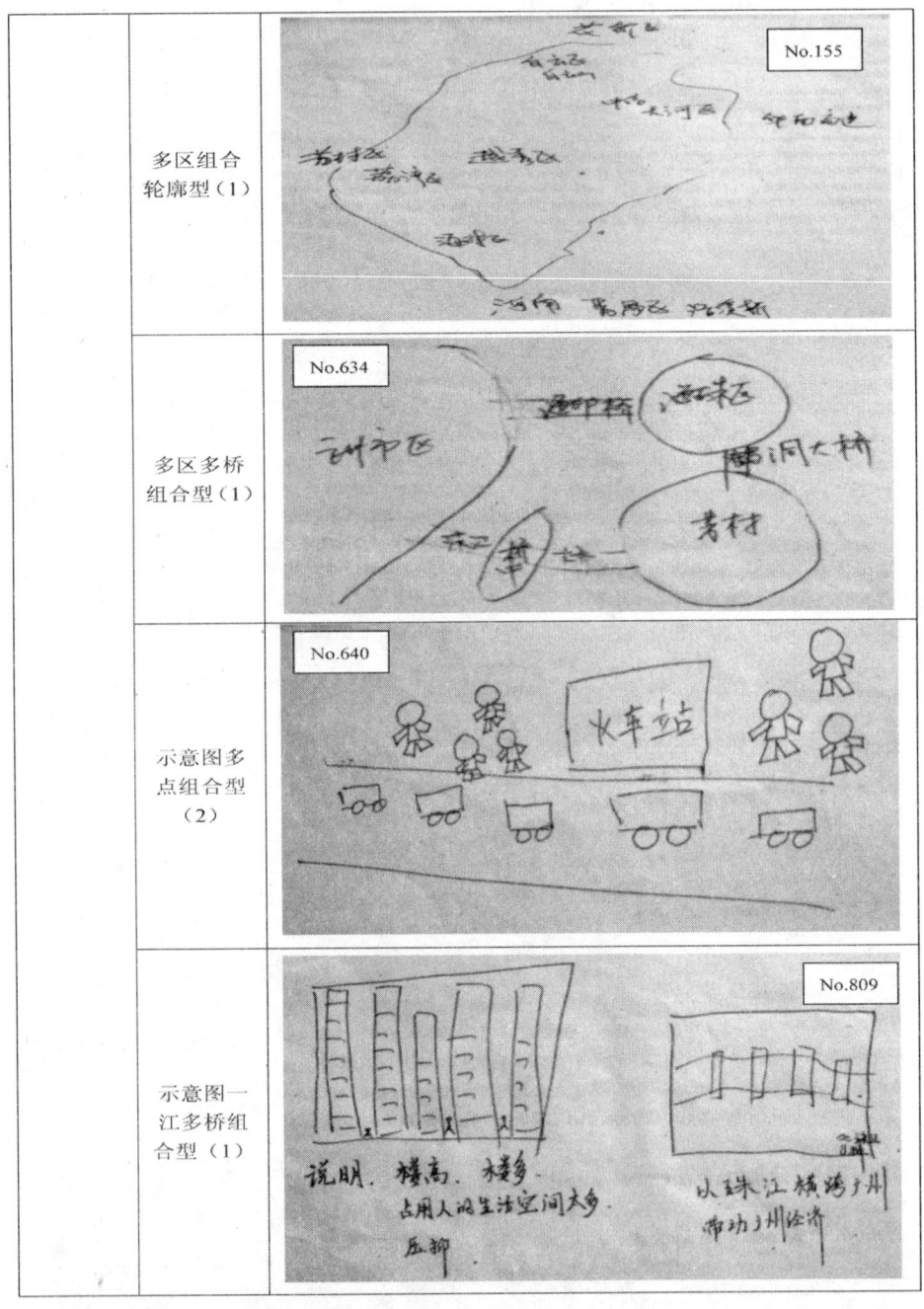

资料来源：根据问卷统计分析得出。

第六章 广州流动人口感应空间

从简单型意向图构成类别看,"一点型"、"一路型"和"一江型"等三类极其简单的意向图比例最高,分别达到29.2%、25%和20.8%,其次是"一江一桥型",比例为16.7%,而城市"大体轮廓型"和"示意图型"仅占简单型意向图比例的8.2%。其中,"一点型"意向图中的"点"以广州火车站、广州东站、广东省汽车站、白云山和越秀公园的绘制比例最高,意向程度分别高达62.1%、54.3%、27.3%、45.3%和37.9%,其中广州火车站和广州东站是绝大多数外省籍流动人口进入广州的第1站,意向程度很高;广东省汽车站的绘制者多来自于广东省内的流动人口,比例占到85.2%,这也是多数本省籍流动人口进入广州的重要节点;白云山和越秀公园作为广州市标志性场所,多数流动人口对其较为熟悉,意向程度也较高。"一路型"意向图中的"路"以北京路、广州大道、天河路、中山路、解放路的绘制比例最高,分别占43.8%、41.5%、37.2%、25.8%和21.9%,这些道路或是广州标志性的商业街(如北京路),或是广州交通系统的核心干道,意向程度自然较高。"一江型"中的"江"毫无疑问是珠江,珠江在所有意向图中出现的比例高达70.3%,可见,珠江对于广州城市的标志性地位。从中等型意向图成图特征看,"一江一桥一点型"和"一江一桥一路型"比例较高,分别为45.5%和27.3%,而较为复杂一点的"主干道组合型"比例较小,仅为9.1%。从详细型意向图构成类别看,"多路型"、"一江多点型""一江多桥型"、"一江多路型"等相对简单的类型意向程度较高,分别为24.3%、12.2%、15.2%和12.2%,而"一江多路多点型"、"多点多路型"、"一江多桥多点多路型""多点组合型"、"多区组合轮廓型"、"多区多桥组合型"、"示意图多点组合型"和"示意图一江多桥组合型"等成图特征较复杂的意向图比例很少,比例均小于6.0%。

综合城市层次意向图的成图特征,本研究再对流动人口在绘图过程中关注的要素进行总结。

流动人口的空间透视：以广州为例

（1）路径

受访者绘制的认知草图中出现频率最高的要素是道路，道路是流动人口广州空间意向的主要框架，是流动人口在城市中进行意向组织的基本手段，对其它要素起链结作用，同时帮助人们进行空间定位。本研究发现，广州大道、解放路、广园路、东风路、环市路、中山路、中山大道、天河路、沿江路、黄埔大道等几条主干道出现频率最高。此外，由于广州一江跨越城区的交通条件，桥梁成为与主干道同等重要的路径。

（2）边缘

意向图分析发现，广州意向图中最大的边缘是珠江，珠江把广州城市整体分为江南和江北两块，当然还有被切割而成的二沙岛、大坦沙、北帝沙、洛溪新城等小地块。笔者通过观察一些流动人口绘制先后顺序，珠江是不少流动人口首先描绘的对象，可见珠江作为构建流动人口广州意向图的重要性。此外，大部边缘往往和道路要素结合在一起。对于行为而言，广园路、环市路在某种意义上是可以穿越的边缘，对于汽车而言，广州交通干线是边缘。由于城市作为一个整体，边缘的作用较弱，除珠江外，不是所有的流动人口都能意识到边缘的作用。

（3）区域

具有共同特征的较大城市范围的二维空间称为区域，多个区域构成具体的城市。从本研究看，区域大体分为以下几个层次：①因珠江而划分的自然区域、②行政区、③功能区及④街区。其中，自然区域指广州被珠江穿越后形成的江南区和江北区，不少意向图就只画了珠江、标注江南、江北字样。行政区是指广州主要10个城片区，有的意向图画了主要（或大部分）行政区的地域组合关系，如老芳村区与海珠区及荔湾区的拓扑关系。功能区主要是围绕某一项共同性功能而产生的区域，如因教育而产生的大学城、因皮具交易而产生的皮具城、因市民居住而产生的大型楼盘。而街区则是较小范围的区域，如冼村、石牌村等，多数城中村属于这一类型。

（4）节点

节点是居民能够进入其中的点，具体表现为连接点或线性上突出的地物点。从某种意义上看，区域和节点没有直接的严格的区分，依照考察范围的不同，区域和节点之间可以互相转化。本次研究发现，很多流动人口视广州火车站为最基本的节点，它是很多流动人口进入广州后的第1站，此后流动人口分散到四面八方，某种意义上它扮演了最重要节点的角色。除火车站、广州东站、天河客运站等外向型节点外，内城区的一些广场、众多的立交桥、跨越珠江的桥梁和功能性较强的商业街的可意向性也较高，如海珠广场、区庄立交、海印桥、北京路步行街等，它们在流动人口意向图中扮演控制点的角色。

（5）地标

地标是居民认识城市时的重要参照物。它与节点的区分在于后者是一种行为场所，是可以被"进入"的；而地标是人们从外部看城市的参考点。本研究发现地标在本次流动人口意向图中占据重要地位，出现频率很高。在所有地标中，广州火车站、白云山、越秀公园、海珠广场、北京路、中信广场的意向程度较高。

2. 意向图质量的影响因素

总体而言，流动人口绘制的广州意向图较为简单，成图要素较单一，组合型意向图多限于江、路、桥、点的两两组合，多元素的互相组合及大范围的行政区际组合图极少（行政区际组合图仅1幅），在意向图基本构成要素的5大元素中路径、地标和节点意向程度更高，而区域和边缘的作用不明显。接下来分析造成城市意向图整体趋于简单的原因。

对于意向图质量的影响因素，首先考虑不同绘制区域的影响。由于不同区域流动人口对广州的感知程度和感知要素不一，意向图形式各异。表6-20是意向图各等次在各调查区域的问卷数。

表 6-20 按详细程度分类的各区意向图份数
Tab.6-20 Number of cognitive map sorted by graphical elaboration

详细程度区域	简单	中等	详细	合计
白云区	10	2	10	22
天河区	5	2	7	14
荔湾区	8	4	5	17
花都区	1	3	5	9
其它	0	0	6	6

资料来源：根据问卷统计分析得出。

可以看出，对于广州意向图的完成情况，简单意向图有24幅，占35.3%，完成质量中等有11幅，占16.2%，较详细绘制意向图有33幅，占48.5%。各区的情况是白云区简单型占45.4%，中等型占9.2%，详细型占45.4%，天河区简单型、中等型和详细型分别占35.7%、14.3%和50.0%，荔湾区简单型、中等型和详细型分别占47.0%、23.5%和29.5%，花都简单型、中等型和详细型分别占11.1%、33.3%和45.6%。笔者自己进行的都是详细型的意向图。对比而言，白云和荔湾区的简单型意向图完成质量不错，花都区的中等型意向图完成质量不错，详细型意向图完成较好的区域是天河区、花都区和白云区。

其次，流动人口本身的人口属性因素对意向图绘制产生重要影响。为此，把意向图的绘制质量程度（Ma）作为因变量，把流动人口性别（se）、年龄（ag）、文化程度（ed）、婚姻状况（ma）、来广州时间（st）、户口（hk）、变换工作次数（jc）、每月收入（in）等作为自变量进行回归分析，发现如果严格遵循统计学意义上95%的置信度，没有一个因变量显著影响流动人口意向图的绘画质量，这很大程度上与流动人口绘制意向图的份数不够多有关。为分析之便，这里将置信度降低到90%，调整后得到的回归方程是：

$Ma=1.256+0.171*ed$

显著性程度是 $Sig^{[1]}=0.085$

---

[1] 文化程度影响的显著性水平。

第六章 广州流动人口感应空间

可见，流动人口广州意向图的绘制质量与流动人口文化程度有关，但与流动人口来广州的时间相关性不甚明显。对于前者，文化程度越高的流动人口对于广州城市的关注意识相对强烈，即使亲自体验广州的经历不多，但凭借已有的知识体系和平时读书看书等习惯，也能大致绘出心目中广州的印象。对于后者，与笔者之前预想（流动人口意向图绘制质量好坏与流动人口来广州的时间有关）存在较大出入，可能是流动人口本身的特点造成，由于绘制意向图不可能做到时时监督，绘制好坏难以有效控制，存在较大变数和偶然性因素，可能一些人来广州很久，但对广州还是不太了解，尤其是那些整天呆在工厂上班或在城中村里开档口的人，笔者访谈过程中也实证了这一现象，一位开药店的老乡这样讲：

"我来广州已经三年了，但基本上一天24小时都在小店里，除早晨去步行不到5分钟的菜场买菜外。自过年后从武汉坐火车来到广州，然后和亲戚一起乘公共汽车来康乐村，此后就没有出过康乐村，进货也都是其它老乡送货上门。所以，你说的广州的一些地方我统统都不知道"①。

可见，他的生活圈子基本上只有方圆10分钟的范围，对于广州的情况几乎都不知道，就连近在咫尺的珠江都不知道。这听起来令人难以置信，但是，对于工作和生活圈相当狭小的部分流动人口而言却是事实。

通过交叉分析发现，流动人口人口属性及其日常行为特征深刻影响其意向图绘制质量。首先是来广州的时间对城市意向图产生影响，在流动人口文化水平相同情况下，来广州时间越长，绘制的意向图越详细，成图要素越多，组合关系越复杂。以初中为例，"一江型"、"一路型"等简单意向图绘制者中有85.4%的来广州时间不足1年，而"多路多点多桥"、"多区组合轮廓型"、"多区多桥组合型"等复杂意向图绘制者中73.2%的来广州时间超过3年。其次，流动人口职业特征影响意向图绘制质量。从事商业、服务业的流动人口绘制的意向图总体上较详细，复杂型意向图占71.8%，这与其工作的流动机会较多（进货、寻找市场、与不同客户

---

① 访谈A-1。

打交道等）有关，而从事体力劳动或文员类工作的流动人口绘制的意向图相对简单，简单型意向图占63.1%。从流动人口职业变动情况看，简单型意向图绘制者中79.2%的没有换工作的经历。从流动人口工作地和居住地的地缘关系看，在同一街道工作和居住的人中有67.3%绘制的意向图较简单，而在不同城区工作或居住的人中绘制详细意向图的比例高达78.3%。

再考察流动人口行为活动对意向图的影响。首先，流动人口出行次数影响意向图质量，出行次数越多，绘制的意向图相对详细，82.4%的出行次数超过3次的流动人口绘制意向图较复杂。其次，出行目的也对意向图产生影响，以购物、探亲、休闲娱乐等为目的的流动人口中86.1%的流动人口绘制的意向图较复杂，而以上班为目的的流动人口中有71.4%的人绘制的意向图较简单。此外，流动人口日常休闲活动的内容影响意向图质量。以睡觉为主要休闲娱乐活动的流动人口中有89.3%绘制意向图较简单，而以逛商场、上网为主要休闲娱乐活动的流动人口中有91.2%绘制了详细的意向图。

(五)社区层次意向图

分析完广州整体层次的城市意向图后，再对基于流动人口居住或工作地附近的社区或邻里层次的意向空间进行分析研究。涉及该层次的城市意向图的有效问卷共计260份，其中白云区94份，天河区39份，荔湾区44份，花都区83份。

1. 意向图分类及构成要素

与广州城市整体层面意向图类似，社区层次的意向图也有详略之分。与广州整体层次的标准相比，流动人对社区层次更加熟悉，图形要素也更加丰富。因此把划分标准提高一些，见表6-21。

表 6-21 社区层次意向图的分类标准
Tab.6-21 Sorting criterion of cognitive on community level

简 单	1-3个城市核心意向要素表达
中 等	4-5个城市核心意向要素表达
详 细	6个及以上的城市核心意向要素表达

第六章　广州流动人口感应空间

其中，每一类型可分解为若干亚类，分类系统及典型意向图见表6-22。

表 6-22 社区层次意向图的分类
Tab.6-22 Sorting of cognitive map on community level

详细程度等级（括号数字为图幅数）	亚类型（括号数字为图幅数）	典 型 意 向 图
简　单（124）	一点型（32）	No.218
	一路型（29）	No.99
	一点一路型（16）	No.101

225

（续上表）

简　单 （124）	一点两路型（14）	No.5
	两点一路型（15）	No.18
	两路型（11）	No.128
	三路型（7）	No.130

第六章　广州流动人口感应空间

（续上表）

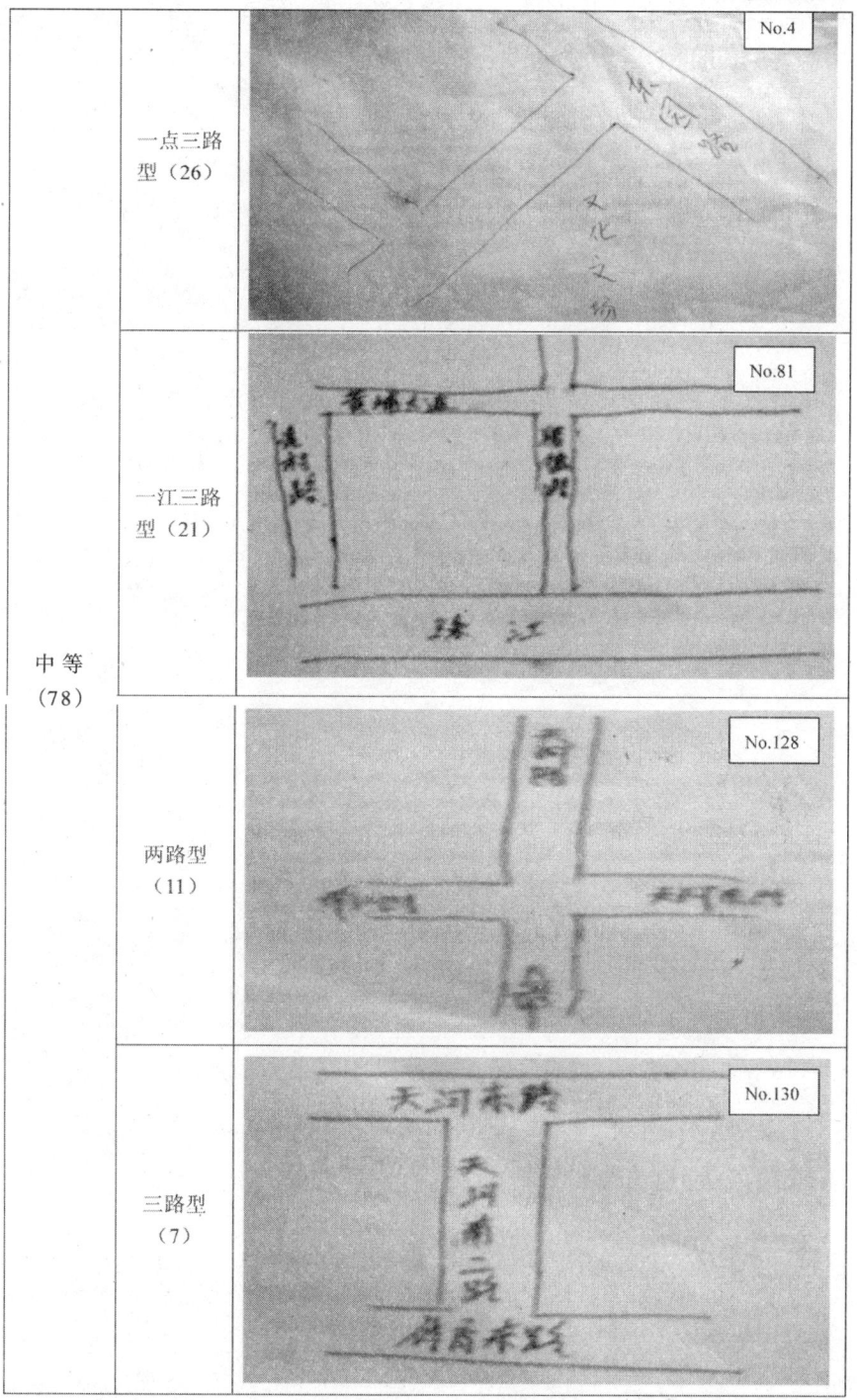

（续上表）

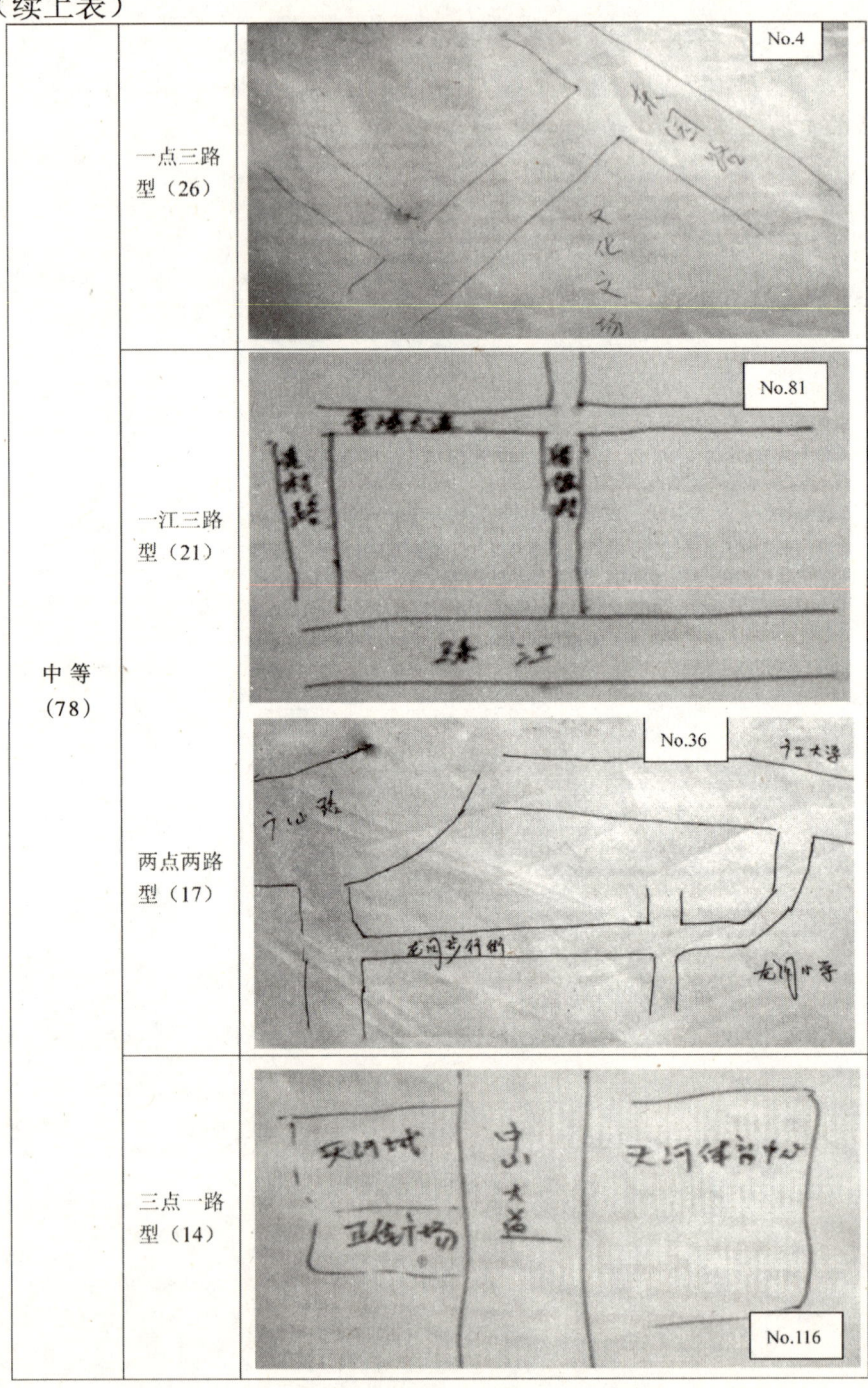

第六章 广州流动人口感应空间

（续上表）

详细 (58)	多点型 (26)	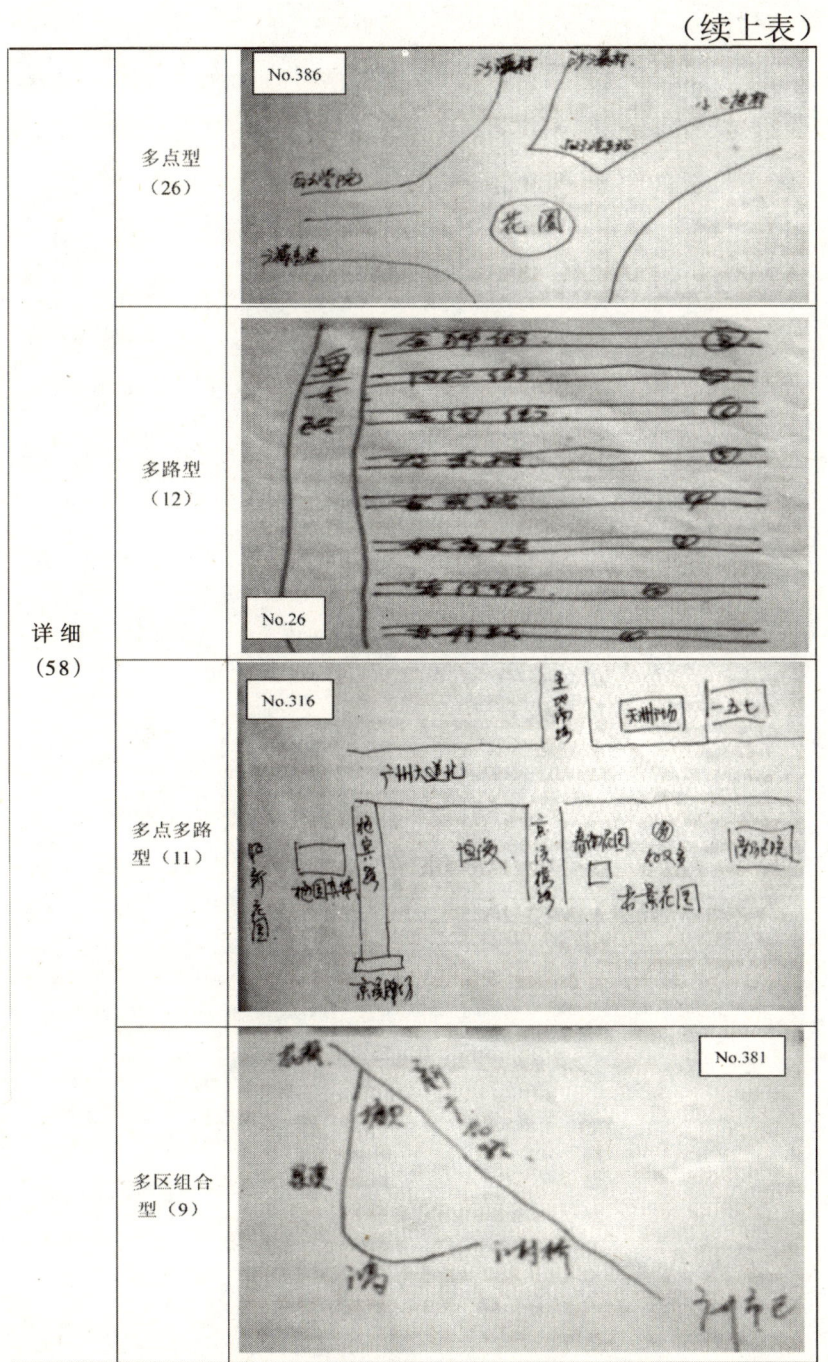
	多路型 (12)	
	多点多路型 (11)	
	多区组合型 (9)	

资料来源：根据问卷统计分析得出。

> 流动人口的空间透视：
> 以广州为例

对于社区层次广州意向图的完成情况，简单意向图有124幅，占47.7%，完成质量中等有78幅，占30.0%，较详细绘制意向图有58幅，占22.3%。简单意向图占据多数，其次是中等质量，最次是详细型意向图。具体到简单型意向图，"一点型"、"一路型"和"一点一路型"等简单要素构成的意向图比例较高，分别占25.8%、23.4%和12.9%，而"两路型"和"三路型"意向图比例较低，分别占8.8%和5.6%，其中的"点"多限于各区标志性景观，如白云区的白云山、天河区的中信广场、荔湾区的白天鹅宾馆、花都区的盘古王公园；其中的"路"多是各区核心的交通主干道。对于中等型意向图，"一点三路型"和"一江三路型"等组合关系相对简单的意向图比例较高，分别占33.4%和26.9%。对于详细型意向图，"多点型"和"多路型"意向图比例较高，分别占44.8%和20.7%，而组合关系相对复杂的"多区组合型"意向图比例仅为15.5%。

依据林奇5要素原则将各区较为典型的意向要素进行简要归纳，见表6-23。

表6-23 社区层次意向图的构成要素
Tab.6-23 Inscapes of cognitive map on community level

要素\区域	白云区	天河区	荔湾区	花都区
路径	广州大道北、三元里大道、机场路、白云大道	天河路、天河北路、体育西路	人民路、六二三路、北京路、长寿路	建设路、秀全路、新华路、风神大道、盘古路
边缘	流溪河、广清高速公路	珠江、珠江新城	珠江	龙新桥
区域	云台花园、沙涌	文化广场、石牌村、冼村	沙面、荔湾湖公园、大坦沙岛	人民公园、新华工业园、秀全公园
节点	白云机场	天河立交、中山一立交	中山八路车站、西扬立交	新华市场
地标	白云山、广州体育馆	中信广场、正佳广场、体育中心	白天鹅宾馆、上下九、陈家祠	花都区政府、盘古王公园

资料来源：根据问卷统计分析得出。

可以看出，社区层次意向图较多涉及各区域内部微地域要素，路径元

第六章 广州流动人口感应空间

素除市级交通干道外还包括很多区级、镇域甚至街道层次交通线路。由于范围相对狭小,社区层次意向图的"边缘"不甚明显。区域要素往往是流动人口工作或住所附近小的集中型地块,具有相似或相同的功能,另一重要区域表现是分布于各区的城中村,以白云、天河两区尤多。节点多数是一个连结不同城市或城市内部交通要道的汇聚点,以区级立交居多。地标元素多体现在各区级(有些是广州市级)的知名山体、景点及高楼。

2. 意向图质量的影响因素

首先考虑地域因素对社区层次意向图的影响,表6-24是本次研究中意向图各等次在各调查区域的问卷数。

表 6-24 按详细程度分类的各区意向图份数
Tab.6-24 Number of cognitive map sorted by graphical elaboration

区域 \ 详细程度	简单	中等	详细	合计
白云区	41	28	25	94
天河区	18	9	12	39
荔湾区	17	19	8	44
花都区	48	22	13	83

资料来源:根据问卷统计分析得出。

从各区社区型意向图的分布情况看,白云区简单型占43.6%,中等型占29.8%,详细型占26.6%,天河区简单型、中等型和详细型分别占46.1%、23.0%和30.9%,荔湾区简单型、中等型和详细型分别占38.6%、43.2%和18.2%,花都简单型、中等型和详细型分别占57.8%、26.5%和15.7%。对比而言,花都区简单型意向图完成的质量不错,荔湾区的中等型意向图完成质量不错,详细型意向图完成较好的区域是天河区。

对于影响社区型意向图绘制质量的因素分析,交叉分析发现,流动人口属性对其意向图绘制质量产生影响。在所有绘制社区型意向图的流动人口中高达94.3%的人工作地和居住地在同一街道,这很大程度上决定了流动人口总体较小的活动范围。此外,流动人口居住类型影响意向图绘制质量，绘制社区型意向图的流动人口中有73.1%居住在集体宿舍，这些人一般在工厂上班，或在工厂居住，或在工厂附近租房居住，对工厂附近的地方较为熟悉，对广州整体缺乏了解。相似的，绘制社区型意向图的流动人口有高达90.1%的人在同一街道工作和居住。另外，流动人口的工作时间也对意向图产生影响，工作时间超过16小时及以上的流动人口中89.4%的人绘制意向图较简单，由于大部分时间在工作，很少有时间关注广州。

同样，流动人口的行为特征对意向图绘制质量产生影响。问卷分析发现，社区型意向图的绘制质量与流动人口日出行次数、出行时间有关，日出行次数为0次的流动人口中88.2%的人绘制的意向图较简单，出行时间超过3小时的流动人口中67.5%的人绘制的意向图成图元素较多，要素组合关系也较复杂。从休闲娱乐活动看，活动内容对意向图影响深刻，以睡觉、看电视等室内型活动为其主要休闲娱乐活动的流动人口中78.4%的人绘制的意向图较简单，而以逛商场、体育活动、上歌舞厅等室外型活动为其主要休闲娱乐活动的流动人口中82.5%的人绘制的意向图较复杂。休闲活动场所与住所的关系对意向图也产生影响，休闲场所距离其住所在1公里以下的人中80.3%的人绘制的意向图较简单，而2公里以上的休闲半径的人中64.8%的人绘制的意向图较复杂。

四、本章小结

首先，本章构建了流动人口感应空间分析的基本框架，即建立了流动人口与城市互动为感应空间形成的基础——城市非空间要素感知为城市文化感知——城市空间要素感知为城市意向图的分析框架。这一分析框架在一定程度上突破了原有地学研究中关于感应空间研究的分析范式。笔者认为，感应空间的概念应适度拓展，应与人际交往和互动、人口精神城市化

第六章 广州流动人口感应空间

等论题相结合，本研究丰富了从文化视角分析流动人口感应空间的实证研究。

其次，对广州市流动人口感应空间的研究表明，不同社会群体因不同社会与经济状况产生不同的感应空间，与本地人对广州的感应不同之处在于，流动人口的感应空间具有明显的二元性，即存在基于城市整体层面的感知和基于社区层面的感知，后者在数量上远远多于前者。流动人口对广州的感应程度较低，意向图构成要素较为简单，多见于城市或社区层面的道路、地标性建筑、珠江等，要素组合关系趋于简单，多见于"一江一路"、"一江一桥一路"等组合类型，关注整体广州层面的各区组合关系的复杂型意向图比例很少。至于原因，第一，流动人口文化程度、来广州的时间、来源地等属性特征是重要因素；其次，流动人口从事职业的特征、工作变动情况、工作和居住地间的地缘关系很大程度上决定着流动人口的日常活动范围，对意向图的影响较为显著；第三，流动人口行为活动对意向图产生影响，具体而言，出行时间、出行次数、出行目的、休闲娱乐活动内容和休闲娱乐活动场所等对意向图的绘制质量产生重要影响。

第七章
广州流动人口空间问题及对策

　　流动人口空间是在城市空间基底上叠加的具有流动人口特质的空间形态，是原有城市空间底质上经过流动人口各种实践活动而人格化的空间，相对于原有城市空间而言，流动人口空间是一种再造的空间（Reproductive space）。第3、4、5和6章分别对广州流动人口区位空间、主导性行为空间（工作空间、居住空间和通勤空间）、从属性行为空间（购物空间和休闲娱乐空间）和感应空间进行了详尽分析，本章拟对上述各类空间形态进行整合分析，试图抽炼出各种空间的相互关系和流动人口空间存在的问题，在此基础上解析空间问题存在的原因，最后提出解决流动人口空间问题的对策。

第七章 广州流动人口空间问题及对策

一、流动人口空间关系

对于流动人口空间关系的分析,本研究从各种流动人口空间的相互作用关系及影响空间关系的因素两方面进行说明。

(一)空间的相互关系

从上文分析可知,流动人口区位空间是流动人口生活和居住的自然空间,所指的是流动人口的分布区位,体现为流动人口群体在地理上的空间分布,这种分布一般是宏观层面的,如就城市整体空间而言,流动人口集中分布在哪些区;就某一区而言,流动人口主要在哪些街道或路段较集聚。这种空间具有客观性。

流动人口行为空间是流动人口日常生产与生活行为产生的空间业态,基本的行为包括工作、居住、购物、休闲娱乐、学习、餐饮等,考虑到流动人口工作为最核心迁移动机这一特性,学习和餐饮行为往往被大大压缩,所以流动人口的工作、居住、购物和休闲娱乐4大空间构成了本研究的重点考察对象。一般而言,工作和居住空间是流动人口满足其基本需求的空间形态,这两种空间在流动人口行为空间体系中占据绝对核心地位,它们构成流动人口的主导性空间,是流动人口其它类型空间的基础,一般而言,流动人口购物、休闲娱乐等其它空间的组织、定位都依托这两类空间而开展,在地域上往往围绕工作和居住空间。在上述4种行为空间中,工作空间最为重要,这决定于流动人口的迁移动机。工作空间一旦确定后,围绕工作地的居住空间的选择成为流动人口的基本需求,对于多数流动人口而言,居住空间由工作空间决定,由于城市特殊的住房供给制度及流动人口整体较低的社会经济状况,他们对居住空间的选择极为有限,工作和居住空间的地缘关系往往表现为明显的邻近性特征，相互分离的情况较少。流动人口在工作空间和居住空间之间发生的位移行为即通勤空间。因为工作种类的差异，一些流动人口通勤空间被极度压缩，如在工厂上班和吃住的流动人口。

除工作和居住两类主导性行为空间外，还存在从属性行为空间，即由流动人口购物和休闲娱乐衍生的购物空间和休闲娱乐空间，较之于流动人口工作和居住空间的基本需求满足特性，这两类空间形态是高层次的非基本需求满足，只有那些工作和居住需求得到满足的流动人口才谈得上更多地参与购物或休闲娱乐等活动。由于流动人口整体较低的社会经济状况，流动人口的购物和休闲娱乐空间被大大压缩。由于处于从属性地位，它们一般围绕流动人口工作和居住空间而展开，空间分布上往往表现为与流动人口工作地或居住地相邻近。

流动人口感应空间是流动人口对城市整体或社区的感知，是更高层次的文化层面的心理空间，是流动人口与城市种种互动和实践过程后综合映射的空间呈现。正是由于流动人口的种种实践过程——工作、居住、通勤、购物、休闲娱乐等活动的开展，才致使城市客体对流动人口主体产生影响，感应空间便是种种影响之后的空间反馈。可见，流动人口行为空间是其感应空间形成的基础。一般而言，如果流动人口行为活动越多，行为空间越广泛，其对城市的感应程度越高，感应内容越丰富；反之，如果流动人口平时活动少，行为空间小，其对城市的感应必然不深刻，感应空间自然较简单。由于流动人口工作、居住以及购物和休闲娱乐活动大都在工作地或居住地附近开展，流动人口对城市的感应空间多见于对社区层次的感知，对城市整体的系统感知比例较小。

概括起来，流动人口区位空间是宏观层次的地理空间分布；行为空间是流动人口行为活动产生的空间，其中工作和居住空间是主导性空间，购物和休闲娱乐空间是从属性空间；感应空间以流动人口各种行为空间为基

第七章 广州流动人口空间问题及对策

础。同时，各种空间的关系因为空间的占有者不同而不同，这里对流动人口与原有城市居民的各类空间特征进行简要对比，见表7-1。

表7-1 本地人和流动人口的空间特征比较

Tab.7-1 Spatial characteristic comparison between local residents and floating population

空间类型 人口类别	区位空间	工作空间	居住空间	通勤空间	购物空间	休闲娱乐空间	感应空间
本地人	城市各区分布	正规单位	单门独户、别墅，居住地确定工作地	较大	较丰富，比例较大	较丰富，比例较大	城市层面居多
流动人口	郊区集聚	工厂、非正规行业，工作地确定居住地	工厂宿舍、城中村	较小	极度压缩，比例较小	极度压缩，比例较小	社区层面居多

（二）空间关系的影响因素

除上述诸空间之间的一般性关系外，空间关系还存在内部分异，这种空间分异源于空间占据者——流动人口本身的社会与经济属性，也就是说，不同社会经济状况或不同文化程度的流动人口有着不同的空间关系。按照流动人口经济状况大致可分为低收入流动人口空间关系和高收入流动人口空间关系。对于多数收入较低或文化程度较低的流动人口而言，问卷和访谈发现他们多数就业于生产加工等劳动力密集型的工厂和企业，工作地邻近居住地，或工作地和居住地并置，这样做可以最大限度地减少通勤成本和增加工作时间，从而获得更多的经济收益，除工作和睡觉外，他们的购物和休闲娱乐活动被极度压缩，有限的购物和休闲娱乐也往往在工作地或居住地附近进行，有限的城市活动使其对城市缺乏必要的了解，对城市的感知空间自然范围较窄，意向图要素简单，社区层次的意向图居多。对于收入较高或文化程度较高的流动人口而言，很多就业于信息服务等技术密集型的公司和企业，他们白天在正规办公区上班，晚上居住在城中村或中低档住宅，相对较优越的社会经济实力使其在居住空间、购物空间和休闲娱乐空间的选择上有了更大的弹性和余地,对于工作和居住地的分离状态的容忍度相对较高,除了工作和居住外,购物和休闲娱乐活动也相对丰富,购物和休闲娱乐空间相对广阔,由于这些实践活动更加丰富,流动人口对城市的感应空间范围更加宏大、意向图要素趋于复杂,城市整体层次的意向图居多。

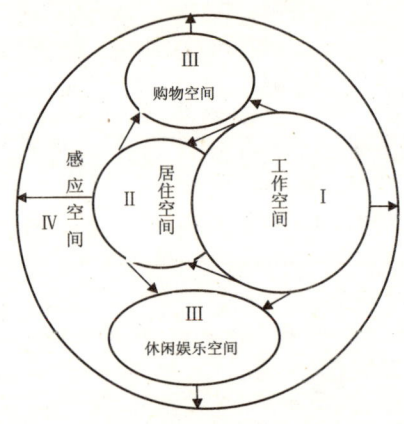

图 7-1 低收入流动人口空间关系
Fig.7-1 Spatial relationship of lower-income floating population

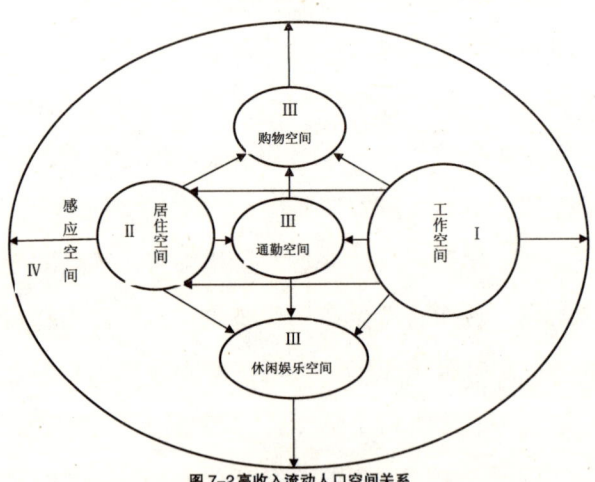

图 7-2 高收入流动人口空间关系
Fig.7-2 Spatial relationship of higher-income floating population

二、流动人口空间问题

借鉴相关理论，本研究把流动人口空间问题归纳为以下几点。

（一）边缘化

边缘化是流动人口空间的核心问题，很多方面都有体现。

从流动人口整体空间分布状况看，流动人口主要集中于白云、番禺等城市郊区，2000年两区流动人口占全市流动人口比重高达44.3%，而荔湾、东山、越秀、芳村等老城区流动人口相对较少，4区合计流动人口比例仅为13.6%。总体上看，流动人口空间分布的边缘化态势明显。

从城中村村民和流动人口对比看，前者是食利阶层和有闲阶层，不工作也可得到一笔相当客观的经济收入，除房租外，还可获利于村集体经济活动及其它形式分红。在城市更新背景下，很多人一夜成为名副其实的"暴发户"①后者只能叹息自己命运多舛，任劳任怨也仅能在狭小空间里艰苦生存。

从流动人口工作空间看，由于城市劳动力市场的二元化特征及流动人口本身缺乏必要的人力与社会资本，多数流动人口就业于城市非正规劳动力市场，工作最辛苦但薪水最少。工厂场所也相对狭小，在郊区的很多工厂和城中村的一些组装型企业，经常可以看见很多人在一个工作间上班，整体工作环境恶劣。这些与城市本地市民主流的就业状况（多为高薪的主流就业市场）和就业场所（工作环境较好的正规型办公空间）形成鲜明对比。

从通勤空间看，多数流动人口通勤范围相对狭小，工作地和居住地位于同一街道占51.2%，同一城区占38.8%，不同城区仅占10.0%；出行频

---

① 2010年11月27日，南方电视台报道，因为珠江新城的开发和广州新CBD地位确立，原猎德村村民平均每户分到4-5套住宅，价值超过1 000万元。

流动人口的空间透视：以广州为例

率较少，单程超过500米的出行次数是0次占13.3%，1次占31.3%，2次占35.5%，3次及以上仅占19.8%；出行时间也较短，每天平均出行时间小于0.5小时的占28.4%，介于0.5-1小时占42.2%，1-2小时占26.1%，2-3小时占2.7%，3小时以上仅占0.6%。通勤工具以步行为主，步行比例高达50.6%。这些与城市本地人通勤范围较大、出行频次较高、出行时间较长、出行工具以公共汽车和地铁等方式占据通勤主导方式形成对比。

从购物空间看，流动人口购物区位选择在居住地附近（同一街道、同一城区）居多，购物地点与住所在同一街道比例是49.4%，同一城区占43.8%，不同城区的仅占6.7%。从具体的购物场所看，地摊、街边零售店和超市是流动人口购物时经常光顾的场所，三者合计占流动人口购物场所的84.8%，而选择在专卖店或高档购物中心比例仅为4.2%。

从休闲娱乐空间看，由于工作时间相对较长，流动人口休闲娱乐被大大压缩，仅有的消费活动集中在睡觉、看电视、逛街、与朋友聚会聊天等零消费或低消费行为，比例分别为57.2%、59.6%、29.1%和33.3%，选择上歌舞厅、旅游和进行体育运动等高消费性主流休闲娱乐活动比例极少，分别仅为6.4%、5.1%和11.3%。从休闲娱乐场所看，休闲地点离住所在500m以内占34.4%，500-1 000m占42.2%，1 000-2 000m占14.9%，2 000m以上仅占8.4%。可见，流动人口主要集中在离住所1km之内的近地域开展休闲活动，休闲场所多选择住所附近的广场、公园等。

从感应空间看，79.2%的受访者缺乏对广州整体层次的感知，而关注居住地或工作地附近的社区层次的城市感知较多。一位受访者这样讲：

"我基本上一天24小时在小店里，除早晨去菜场买菜外。你说的广州的一些地方我统统都不知道"[①]。

他说的菜场只有不到5分钟的步行路程，笔者还打听到，老乡自过年后坐火车来广州，然后乘公共汽车汽来康乐村，此后竟然再也没有出过

---

① 注：访谈A-1。

第七章 广州流动人口空间问题及对策

村,进货都是其它老乡送货上门。也就是说,他的生活圈子基本上只有方圆10分钟的范围,娱乐、逛街、购物等都与他无关,对城市意向图的绘制限于对附近一些小商店的了解。

最明显的边缘化表现在流动人口的居住形态上。流动人口以城中村、工厂集体宿舍和工地工棚居多,与主流城市居民居住形态对比明显。调查发现,广州市本地居民与流动人口之间存在居住的两极化现象,一极是以金海湾、凯旋新世界、誉峰、中信君庭、珠江广场、珠江帝景苑、天河新作、嘉裕礼顿阳光、汇景新城为代表的高档次门禁社区(Gated community),这些地方大都地价昂贵,配套设施齐全,生活便利,装修豪华,多以身着制服的保安把守大门,流动人口严禁入内;另一极是大量存在的以三元里村、冼村、猎德村、沥滘村、石牌村、康乐村等为代表的城中村,这些地方居住条件极为恶劣,电线老化、能见度低、排水拥堵、治安条件差、人均占有住房面积狭小,缺乏足够的私密空间,脏、乱、差成为人们对其的普适性感应,多以村头的大牌坊为标识,行人随意出入。一般而言,两种空间的区隔比较明显,甚至公园等一些大众化的休闲娱乐场所也排斥流动人口的进入(图7-3和图7-4)。

图7-3 隔离的空间(Ⅰ)　　图7-4 隔离的空间(Ⅱ)
Fig.7-3 Segmented space(Ⅰ)　　Fig.7-4 Segmented space(Ⅱ)
资料来源:笔者摄于天河区石牌村,2010-1-12.　　资料来源:笔者摄于白云区三元里村,2011-3-9.

这种边缘化的逻辑在居住空间的微观设计上也有体现。调查过程中笔者注意到一些城中村的住房在进门处设置有两扇门，房东（本地人）进正门，租客（流动人口）进侧门（图7-4）。至于房屋内部设计就更能体现隔离的特征，本地人住房单门独户，装修豪华，厨房、卫生间宽敞明亮，而流动人口合住比例较高，厨房、卫生间面积狭小，能见度差。有些时候纸板乃至帘布就是流动人口居住空间的分割线，总体上与本地人的居住空间差别巨大。

整体上看，流动人口的生存空间与一般市民的生存空间之间形成一种空间的二元结构，前者被严重边缘化。这种边缘化不仅表现为很多有形和显性的差异，更多的是无形和隐性的差别，两者之间形成明显的"区隔"。边缘化机制不仅源于流动人口本身的户籍来源、文化程度等人口属性，还涉及制度、社会、经济与义化生活等方面。

（二）混合性

空间的混合性问题主要表现在流动人口具体行为空间上。

从流动人口空间的关系组合看，很多流动人口的工作空间和居住空间具有并置性的特征，笔者在调研期间发现，在广州很多城中村的店铺里，可以清晰的看到一些人工作的场所也就是其居住的场所，工作地经常设置一个可供上至阁楼的梯子，上面的阁楼就是他们的卧室（图7-5），这就是所谓的"房中房"。虽然存在严重的火灾等安全隐患，但此举可以实现最大限度的生活成本节约（体现为免交住宿费、免交通勤费用、延长工作时间等），是城中村中一些店铺主人极为普遍的居住方式。可以看出，店铺主人的工作空间、居住空间和大部分的生活空间就在这个狭小的空间中完成。这种同一空间功能多样化的特征不是一般意义上所指的多功能智能型空间，而是流动人口因无法支付拥有更多专门性空间的费用而被迫选择的无奈之举。此外，流动人口购物空间和休闲娱乐空间也存在类似现象，在问到"你闲暇的时候主要干什么"这一问题时，有受访者表示：

"我有空的时候会约工友一起逛逛附近的地摊、超市什么的,休闲对于我而言很多时候就是出来走走,至于买不买东西倒是其次,买东西和休闲娱乐往往是连在一起的"[①]。

可见,流动人口在"购中玩"或"玩中购"的比例较大,严格意义上的休闲和购物活动区分较少。

图 7-5 工作和居住空间的并置
Fig.7-5 Juxtaposition of residential space and work space
资料来源:笔者摄于海珠区康乐村,2011-546.

从同一功能性空间的使用角度看,存在多个使用者合用同一空间的问题。以流动人口的居住方式为例,笔者调研发现流动人口独住比例仅为19.0%,2人合住比例为31.7%,3人合住比例是23.0%,4人合住比例是12.1%,5人及以上合住比例是14.2%,可见,广州市流动人口平均居住方式是3人合住,流动人口整体住房拥挤状况相当严重。在广州城郊的一些工厂宿舍,四人间、八人间乃至十人间的现象是再正常不过的事情,在内城的一些城中村,一张床睡3个人的情形也是司空见惯,有限的空间被高

---

① 注:访谈A-5。

度挤压，空间成为一种高密度的空间，成为一种共享的空间，成为没有私密性的空间。

从某一类型空间内部的功能布局看，空间的兼用性特征也很明显。一般而言，本地人的居住空间内部存在不同功能的专门性空间，有相互独立的专门性客厅、卧室、客房、厨房、书房、健身房、卫生间和浴室等功能空间，有针对主人和客人、家长和子女的不同类型人群的房间设置。但对于很多广州城中村居住的流动人口，他们的居住空间有着完全不同的使用逻辑，流动人口的衣、食、住、行就在这种常人难以想象的狭小空间中进行，很多时候上述各种专门性空间中除卫生间外的全部功能空间被压缩到一个房间进行，流动人口拥有某种唯一功能性专用空间的比例甚少，更多的情况是同一空间上功能的多样性与兼用性。

总之，流动人口空间的混合性问题是流动人口基于现有的空间占有状况根据自身社会经济地位而选择的一种非常规的空间生产和使用方式。由于对空间使用的支付能力普遍有限，流动人口所能占有和使用的空间面积相当狭小，这种空间狭小的客观性要求流动人口不得不采取一种相对弹性化的空间使用方式，造成了不同空间的共用或同一空间不同功能的混合使用。

（三）非固定性

流动人口的本质性特征在于流动性，在空间上表现为流动人口空间的非固定性，以流动人口工作空间体现最为明显。

从工作类型看，流动人口经常变换工作性质。笔者调查发现广州流动人口中有47.7%的有变换工作的经历，变换工作的流动人口中，24.6%的表示变换工作1次，41.0%的表示变换工作2次，21.1%的表示变换工作3次，还有13.3%的表示变换工作次数达4次或更多。当被问道"你现在从事什么职业？"时，一位受访者表示：

"我什么都做，只要能赚钱，拣破烂、砌房子、掏下水道、搬东西、

第七章 广州流动人口空间问题及对策

旧货回收、发传单、卖菜、倒卖火车票，我都做过"①。

出于对经济利益的追逐，流动人口工作的兼业性特征极为明显。但是，笔者注意到，虽然变换工作极为频繁，但流动人口就业的行业大都属于城市本地人不愿从事的非正规行业，这些行业的共同特征是体力耗费大、薪水极少、风险也大。换言之，流动人口工作变动较多的是发生在同一类型工作内部的水平性流动，从一种劳动力密集型工种换至另一种劳动力密集型工种，从非正规就业向正规行业方向的垂直性工作变动极为少见。随着流动人口工作种类及工作空间的变化，其居住空间、购物空间、休闲娱乐空间及由此产生的感知空间也会发生相应变化，以流动人口的居住空间为例，在砌房子时可能住在临时搭建的工地工棚，如果在一段时期集中从事送水的工作时租住出租屋的可能性较大，还有在夏天拣破烂时可能就选择在天桥、地铁等地露宿。

从流动人口的工作方式看，由于大量从事城市中的非正规行业，很多行业并无固定的工作空间和时间，而是处于不断流动的状态。从空间看，相对于城市本地人工作空间相对固定的特征，很多流动人口的工作空间流动性极强，对于一部分在街头贩卖小件物品的流动人口而言更是如此。在广州地铁口、广场等人流量较大的地方，可以经常看到各种携带工作工具的流动人口，如蹲在地上卖小饰品的妇女（图7-6）、在烧烤架上熏羊肉串的新疆小伙子（图7-7）、车站附近推着烤箱卖红薯或烧饼的河南汉子（图7-8）、广场上卖唱的都市艺人（图7-9）等。由于从事行业的特性，这些人一般在室外工作，需要在人口相对密集的地方寻找合适的工作空间，因为同一空间在不同时段具有不同的人口流量，这些人就需要不断变换自己的工作地点。这个意义上讲，他（她）们的工作空间是流动的空间。对于长期从事某种行业的人而言，这种流动性较强的工作空间也有其相对的固定性，如在某个时段一些人多数时候是在某一经常性占据的特定

---

① 注：访谈A-11。

> 流动人口的空间透视：
> 　　　　以广州为例

区位，一来对于周边环境较为熟悉，二来可以节约因变换工作地点所耗的时间。可见，这种流动中的相对固定性有其理性选择的成分。但是，来自流动人口管理层的一些管理举措在很大程度上加速了这一固定性的瓦解。由于基于城市层面的创建卫生城市等城市发展目标或基于城管局、卫生局等职能部门的美化市容市貌、规范街道秩序等目的的卫生检查等自上而下的监管决策的实施，流动人口的流动空间得到回归，城管人员和流动人口之间的捉迷藏游戏大都肇始于此。对于整个城市空间而言，这种流动的空间布局特点趋向于见缝插针，哪里的人口流动量大、哪里的城市（社区）管理相对较松，那里就有他（她）们的身影。从流动人口自身看，为尽量缴纳逃避各种费税，这种流动的空间必须实现不停的流动，一旦被抓住，损失惨重，要么忍受吆喝、皮肉之苦，要么招来有关职能部门的重罚。

图 7-6 卖饰品的妇女　　　　　　图 7-7 卖羊肉串的小伙
Fig.7-6 Adornment sellers　　　　Fig.7-7 Hotpot sellers

资料来源：笔者摄于天河区　　资料来源：笔者摄于天河区
石牌村，2011-2-4.　　　　　　　石牌村，2011-2-4.

第七章 广州流动人口空间问题及对策

图7-8 卖烧饼的汉子　　　　　　图7-9 卖唱的艺人
Fig.7-8 Cake sellers　　　　　　Fig.7-9 Street actor

资料来源：笔者摄于海珠区康乐村，2011-1-4.

再从流动人口的工作时间看，由于就业行业的非正规性，很多流动人口从事的工种是为城市诸多正规行业提供服务的行业，如照看小孩、维修管道、餐饮行业、产品组装等，工作时间也极不固定。一般市民最闲的时候往往是他们最忙的时候。对于流动人口的工作时间，笔者调查发现流动人口每天工作9-15小时的占总受访人数的42.1%，居首位；工作4-8小时的占第2位，有41.7%的比例；回答"不定时"的占10.9%。这种"不定时"的回答反映了很多流动人口由于缺乏专业技能使工作变得极不稳定，兼业性很强，今天干这么，明天干那个，不同工作的工作时间不一样。一位拣垃圾的受访者在回答"每天工作几个小时"时表示：

"工作时间，不固定啦，我想干就干，不想干就睡觉。比如现在夏天，有时一天工作17-18个小时都有，我拣矿泉水瓶子和一次性饭盒，除凌晨没有拣的外，从上午九点到深夜2-3点都有拣的，上午我一般在越秀公园里面，这里夏天来纳凉的人多，喝水的很多，中午去街上的垃圾桶里拣，下午去大卖场门口拣，再晚点去附近学校篮球操场拣，到了晚上七点

249

左右去卖掉，十一二点街上的烧烤点多了起来，饭盒、瓶子也能拣不少，虽然累点，但是一天可以赚100元左右。如果碰到下雨天，一般就在家里睡大觉，还谈得上什么工作。所以，我的工作时间当然不固定。"①

总之，由于流动人口大都从事对技能技术要求较低的非正规行业，职业上的兼业性表现明显，工作转换相对频繁。同时，特定工作的空间和时间也不固定，很多时候流动人口的工作空间是一种流动的空间，工作时间也区别于一般层面上的常规作息制，这主要由具体从事工作的性质决定。

（四）适变性

在日常生产和生活实践中，流动人口或多或少与城市本地市民、城市管理人员、卫生员、公安或保安等发生这样或那样的关系，从最终人际关系博弈结果看，流动人口往往是利益的受害方。由于经济与社会地位相对低下，流动人口及其所占据的空间往往被管制，流动人口的空间被沦为压制的空间（Suppressed space）。在城市决策层基于城市营销、城市形象或阳光工程等政绩实现的推动下，保持城市良好的市容市貌、优良的卫生条件、较低的人口犯罪率等成为城市发展的目标，在这一目标导向下的具体实施意见中，针对广大流动人口的种种打压行为往往成为重要举措。来自上层政府机构在特定阶段的针对特定地区的卫生检查、创建全国卫生城市阶段性成果验收、大事件期间（如广州亚运会、深圳大运会②）等措施往往使流动人口成为受害者。流动人口和相关管理人员之间的捉迷藏游戏就此开始。一位卖菠萝的受访者（图7-10）被问到"为什么不到大街上去卖"时，给我讲述了她的经历③：

"谁都知道大街上人多，生意好做，但现在正值广州创卫时期，城管人员对我们这些流动摊贩抓得很紧，一旦发现不是没收就是罚款，我们不敢在

---

① 注：访谈A-18。
② 注：2011年4月，为迎接世界大学生运动会，营造安定祥和的社会氛围，深圳市警方决定在全市开展"治安高危人员排查清理百日行动"；2011年5月，深圳市住建局出台"禁止农民工群体性上访讨薪"的规定。
③ 注：访谈A-16。

第七章　广州流动人口空间问题及对策

大街上卖，这小巷子多，他们来的较少，白天基本上就在巷子里卖"。

"那你一般不去大街上卖？晚上卖到几点？"笔者问。

"到了晚上7点多才推到大街上卖，那时城管人员都下班了，被抓的可能性小一些。"

"晚上一般卖到几点？"笔者问。

"我们一般要做到凌晨两点，12点到2点是很多工厂工人下班时间，很多人在睡觉前会买来吃。"

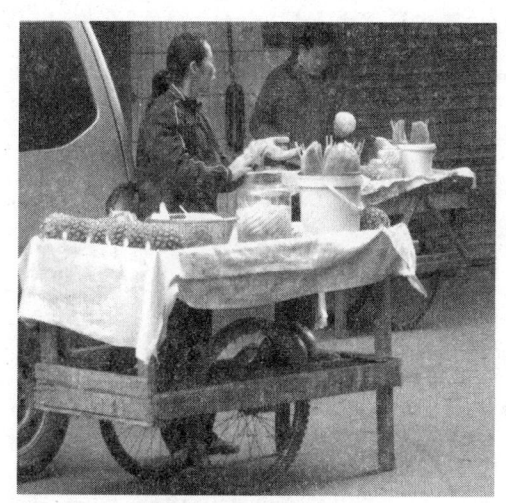

图7-10 卖菠萝的妇女
Fig.7-10 Pineapple seller

资料来源：笔者摄于海珠区康乐村，2010-12-23.

与上述流动人口与城管人员捉迷藏的情况相比，更严重的情况是某些流动人口的工作空间被强制性取缔。典型的例子是广州市于2007年1月1日起实施的在主城区范围的"禁摩"运动，该运动在一定程度上使广州的"双抢"事件[1]发生率降低，维护了广州社会和经济的发展环境，提升了

---

[1] 注："双抢"包括抢劫、抢夺。2006年前后在广州环市东路和东风东路一带、一些城中村里经常性发生针对妇女、外地人的恶性抢劫和抢夺事件。

> 流动人口的空间透视：
>   以广州为例

广州城市的安全认同感，但这一运动也抹杀了一大批以摩托车载客为生的就业机会，它使得这一部分流动人口的生存空间压制到极限（从严格法规上讲不准再有这一职业）。面对这种来自各方对于流动人口空间的管制，流动人口会主动调整和转换自己的行为逻辑，从而衍生出新的生存空间。由于来自城管人员检查和罚款的压力，一些原有的摩托车业主不得不进行"产业转型"，改变工作种类，以开摩托车为主的工作空间转向其它类型的工作空间；还有相当一部分流动人口仍然坚守这一职业，只是缩小了工作空间，把工作范围从全市大街小巷减小为只在城中村内部经营，即把工作空间从全市范围内的近域通勤缩减为限于在城中村内部与城中村村头之间的通勤；另外一些人把运营空间从村头扩展到地铁口，只是工作时间调整为城管人员相对较少的晚间。可见，通过彻底改变工作职业建立新的工作空间、保留原有职业但基于工作时间不变的压缩通勤空间以及基于工作空间不变的缩减工作时间是流动人口空间面对"禁摩运动"对工作空间的第一次调整。但是，此次工作空间的调整效果不理想，因为风险太大，一旦被城管人员逮住，要么接受重罚，要么没收摩托车。于是，流动人口对工作空间的第二次调整开始了，即通过基于工作时间和地方均不改变而降格工作工具。一些人开始变卖摩托车，改为人力三轮车，广州的大小街道到处可见穿梭其中的三轮车，这一活动的景观给人一种都市旅游的清新味道，但对于流动人口而言却称不上是一次成功的调整，虽然保住了原有职业，但流动人口很快发现新的工作模式在耗费巨大体力和浪费大量时间的同时还赚不到多少钱。

于是，第三次调整开始了，这一次流动人口似乎经过了精心的测算和考究，他们设计了与街道人行道上两个石柱之间的宽度相当的摩托车，样式设计也独具匠心，把两轮改为三轮，后座改成座椅。适度的宽度可以保证其在街上畅通无阻，两轮改三轮再配以座垫，可以使专载残疾人等弱势者成为遮人耳目的藉口，在一定程度上还体现了人文关怀的精神，更加宽大的座椅意味着拥有了较之于先前更大的工作空间。可见，基于工作空间

第七章 广州流动人口空间问题及对策

不变和工作时间不变的创新性变革工作空间是流动人口空间适应性策略的第三次调整。图7-11是上述空间调适过程的示意图。

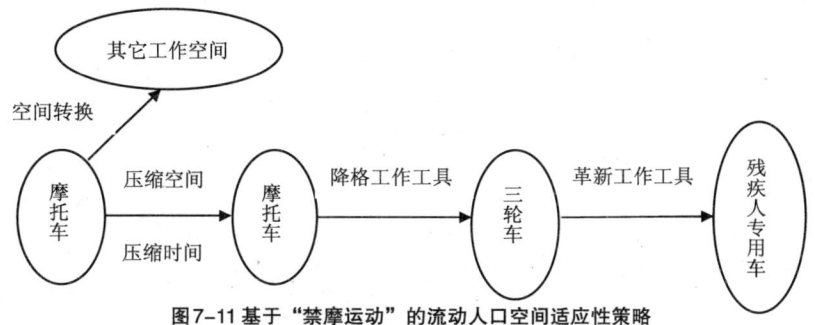

图7-11 基于"禁摩运动"的流动人口空间适应性策略
Fig.7-11 Spatial adjustable strategies of floating population after "Motorcycle-forbidden Movement"

总之,在面对来自各方的管制时,流动人口并不是一味的接受自上而下的空间变更逻辑,而是通过不断的调整其空间适应性策略对先前的空间进行再造,从而发展和演化着自身与城市之间的关系。

对于上述4点流动人口空间问题的相互关系,其中,适变性多来自城市各级管理部门的施压,具有自上而下的性质;混合性是流动人口基于自身社会经济状况在对空间利用过程中采用的一种使用策略,具有自下而上的性质;非固定性既是流动人口流动职业变动本性的体现,也是适变性和混合性作用下的必然结果,三者综合作用导致流动人口空间问题整体上呈现出边缘化特征。这里对流动人口各种空间问题的关系进行简要总结,见图7-12。

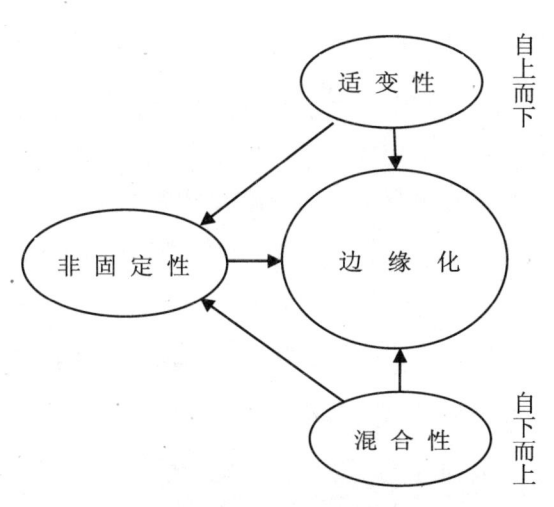

图7-12 空间问题的相互关系
Fig.7-12 Relationship of spatial characteristics

253

三、流动人口空间问题的原因

(一)制度设计不合理

关于流动人口空间边缘化制度层面的解释,本研究采借社会学视角的事件史分析范式对流动人口空间建构过程进行分析,以寻找流动人口空间产生和发展的内在逻辑。

流动人口没有进城之前,他们是一定的社会经济与文化的综合体,有两个方面值得关注:①流动人口的自然人口属性,如出生地、年龄、性别、文化程度、婚姻状况等,其中的出生地和文化程度很重要。出生地在农村,对于城市而言是一种异域的空间,农村的生产与生活逻辑完全不同于城市,前者以农业主导,经济发展缓慢,小农意识强烈,传统文化主导,后者则以第二、三产业主导,经济发展迅速、市场经济观念发达,现代化和西方化的文化意识形态主导。所以,基于农村的出生地对于流动人口进城时的人力资本积累产生重要影响。对于文化程度,由于农村的教育供给相对落后,流动人口受教育水平相对低下,距离现代化过程中的人才素质和技能要求相距甚远,进城后想很快融入城市的主流文化体系中需要一个调整和适应的过渡期,很多时候还有阵痛感。②流动人口的户籍属性,这不仅仅是出生地或文化程度那么简单,户籍制度是在空间基础上叠加了种种社会、身份、经济和文化等要素的复合体,即是在农村基础上诸多"变脸"过程后的产物。持农村户口的人与持城市户口的人存在天壤之别,城镇户口与相对好的工作机会和待遇、居住权的优先选择、良好的社会保障体系、良好的受教育机会等相联系,农村户口持有者与此基本无缘。以上两点具有先天性,难以轻易改变,给流动人口进城前打下了深刻

第七章 广州流动人口空间问题及对策

的基调和底质:从城市本体论视角看,流动人口具有"外来的"这一特质性身份标签,这种"外来的"不仅是空间上的"外来",更是经过社会化建构过程之后的"外来"。在此认知框架下,流动人口天生就与城市市民不一样,这多少会给人一种错觉,即认为流动人口在城市里混得不好或遭受厄运都是注定的,因为流动人口本身就是二等公民,这种宿命论的思想无论对于流动人口本身还是城市市民都十分盛行。很明显,对于流动人口的这种先天性弱势的认同,制度是罪魁祸首。

携带上述文化底色的流动人口怀着对都市生活的向往、经过一番围绕"是否进城"这一主题激烈的思考斗争,最终实施了迁移决策。来到城市后,寻找落脚点和第一份工作成为首要任务。对于居住,有亲属或朋友关系的流动人口可以暂时性寄人篱下,无任何社会资本的单身者去城中村租房是符合其经济现状的理性选择,还可以找工厂住集体宿舍;对于吃,形形色色的小馆子或廉价快餐是流动人口经常光顾的食铺;对于工作,一些人发现也不是那么容易找到,被骗或遇上虚假的用工信息是家常便饭,有时候还受到"外地户口免开尊口"的对待,工作之后才发现工资也不是想像中的那么高,工作时间倒是十分漫长。看着本地人殷实的生活,对比自己的现实处境,多数流动人口觉得他(她)们只是这喧嚣和热闹都市的外来客。原来,城市也不是想像中的天堂,除了与己无关的繁华和热闹外,城市用一张无情的和充满歧视的社会制度网将其笼罩,这张网的主人有用工单位的老板、房地产开发公司、城市管理人员、本地的普通市民和形形色色的城市游戏规则的幕后操控者,组成城市增长机械,他们都殚精竭虑地实践着市场经济的规则,企业老板为节约生产成本疯狂延长用工时间,压缩休息时间;各级政府及职能部门为实现"创卫"、"低犯罪率"等既定社会目标,用尽各种手段要实现全城清洁、卫生、良好治安和投资环境的标准化和同一化;房地产商为榨取更多的剩余价值,大肆开发城市土地,最大限度地挤压流动人口本来就很小的生存空间;普通市民在下岗等市场规则压力下,对于流动人口抢夺工作机会的事实表示不满,在生活中对流动人口有意无意的蔑视。对于这一问题，城市政府出于整体城市发展的考量，较多的奉行新自由主义的城市治理倾向，当然也大张旗鼓地宣扬建立和谐社会，切实保障流动人口的利益，但具体实施效果不佳。需要重点指出，这种市场经济的运行逻辑在中国现有制度框架下发生了变形和扭曲。对于博弈过程的系统考察发现很多具体而微的做法有悖于市场，与其说是市场，不如说是原有计划、制度和规则的延续和变形。所以，对于中国流动人口空间特点的形成，既有制度比基于城市生态论的市场机制更有解释力。多方利益博弈的结果，各方让渡或部分让渡各自利益，但整体对流动人口形成围攻之势，维系既有规则（潜规则）与制度是其共同目标。从空间视角看，流动人口空间生产的过程（空间再造的过程）是原有生产关系的再生产过程。最后，流动人口空间在整体城市空间中格格不入，形成明显"区隔"。

综上所述，对流动人口空间问题形成机制概括如下，见图7-13。

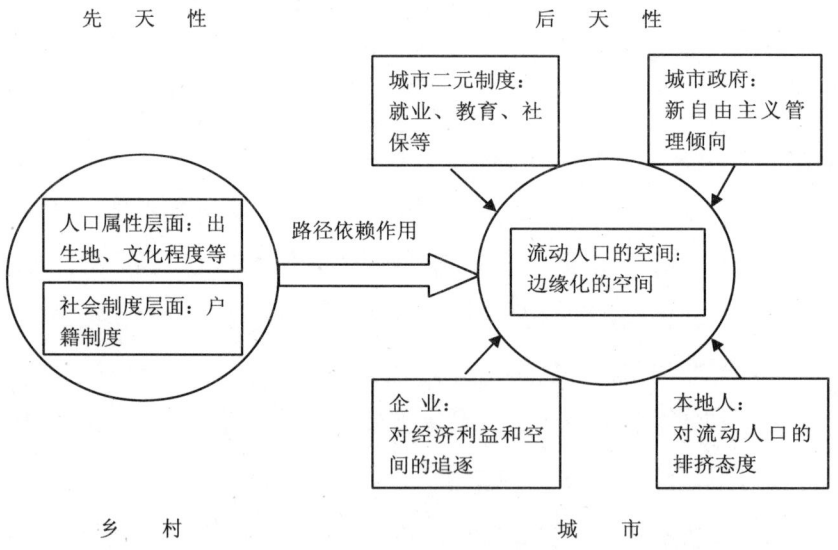

图7-13 流动人口空间问题的制度因素
Fig.7-13 Institutional mechanism of spatial characteristics for floating population

（二）缺失城市整体空间观

城市是一个高度开放性与包容性的系统，包括人在内的要素流动是城市经济和社会发展的基础，一旦停滞，城市将陷入全面瘫痪。基于此，笔者认为，流动人口是城市的重要一份子，流动人口空间也是城市空间的有机组成部分，流动人口及其空间应该得到应有的城市身份认同。长期以来，以城市本位主义为导向的流动人口认知倾向忽视了流动人口这一块，"外来的"的身份认同定格于市民心中，尤其是以户籍制度为基础的管理制度把流动人口与本地人口对立起来，对城市发展贡献最大的群体却因为身份的不合法性享受不到城市的现代化成果。事实上，流动人口对城市经济、社会与文化的影响和作用举足轻重，对于有效补充城市劳动力密集型行业的劳动力、发展和丰富城市社会与文化的多元性均具有重要意义。所以，流动人口绝不是城市中的另类群体，而是与城市市民同等重要的份子，流动人口空间绝不是流动人口一个群体的事情，而是关乎城市整体空间。只有将流动人口及其空间纳入整个城市空间体系中加以考量，从思想上高度重视流动人口空间，流动人口空间才能健康和持续的发展。

（三）市场机制与政府服务职能不到位

流动人口及其空间表现出的种种问题，本质上是市场机制的失灵及相关政府部门服务工作不到位所造成。

首先分析市场因素。如前所述，流动人口空间是在城市空间基质上再造的空间，这种空间与城市空间发生千丝万缕的联系，两者是相互影响和相互制约的关系。从文化互动学视角看，流动人口空间不仅是流动人口适应城市及城市空间的必然结果，还存在一个反方向的命题，即还存在城市及其空间如何对流动人口及其空间进行响应的过程。比如广州三元里一带集中较多的新疆人、小北路一带集聚较多的外国人，他（她）们在该地建立了一定规模和极具特色的区域性流动人口空间形态，如众多新疆风味的餐馆，众多产自国外的小商品市场。由于上述流动人口空间存在的客观

> 流动人口的空间透视：
> 　　　　以广州为例

性，城市管理者就应该做出积极响应，顺应地方性的再造文化，才能实现地区的和谐发展。从经济学视角看，这是一个满足流动人口这一特殊市场需求的问题。事实上，城市管理者在这方面做的远远不够,这里仅以流动人口居住空间和教育空间为例进行说明。

为了改善流动人口的居住条件，一些城市建立了农民工公寓，但效果并不理想。这里引摘一份广州电视台的报道[255]：

去年底就竣工的某地农民工廉租公寓至今没有一位农民工入住。而就在公寓不远处，数百名农民工每天都窝在立交桥桥洞下过夜。分析原因有二，其一，没有充分考虑到农民工的住宿和工作流动性强等特点。该公寓按照床位来收费，虽然价格相对不高，但对部分农民工来说，仍然是一笔不小的开支。如果打工的地点离得再远一些，加上来回产生的交通费，对收入不高的农民工来说仍是负担。其二，对农民工务工环境的现实状况认识不足。该公寓规定的入住条件之一是，农民工劳动合同经劳动和社会保障部门备案。事实上，农民工劳动合同签订率低在许多地方是普遍现象，能按时领到工资就谢天谢地，所以许多农民工只能对着入住公寓的门槛望而却步了。

再看流动人口的子女教育空间。随着流动人口迁移模式从单身迁移向家庭化迁移的转变，在第一代流动人口问题没有完全解决的情况下，第二代流动人口的大量涌现（表现为流动人口进城的年龄大大提前及流动人口子女被携带进城）产生了种种新的问题，核心问题是流动人口子女教育问题。对于数量巨大的"进城子女"，由于城市学校普遍采取收取高额择校费的经济排斥方式，拒绝流动人口子女进入城市主流文化教育体系，这可能导致贫困文化的代际传承，恶果之一是贫困的"可持续发展"。目前一些城市通行的做法是建立城市农民工子弟学校，其优势是成本低、管理相对便利，但也存在深度隐患，教师队伍素质普遍低下且极不稳定。此外，

---

① 广州电视台新闻报道.2005-9-13.参见：http://www.gztv.com/channel/news/node_11/2005/09/13/112666975445027.shtml

第七章 广州流动人口空间问题及对策

从空间层面上它某种意义上把流动人口子女固化在相对封闭的区域，严重阻碍其与市民后代间的交往和互动，这可能为本地市民后代歧视流动人口子女埋下祸根。

可见，对于现行的改进举措——建立农民工公寓或农民工子弟学校，效果都不甚理想。究其原因，没有根据流动人口客观的实际需求建造适合的居住空间和教育空间是问题产生的根本。有关部门没有对流动人口进行详尽调查，没有按照流动人口实际需求设计相关的居住和教育等空间。在具体工作中，要尽量破除城市本位主义的思想，多从流动人口视角思考问题，这才是市场机制在流动人口及其空间问题解决方面的良性运用。

再看政府及相关部门服务工作的问题。市场经济转型期很多人会经历阵痛，流动人口的体会尤为深刻。城市市民因具有较高的文化程度等人力资本优势及城镇户籍等制度优势在市场转型中占得先机，对于多数流动人口而言，上述两种优势则变成劣势，结果是流动人口沦为城市底层人群。从社会分层视角看，流动人口本身的弱质性在市场经济的洗礼下得到放大和强化，新时期城市社会的阶层差异在扩大而不是缩小。对于城市政府及相关职能部门而言，在建设和谐社会目标指引下，应制定一系列有利于流动人口的惠民政策，尽可能降低社会阶层之间的差异，真正做到为包括流动人口在内的城市群体服务，逐步消解因市场因素给流动人口带来的种种弊端，从而提升流动人口及其空间的质量。

（四）缺失有效流动人口管理机制

1. 管理思路不对头

长期以来，对于流动人口的管理工作一直存在"重管理、轻服务"的思想。城市各级管理部门总存在一个潜意识，即很多城市问题是由于众多流动人口的到来而引致，更有甚者，把流动人口视为城市的毒瘤与蛀虫，殊不知很多时候城市问题本来已经存在，只是流动人口的到来在一定程度上使问题显化罢了。在此指导思想下，流动人口要承受来自各方的强硬管制,前文提及的"犯罪的空间"就是明证。流动人口空间得不到各级职能部门的重视,在一些人眼里流动人口空间就是"脏、乱、差"的代名词,在官方话语体系中更多听到的是"改造"或"取缔",而很少有"保留"、"维护"等人性化字眼,基于人本主义视角下主动创造条件为流动人口提供服务的行为甚少。

2. 多头管理带来的管理混乱

流动人口及其空间的形成、发展及演化存在一个多方博弈的过程,相关管理者众多,本研究对与流动人口及其空间有关的主要利益相关者及所占立场进行简要归纳,见表7-2。

表7-2 流动人口利益相关者及其立场
Tab.7-2 Floating population stakeholders and their attitudes

利益相关者	利益诉求	对于流动人口及其空间的综合立场(赋值情况)
城市政府	城市经济繁荣、社会稳定、市民的幸福、城市整体和谐发展	默许流动人口进城和就业,但以不影响城市稳定为前提,稳定高于一切(-+)
区政府、街道办	谋求区稳定的同时尽可能发展地区经济	鼓励流动人口就业,但兼顾稳定(+-)
村委会	出租物业提升村集体的经济实力	对流动人口的到来表示欢迎(+)
城管部门	保持城市整体有序、繁荣与稳定	对流动人口部分行为实施打压(---)
环卫部门	保持城市环境清洁与卫生	对流动人口部分行为表示不满(-)
公安部门	保持良好的城市治安状况	对流动人口部分行为实施打压(--)
计生部门	完成片区的计生任务,统计流动人口计生情况	对流动人口部分行为表示不满(-)
工商部门	希望得到更多税收	鼓励流动人口的经济活动(+)
房地产开发商	流动人口空间的商业利益最大化	剥夺流动人口的生存空间(-)
城中村村民	以出租房屋为收入的重要来源	对流动人口的到来表示热烈欢迎(+++)
激进市民	保持城市原有秩序,尽可能保证本地人就业	对流动人口的到来表示一定的不满(-)
普通市民	以平常心对待流动人口	无所谓的态度(-+)

第七章 广州流动人口空间问题及对策

不难看出，出于对自身利益最大化的考量，各方对于流动人口及其空间有着不同的立场。当围绕流动人口及其空间的矛盾性事件发生时，冲突就会产生。所以，有效解决流动人口空间问题绝不是流动人口自己的事情，而是涉及上述诸多利益相关者相互协调和沟通的问题。

3. 具体管理工作的不匹配

对于流动人口管理的具体层面，本研究以广州市流动人口集中分布区——白云区为例进行实证分析，以探析流动人口管理工作中的问题。

图7-14给出了白云区2006年2月至2007年5月流动人口增加率和流动人口管理人员增加率的对比情况。

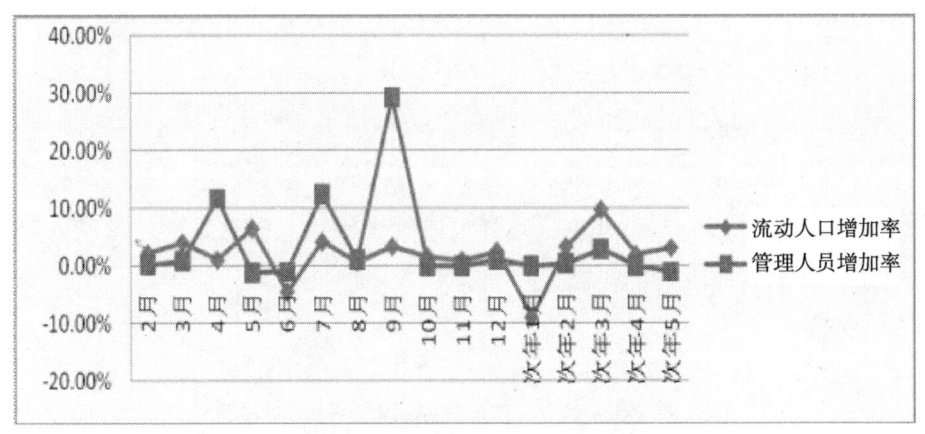

图7-14 白云区流动人口/管理人员增加率
Fig.7-14 Increment ratio of floating population/servicemen for floating populations in Baiyun district

资料来源：根据广州市白云区出租屋及流动人口管理办公室提供的资料计算得出，2007.9。

可以看出，流动人员数量变化相对稳定，流动人口管理人员变化较大，两者变化方向不一致。流动人口增加率峰值出现在3月、5月、6月、7月和次年1月，但流动人口管理人员增加率峰值出现在4月、7月、9月和次年3月，除7月和次年3月较匹配外，其它月份两者并不匹配，4月和5月更是出现变化方向相反的局面,即在流动人口减少的情况下流动人口管理人员反而增加。

笔者认为,这反映了广州流动人口管理工作中存在的问题,从经济学视角出发,流动人口构成与变化是流动人口管理人员构成与变化的基础,前者是需求方,后者是供给方,后者应根据前者变化而发生相应变化。对于流动人口增加率较少的"淡季"(如春节期间),可以适当压缩管理人员的编制,反之,对于流动人口增加率较多的"旺季"(如节后的几个月),可以考虑适当增加流动人口管理人员数。此外,可以针对不同时期流动人口构成和数量特点对流动人口管理人员的工作重点做出相应调整,如假期(暑假、寒假)应该重点关注流动人口子女管理方面的问题,而节后月份应该努力抓好流动人口信息采集工作。

总之,流动人口的流动性特质对流动人口管理工作提出了更高的要求,要改变过去相对刚性的管理模式和工作思路,以流动人口时间变动性和空间分布差异性为基础建立更富弹性的管理模式。只有这样,流动人口管理工作才能得到有效的提高。

四、流动人口空间优化对策

(一)树立包括流动人口空间在内的城市空间整体观意识

笔者认为,流动人口是城市主体构成中的重要分子,流动人口空间是城市空间的重要组成部分,流动人口及其空间的存在具有客观性和必然性。基于此,城市政府及各级流动人口管理机构要彻底改变传统的"流动人口是外来的"这一身份认同,树立新型的"流动人口也是城市人民的一部分"身份认同。流动人口及其空间问题是一个系统工程和全民工程,政府及相关职能部门要承认流动人口对于城市的巨大贡献并扩大宣传,逐步

第七章　广州流动人口空间问题及对策

给予流动人口以合法的市民地位，逐步消解流动人口与本地市民之间经济、社会、文化和体制的鸿沟，实现城市各类人群的和谐共处。流动人口各级管理层要将外来人口空间纳入正规化管理与服务对象，建立与健全覆盖流动人口在内的保障体系。

在对待具体流动人口空间的态度和取向方面，要符合城市空间整体观原则，在此以城市规划和街道非正规经营空间为例进行简要说明。一直以来，城市规划是基于户籍人口需求而开展，这是脱离城市空间整体观的体现。在今后城市规划工作中，笔者认为，要增加流动人口这一自变量，对流动人口及其诉求予以充分考量。对于城市某些街道存在的非法占道的地摊、小贩等工作空间，取缔与否值得认真研究。笔者认为，要重点处理好基于卫生城市、文明城市等政府高层诉求的城市空间整体有序性和基于流动人口在夹缝中求生存现状的流动人口空间局部无序性的关系。可行的做法是有关职能部门允许一定地段成为流动人口经营活动的合法空间，条件成熟的还可以考虑在规划引导下打造为一些特色化经营的地块，利用市井文化的作用并挖掘这些非正规行业中的文化价值，从而实现文化价值和经济价值的双赢。

（二）树立以空间互动、服务主导为核心的流动人口管理理念

基于流动人口空间与城市整体空间的互动关系，城市各级管理部门应通过城市规划与管制等手段对流动人口空间作出积极响应，满足流动人口基本的空间诉求。具体操作过程中要注重改善与改进工作思路和方式，变"重管理、轻服务"为"服务为主、管理为辅"。

资料来源：大洋网，2007-9-6.

图7-15 佳大时代外来工公寓
Fig.7-15 Jiada flat for floating population

可喜的是,在建立和谐社会、以人为本等理念影响下,广州市有关流动人口管理部门对流动人口及其空间作出了积极的回应,在实际工作中进行了大胆的尝试与创新,一系列体现和谐社会与人本主义等思想的行为和举措在逐步开展。在居住空间方面,位于广州市萝岗区的广州开发区政府为了解决外来务工人员的住宿问题,在政府和民营企业的共同努力下建立了农民工公寓(图7-15),并因为安全、舒适、价格合理受到用工单位和流动人口的欢迎[256]。在休闲娱乐空间方面,广州市出租屋及流动人口管理办公室别出心裁地印制了介绍流动人口法律、法规的宣传册、扑克等,既丰富了流动人口的业余文化生活,又普及了与流动人口相关的法律法规知识(图7-16;图7-17)

图 7-16 宣传册

Fig.7-16 Throwaways

资料来源:广州市出租屋及流动人口管理办公室提供,2007-10-16.

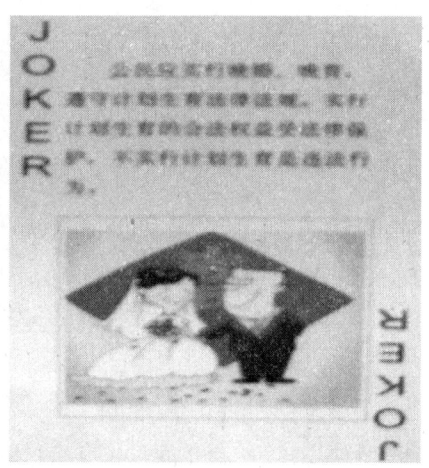

图 7-17 扑克

Fig.7-17 Cards

资料来源:笔者购买的扑克,2008-4-24.

在心理空间方面,广州市荔湾区大东街建立了悄悄话室"金雁之家",在这里,流动人口可以向心理咨询专家吐露真言,还可向专家请教平时难以启齿的性问题[1][257]。

---

[1] 徐 艳,姬 东.人性管理让外来工融入社区[N].南方都市报(A41版),2008-1-10.

（三）确立相互协调、联动管理为核心的流动人口管理方法

现行的流动人口管理主体较多，各管理主体在处理流动人口问题的态度和取向各异，大多从各自立场考虑问题。市级政府部门和区级政府部门由于不同利益诉求对流动人口管理态度不同，工商局、城管局、环卫局和计生局等也存在类似问题，作为流动人口管理的常设机构——出租屋及流动人口管理办公室有职能分工，但缺乏事权。此外，对于跨区工作和居住的流动人口管理也比较难办，如有些人在天河区上班，缴税给天河，但在白云区居住，一旦出现违法等流动人口问题，白云区成为受责对象。对于此类流动人口问题的解决，各职能部门需要从大局观着手，进行通力协调与合作、联动管理。

（四）努力提高流动人口的自组织化程度

对于流动人口及其空间问题的解决，从流动人口自身看，还存在提高流动人口组织化程度的问题。由于流动人口及其空间弱势弱质的地位，对于具体问题的解决往往处于孤立的不利局面。原因在于流动人口的组织化程度不高，流动人口群体之间较为松散、缺乏凝聚力。因此，在今后的流动人口及其空间发展过程中，社会各界及流动人口自身要积极行动起来，自发组织起一些旨在维护流动人口切身利益的团体或机构，建立属于流动人口自身的互动平台。形式可以多样化，如成立流动人口协会、流动人口法律援助机构或中心等实体性机构，还可以充分利用网络优势建立关于流动人口的宣传网站、流动人口博客、流动人口聊天室等虚拟性平台。这些平台既可以切实解决流动人口面临的各种问题，也可以促进广大流动人口之间的交流，不仅是流动人口物质生活的好帮手，还是流动人口快乐的精神家园。可喜的是，一些城市和地区已经建立了类似的机构，如打工者论坛[1]、中华打工者[2]、打工者家园[3]、打工者协会[4]、打工者之家[5]、广东打

---

[1] 注：对应网站（http://www.dgzbbs.cn/）
[2] 注：对应网站（http://www.chinaworker.com/）
[3] 注：对应网站（http://dgzhjy.home.sunbo.net/）
[4] 注：对应网站（http://www.dgxh.cn/）
[5] 注：对应网站（http://www.dagongz.com/）

工论坛①、广东番禺打工族服务部②、打工者法律网③、外来工心理辅导援助中心④等。

五、本章小结

流动人口空间是在城市空间基底上叠加的具有流动人口特质的空间形态，这种空间是在原有城市空间基础上经过流动人口的各种实践活动而人格化的空间，是一种再造的空间。

首先，本章的研究建立在对流动人口各类型空间的系统总结基础上，研究认为流动人口空间相互作用和影响，其中以工作空间为主导，居住空间次之，通勤、购物及休闲娱乐空间处于附属地位。对于上述空间关系的影响因素，笔者认为主要是流动人口本身的社会与经济属性，由此而衍生出低收入和高收入两种流动人口空间关系。

其次，本章从流动人口区位空间、行为空间和感应空间的产生、发展过程的分析总结了流动人口空间的问题，总体上表现为边缘化、混合性、非固定性和适变性，其中边缘化是本质性问题。这种边缘化的机制既包括自身种种属性特征的社会化建构过程，也包括社会制度歧视、城市政府新自由主义倾向、对城市空间的激烈竞争、企业追逐利润、本地人排挤等。

第三，本章对流动人口空间存在问题的原因进行归纳，表现为缺乏城市空间整体观、市场机制和政府管理与服务工作的不到位、缺乏有效的流动人口管理机制。

最后，对流动人口问题解决对策提出几点看法：树立包括流动人口空

---

① 注：对应网站（http://bbs.gddgw.com/）
② 注：对应网站（http://blog.sina.com.cn/dgzngo/）
③ 注：对应网站（http://www.hualawyer.com/）
④ 注：对应网站（http://www.xl120.net/）

第七章 广州流动人口空间问题及对策

间在内的城市空间整体观意识、树立以空间互动、服务主导为核心的流动人口管理理念、确立相互协调、联动管理为核心的流动人口管理与工作方法、努力提高流动人口的自组织化程度。

第八章 结 论

流动人口的大量出现是中国城市化、现代化和市场化过程中的重要事件。作为异地城市化的重要载体，他们对城市社会、经济和文化产生重要而深远的影响，从空间视角全方位的对其进行系统深入的研究，把握流动人口这一独特性群体的空间实践及行为规律，对于增进对中国城市化过程的理解、迁移行为背后的制度逻辑的洞悉、流动人口空间存在问题的发现及优化对策的提出、为政府职能部门提供理论上的决策依据等都具有重要而深远的意义。

本研究首先对国内外人口流动研究及社会空间研究的研究进展进行较为系统的总结和归纳，提取了本研究可供借鉴的相关理论、切入视角及研究方法，从而确立了广州市流动人口空间研究这一研究主题。

其次，本研究构建了流动人口空间分布——流动人口主导性行为空间——流动人口从属性行为空间——流动人口感应空间——流动人口空间问题的主体性分析框架。其中，流动人口空间分布主要分析1978-1990年和1990-2000年两个时段广州市流动人口特征及其变化、流动人口空间分布极其变化，在此基础上概括空间选择及分布变化的形成机制。流动人口主导性行为空间主要分析流动人口工作、通勤及居住行为在空间上的表现形式，对各类空间的特征进行概述，在此基础上分析其空间形成的原因。与此类似，流动人口从属性行为空间也是分析流动人口购物及休闲娱乐空间的主要特征及其背后的形成机制。流动人口感应空间的分析在原有地学视角基础上增加了对城市文化、精神层面内容的分析，具体包括对流动人口交往空间、流动人口精神城市化（非空间感知）、流动人口感应空间（空间感知）的分析，展示并概括了流动人口感应空间的特征及影响因素。流动人口空间问题的分析是在对上述分析进行综合和整合的基础上提炼出流动人口空间问题的共性，在此基础上再分析诸空间问题的宏观和微观层面的形成机制。

从本研究主体内容的数据来源及研究方法看，流动人口空间分布的研究主要依赖于广州市1990/2000年区及街道层面的人口普查资料，方法上主要利用GIS技术及类比分析；工作、居住、购物和休闲娱乐空间等流动人口行为空间及感应空间的分析主要依赖于笔者针对广州市4个典型区23条典型街道历时半年的流动人口问卷调查资料和深度访谈，此外，还大量采用SPSS提供的统计分析（大体包括交叉分析、相关分析、线性回归、逻辑回归、多元回归等）；流动人口总体空间问题的归纳主要依靠前述各类型空间问题的抽炼和概括，方法上主要依赖于深度访谈资料及事件史分析。

通过对广州流动人口空间的系统研究，本研究得出的主要结论有4点。

第八章 结 论

一、流动人口空间处于边缘化地位

流动人口的大量出现是社会经济发展的必然结果，有着深刻的社会与经济背景，主要表现为：流动人口的制度性建构特征最为明显，新时期的流动人口发轫于中国特殊人口管理制度——户籍制度，在这一身份二元制背景下，流动人口沦为城市主流生活的"局外人"，与城市主流群体所享受的工作、居住、福利等权利基本绝缘。在身份二元制及相关制度影响下，流动人口在文化程度、就业状况、生活质量等方面整体处于城市和社会边缘化地位。由于市场经济体制的不完善及相关人口管理制度固有的惯性作用，流动人口的这一边缘化态势还会长期存在。

由于流动人口在城市各阶层中处于边缘化地位，这种特殊身份属性赋予其在总体的空间特征、形态上在整个城市空间图谱中也处于相对弱势、弱质地位。宏观空间区位选择上，流动人口大多位于城市内城边缘区和近郊区，这种空间格局与城市经济发展状况、土地利用与开发强度等宏观因素，较多的工厂和城中村布局等中观因素，廉价的房源及低等级的职业供给、流动人口自身有限的社会及人力资本等微观因素关系密切。边缘化的特征还体现在流动人口工作空间、居住空间、购物空间、休闲娱乐空间等方面。从工作空间看，流动人口多就业于非正规劳动力市场，体力耗费巨大，劳动报酬低，工时长，休息时间短；从居住空间看，其居住形态以城中村或工厂集体宿舍为主，整体居住质量较差，影响其居住质量的主要因素有流动人口的居住类型、流动人口个体的社会经济属性、流动人口户口属性等制度性因素；从通勤空间看，流动人口通勤距离多以短距离为主，很多时候流动人口的工作空间和居住空间出现并置性特征，两者位于同一街道、同一城区的比例较高，通勤方式以步行为主，出行时间、频率及距离均较短。从流动人口购物和休闲娱乐空间等从属性行为空间看，两者总体上具有近域性、廉价性、低层次性的空间特征，主要与作为城市外来性特质框架下流动人口处于较低的社会与经济地位及由此而生的文化弱势有关。对流动人口感应空间的研究表明不同社会群体因为不同社会与经济状况产生不同的感应空间，流动人口的感应空间表现出明显的二元性特征，即存在城市整体层面的感知和社区层面的感知，以社区感知为主，流动人口整体感知要素较少，组合关系较简单，这很大程度上源于流动人口日常活动有限，缺乏足够地了解城市的行为空间。总之，无论是物质性实体空间，还是精神性心理空间，流动人口都存在与本地市民完全不同的空间生产和再生产逻辑，流动人口空间呈现出双重边缘化（Dual marginalization）的特点，在整个城市空间中处于边缘化地位。

二、流动人口空间问题表现为边缘化、混合性、非固定性和适变性

通过对流动人口区位空间、行为空间和感应空间的产生、发展过程及表现形式的分析和总结，本研究把流动人口总体空间问题归纳为边缘化、混合性、非固定性和适变性4个特征。其中，边缘化是流动人口空间的本质性问题，边缘化体现在诸多方面，就空间分布而言，流动人口多集中在城市边缘区或郊区；工作空间一般面积狭小，工作时间长但报酬低；整体居住条件差，以城中村或工厂宿舍居多，环境恶劣；购物和休闲娱乐多限于居住地或工作地附近，层次性较低；对城市的感应度相对差，绘制要素较为简单，整体把握城市空间关系的比例极低。适变性多来自城市各级管理部门的施压，具有自上而下的性质，由于外来的身份认同，流动人口在

第八章 结 论

生产与生活活动及日常空间行为实践过程中经常受到来自企业雇主、城市管理者和本地市民的压制，他们总是不断调整其空间适应性策略；混合性是流动人口基于自身社会经济状况在对空间利用过程中采用的一种策略，具有自下而上的性质，由于自身条件的限制，多数流动人口对工作和居住空间分离的容忍度较低，这导致流动人口工作和居住空间、购物和休闲娱乐空间表现出并置性特点；非固定性既是流动人口流动职业变动本性的体现，也是适变性和混合性作用下的行为理性选择的必然结果，主动性与被动性兼有之。混合性、非固定性和适变性三者综合作用又导致流动人口空间整体边缘化。

三、制度设计是流动人口空间边缘化的主要原因

通过事件史的分析发现，流动人口空间边缘化的主要根源在于种种针对流动人口不利的制度设计，这些制度既包括流动人口在迁移行为发生之前的出生地、文化程度、户口等自身属性特征的社会化建构过程，也包括迁移行为发生之后的就业、教育、社保等一系列社会制度歧视、城市政府新自由主义倾向、对城市空间的激烈竞争、企业追逐利润和本地人排挤等。虽然还有其自身的文化程度较低、社会关系较为简单、自组织能力缺乏等流动人口主观因素，但制度性因素在流动人口空间边缘化过程中起主导作用，而且，流动人口自身因素正是在诸种制度背景的建构下发生作用的。此外，流动人口空间边缘化的直接原因表现为缺乏城市空间整体观意识、市场机制和政府管理与服务工作的不到位或错位、缺乏有效的流动人口管理机制。

四、树立城市空间整体观意识是解决流动人口空间问题的主要途径

由于一系列针对流动人口不利的制度设计、城市空间整体观的缺失、市场机制和政府管理工作的不到位和流动人口管理机制的缺乏,流动人口空间存在很多这样或那样的问题,主要表现为边缘化、混合性、非固定性和适变性。基于空间系统论和人本主义的思想,笔者认为在优化流动人口空间过程中应该努力做到以下几点:树立包括流动人口空间在内的城市空间整体观意识、树立以空间互动、服务主导为核心的流动人口管理理念、确立相互协调、联动管理为核心的流动人口管理工作方法、努力提高流动人口的自组织化程度。

从城市化的层次看,城市化过程包括空间上的景观城市化和人的精神城市化;从城市化主体的层次看,城市化过程包括城市本地市民的城市化和城市外来群体的城市化。从中国目前城市发展现状看(2007年中国的城市化水平为44.9%),以流动人口为主体的大量人口从农村迁往城市的异地城市化过程是社会与经济发展的必然结果。但流动人口来到城市远非城市化过程的结束,这只是流动人口实现地域上的城市化,是城市化的初级阶段,高级阶段的城市化是流动人口的精神城市化,一方面流动人口接受并适应了城市生产与生活方式,另一方面其原籍地文化在城市中也有生存和发展的空间,得到本地市民的接受与认同,实现和本地文化共存,与本地市民和睦相处,流动人口和本地市民一起共同创造城市美好的未来的和谐效应。从本研究的结果看,广州流动人口的城市化尚处于低级阶段,在流动人口工作、居住、购物、休闲娱乐和感应空间等诸多方面都存在与本

第八章 结 论

地市民这样或那样的"区隔"现象，流动人口的城市化过程任重道远。从流动人口现实生活看，流动人口为争取自己正当权益而在政府部门前的"抗议示威"、在公共场所进行的"跳楼秀"、流动人口因无钱治病而露死医院门口、因与城市管理部门发生冲突而被拘禁等消息比比皆是，这与时下建立和谐社会的来自政府的主流话语格格不入。这些问题目前多以流动人口个体或少数群体行为的形式出现；虽不具普遍性，但具有典型性意义。相关职能部门应该予以高度重视，一旦类似问题从个体行为演化为群体行为，零星的流动人口事件可能升级为群体性乃至阶层性的社会事件，后果将不堪设想。对于这些"越轨"的举动，有关部门不可一味采取打压的强硬手段，在事情得不到彻底解决的情况下，应该给予流动人口表达其诉求的权利，提供其更为合法和合理的表达渠道，这样才能使得问题不至于激化。

笔者认为，流动人口的大量涌现是中国社会与经济发展的必然结果，具有客观性。诚然，流动人口在一定时期给城市带来一定问题，但是，他们给城市带来的巨大贡献也是有目共睹的，从理论上讲，正是因为中国社会大量流动人口的出现，才使中国现代化、城市化和工业化走的是一条节约成本的道路。对于流动人口产生的种种城市问题，其一，有些城市问题在流动人口到来之前就已经存在，且一直没有得到有效解决，只是流动人口的到来使得一些问题显化罢了；其二，有些城市问题是中国城市从计划经济向市场经济转型过程中的必然产物，即问题本身是制度转型与转轨的副产品，并非因流动人口而引致。

采取积极有效的措施切实解决流动人口极其相关问题是实现和谐社会的重要组成部分。笔者认为，中国经济飞速发展，综合实力得到很大提升，在社会主义市场经济良性运行的条件下，政府有关部门应该把更多的时间和精力投入到改善包括广大流动人口在内的社会弱势群体的社会地位与经济状况从而实现真正社会公平的工作中去，在"以人为本"的理念指导下，真正履行人民公仆的角色，全心全意为包括流动人口在内的人民服务，这是建立和谐社会的重要举措。

参考文献

Johnston R. J.著.柴彦威，张景秋，仵宗卿等译.人文地理学词典[M].北京：商务印书馆，1994.442.

Susan M. Oxford dictionary of geography[M].上海：上海外语教育出版社，2001.281.

Ravenstein E. G. The laws of migratio n[J].Journal of the royal statistical society，1885–1889.

王亚南.资本主义古典政治经济学选辑[M].北京：商务印书馆，1979.74.

李竞能.当代西方人口学说[M]，太原：山西人民出版社，1992.

Lee E. S. A. theory of migration[J].Demgraphy，1966，（1）：47–57.

Lewis W.A. Economic development with unlimited supplies of labour[J].The

Manchester School of Economic and Social Studies, 1954, 22: 139-191.

Rains G. and Fei J. C. H. A. theory of economic development[J].American Economic Review, 1961, 51: 533-565.

McGee T. G. The urbanization process in the Third World: Exploration in search of a theory[M].London: G. Bell & Sons Ltd.1971.

Schultz T. W. Population redistribution and economic growth, United States,1870-1950[J]. The American Philosophical Review, 1957, (3): 4-5.

Sjaastad L. A. The costs and returns of human migration[J].Journal of Political Economy, 1962, 70: 80-93.

Todaro M. P. A model of labor migration and urban unemployment in less developed countries[J].American Economic Review, 1969, 59: 138-148.

Stark O. and Bloom O. E. The new economics of labor migration[J].American Economic Review, 1985, 75: 173-178.

Stark O. and Taylor J. E. Migration incentives, migration types: the role of relative deprivation[J].The Economic Journal, 1991, 101: 1163-1178.

Piore M. J.The dual labour market,theory and application[M].In: Barringer R and Beer S. H., (ed.). The State and the Poor, Cambridge: Cambridge Mass Winthrop.1970.

Portes A. and Bach R. L. Latin Journey: Cuban and Mexican immigrants in the United States[M].Berkeley: University of California Press, 1985.

Clark G. H. and Gertler M. Migration and capital[J].Annals of the Association of American Geographers, 1983, 73 (1): 18-34.

Clark G. H. and Ballard K. P. The demand and supply of labor and intensive relative wages: an empirical analysis[J]. Economic Geography, 1981, 57: 95-112.

Wallenstein I. Geopolitics and geoculture: essays on the changing world-system[M]. Cambidge: Cambridge University Press, 1991.231-237.

参考文献

Massey D. S.et al.Theories of international migration: a review and appraisal[J].Population and Development Review, 1993, 19: 431-466.

Ricketts E.U.S. investment and immigration from the Caribbean[J]. Social Problems, 1987, 34: 374-387.

Findley S. E. An interactive contextual model of migration in Hocos Norte, the Philippines[J]. Demography, 1987, 24: 163-190.

Sassen S.The mobility of labor and capital[M]. Cambidge: Cambridge University Press, 1988.

Portes A.Economic sociology and the sociology of immigration: a conceptual overview, in Portes A ed., The economic sociology of immigration: essays on networks, ethnicity and enterpreneurship, New York: Russell Sage Foundation, 1995.12-15.

Massey D. S. Goldring LP.and Durand J. Continuities in transnational migration: an analysis of 19 Mexican communities[J].American Journal of Sociology, 1994, 99: 1492-1533.

Sanders J. and Nee V. Immigrant self-employment: the family as social capital and the value of human capital[J]. American Sociological Review, 1996, 61: 231-249.

Jacobson D.The immigration reader, America in a multidisciplinary perspective[M].Massachusetts: Blackwell Publishers, 1998.

张晓青.国际人口迁移理论述评[J].人口学刊, 2001, (3): 41-46.

Myrdal G.An American dilemma: The negro problem and modern democracy[M].New York: Harper & Brother Publishers, 1944.4.

李明欢.20世纪西方国际移民理论[J].厦门大学学报（哲学社会科学版）, 2000, (4): 12-19.

Zipf G.K. Human behavior and the principle of least effort[M]. New York: Hafner, 1949.

Stouffer S. A. Intervening opportunities: a theory relating mobility and distance[J].American Sociology, 1940, (5): 845-867.

Zelinsky W. The hypothesis of the mobility transition[J].Geographical Review, 1971, 61: 219-249.

许学强, 周一星, 宁越敏等.城市地理学[M].北京: 高等教育出版社, 1996.44-45.

张文新, 近十年美国人口迁移研究[J].人口研究, 2002, 26(4): 66-71.

Berry B. J. L. Transnational urban ward migration, 1830-1980[J].Annals of the Association of American Geographers.1993, 83(3): 389-405.

Frey W. H. Immigrant and native migrant magnets[J].American Demographics.1996, (6): 1-5.

Myers D. and Lee S. W. Immigration cohorts and residential overcrowding in Southern California[J]. Demography.1996, 33(1): 51-65.

Clark W. and Morrison P. Demographic foundations of political empowerment in multiminority cities[J].Demography.1995, 32(2): 183-201.

McHugh K.E, Skop E. H. and Miyares I. M. The magnetism of Miami: Segmented paths in Cuban migration[J].Geographical Review.1998, 39(2): 56-67.

Kritz M. M. and Nogle J. M. Nativity concentration and internal migration among the foreign-born[J]. Demography.1994, 31: 509-524.

威廉·富特·怀特, 街角社会[M].北京: 商务印书馆, 2005.

Lai D. C.Chinatowns: towns within cities in Canada[M].Vancouver: University of British Columbia Press, 1988.

Loo C. M.Chinatowns: most time, hard time[M].New York: Praeger Publishers, 1991.

Huang E. Voices from a community[M].Vancouver: Douglas& McIntyre,

1992.

Christiansen F. Chinatown, Europe: an exploration of overseas Chinese identity in the 1990s[M].London: RoutledgeCurzon, 2003.

Kaplan D. H. et al.Urban Geography[M].New York: John Wiley & Sons, 2004.

周敏,林闽钢.族裔资本与美国华人移民社区的转型[J].社会学研究,2004,(3):36-46.

Boswell T. D. and Cruz-Baez A. D. Residential segregation by socioeconomic class in metropolitan Miami: 1990[J], Urban Geography.1997, 18(6): 474-496.

Cushing B. Migration and persistent poverty in rural America: a case study from central Appalachia. In Pandit K. and Withers D. et al., Migration and restructuring in the U.S. Rowman and Littlefield: Longman.1999.

Brown L. A. Lobao L. and Digiacinto S. Economic restructuring and migration in an older industrial region: the Ohio River Valley. In Pandit K. and Withers D. et al., Migration and restructuring in the U.S. Rowman and Littlefield: Longman.1999.

Plane D. and Rogerson P. The geographical analysis of population[M].New York: John Wiley & Sons. 1994, 145-192.

Pandit K. Demographic cycle effects on migration timing and the delayed mobility events[J]. Papers of the regional science association, 1997, 29(3): 187-199.

Withers S. D. Methodological considerations in the analysis of residential: a test of duration state dependence and associated events[J]. Geographical Analysis.1997, 29(4): 354-374.

Davies R. B. and Pickles A. R. An analysis of housing careers in Cardiff[J]. Environment and Planning.1991, 23: 629-650.

Odland J. and Shumway J. M. Interdependencies in the timing of migration and mobility events[J]. Papers of the Regional Science Association.1993, 72: 221-237.

Bailey A. and Cooke T. Family migration and employment: the importance of migration history and gender[J]. International Regional Science Review.1998, 21 (2): 99-118.

Goss J. and Lindquist B. Conceptualizing international labor migration: a structuration perspective[J]. International Migration Review.1995, 29 (2): 317-351.

Miles M. and Crush J. Personal Narratives as Interactive Texts: Collecting and Interpreting Migrant Life-Histories[J].Professional Geographer.1993, 45 (1): 84-94.

Vandsemb B. H. The place of narrative in the study of Third World migration: the case of spontaneous rural migration in Sri Lanka[J].The Professional Geographer.1995, 47 (4): 411-425.

Davies R. B. and Pickles A. R. An analysis of housing careers in Cardiff[J]. Environment and Planning.1991, 23: 629-650.

Shumway J. M. and Cooke T. J. Gender and ethnic concentration and employment prospects for Mexican- American migrants[J]. Growth and Change.1998, 29: 23-43.

McHugh K. E. Skop E. H. and Miyares I. M. The magnetism of Miami: Segmented paths in Cuban migration[J].Geographical Review.1998, 39 (2): 56-67.

Johnson J. H. and Roseman C. C. Increasing black outmigration from Los Angeles: the role of household dynamics and kinship systems[J].Annals of the Association of American Geographers.1990, 80 (2): 205-222.

Clark W. A. V. The expert witness in unitary hearings: The six green factors and spatial-demographic change[J]. Urban Geography. 1995, 16（8）: 644-679.

陈吉元, 庾德昌. 中国农业劳动力转移[M]. 北京: 人民出版社, 1993.

辜胜阻, 简新华. 当代中国人口流动与城镇化[M]. 武汉: 武汉大学出版社, 1994.

黄平. 寻求生存——当代中国农村外出人口的社会学研究[M]. 昆明: 云南人民出版社, 1997.

蔡昉. 中国流动人口问题[M]. 河南: 河南人民出版社, 2000.

孙立平. 断裂——20世纪90年代以来的中国社会[M]. 北京: 社会科学出版社, 2003.

罗霞, 王春光. 新生代农村流动人口的外出选择与行为选择[J]. 浙江社会科学, 2003, （1）: 109-113.

王春光. 新生代农村流动人口的社会认同与城乡融合的关系[J]. 社会学研究, 2001, （3）: 63-76.

陆学艺. 走出"城乡分治、一国两策"的困境[A]. "21世纪初期中国经济改革国际论坛"论文集[C]. 2000.

李强. 当前我国城市化和流动人口的几个理论问题[J]. 江苏行政学院学报, 2002, 5（1）: 61-67.

王春光. 中国职业流动中的社会不平等问题研究[J]. 中国人口科学, 2003, （2）: 1-13.

Fan C. C. Interprovincial migration, population redistribution and regional development in China: 1990 and 2000 census comparisons[J]. The professional Geographer, 2005, 52（2）: 295-311.

李培林. 流动民工的社会网络和社会地位[J]. 社会学研究, 1996, （4）: 42-52.

朱力. 论农民工阶层的城市适应[J]. 江海学刊, 2002, （6）: 82-88.

曹子玮. 农民工的再建构社会网与网内资源流向[J]. 社会学研究,

2003,（3）：99-110.

姚先国，俞玲.农民工职业分层与人力资本约束[J].浙江大学学报（人文社会科学版），2006，（5）：18-24.

赵延东，王奋宇.城乡流动人口的经济地位获得及决定因素[J].中国人口科学，2002，（4）：8-15.

曾旭晖.非正式劳动力市场人力资本研究：以成都市进程农民工为个案[J].中国农村经济，2004，（3）：34-38.

郝虹生，杜鹏，林富德等.我国大城市外来人口管理问题与对策[J].人口研究，1998，22（2）：28-34.

马万昌.刍议当前外来人口对北京文化的影响[J].北京联合大学学报，2000，14（1）：74-77.

国务院研究室.中国农民工调研报告[J/OL].新浪网，http://news.sina.com.cn/c/2006-04-16/09258708684s.shtml.2006-4-16.

振华.1亿农民工的六大贡献[J].江淮，2004，（3）：32-33.

巫继学."农民工"在中国经济中的十大革命性意义[J/OL].中国价值网，http://www.chinavalue.net/showarticle.aspx?id=24410.2006-3-24.

何晓红.农民工的贡献与深圳特区发展[J].特区经济，2006，（4）：121-122.

《人口研究》编辑部.外来人口：利大还是弊大[J].人口研究，1997，21（4）：35-43.

项飚.东镇民工系列调查[J].社会调查，1997.

周晓虹.流动与城市体念对中国农民现代性的影响[J].社会学研究，1998，（5）：58-70.

Shen J. F. Chinese urbanization and urban policy. In Lau C. M. and Shen J F et al., China Review. Hong Kong: Chinese University Press, 2000.455-480.

Zhu Y. Beyond large-city-centred urbanizaition: in situ transformation of rural areas in Fujian Province[J]. Asian Pacific Viewpoint, 2002, 43（1）：

9-22.

沈立人.中国弱势群体[M].北京：民主与建设出版社，2005.

孙华山.在国务院新闻办记者招待会上的讲话[J/OL].中国网，http://www.china.org.cn/ch-xinwen/content/news426.htm.2004-4-29.

史柏年.城市边缘人[M].北京：社会科学文献出版社，2005.5.

余红，丁骋骋.中国农民工考察[M].北京：昆仑出版社，2004.

李玲，欧阳惠，陈耀森等.大城市流动人口特征与管理[J].人口研究，2001，25（3）：46-52.

刘增禄.城郊外来人口犯罪引发的社会问题[J].中共青岛市委党校学报，2006，（2）：66-68.

陈小玉.转型期流动人口犯罪的社会学思考[J].安徽工业大学学报，2001，18（4）：41-44.

候子宜，王若阳，朱洪启.外地来京人员犯罪特点及对策[J].北京人民警察学院学报，1994，（3）：35-37.

安新予.广州市外来未成年人犯罪的调查研究[J].青年探索，2004，（6）：47-50.

从梅.城市社区外来人口犯罪特点与对策[J].理论与现代化，2005，（4）：58-60.

廖显赤，张胜康.城市外来无业人员犯罪问题初探[J].城市问题，1996，（4）：41-16.

郭开怡.重庆市城乡结合部外来流动人口特点及其影响[J].重庆师范大学学报，2004，（1）：94-97.

张胜康.论城市外来人口及其对城市的影响[J].现代城市研究，1995，（2）：46-49.

李朝晖.人口流动与城市冲突[J].中国改革，2005，（9）：67-68.

蔡昉，王德文.作为市场化的人口流动[J].中国人口科学，2003，（5）：11-19.

乔晓春.五普数据分析城市外来人口状况[J].社会学研究,2003,(1):87-94.

许鹏,王晓波.中国外来人口流动的基本规律[J].市场与人口分析,2004,10(6):46-50.

李娟,任国柱,鲁奇等.20世纪90年代重庆市流动人口特征及动因分析[J].地理科学进展,2006,25(2):77-84.

张立明,马勇.流动人口对武汉城市建设和发展的影响与对策[J].南方人口,1996,(4):32-35.

刘观海.福州市外来人口现状与管理对策的思考[J].福州党校学报,2001,(3):55-57.

张心侠,张丽雯,梁开增.目前城市流动人口刍议[J].山东经济,1996,(2):25-27.

王声跃,李冬梅,张文.玉溪市外来人口研究[J].玉溪师范学院学报,2001,17(6):37-42.

调研世界杂志社.北京市外来人口分析系列:北京市1997外来人口普查资料分析[J].调研世界,1997.

项飚.东镇民工系列调查[J].社会调查,1997.

俞德鹏.现行城市外来人口管理方式的弊端[J].城市问题,2001,(1):43-47.

Fan J. and Taubmann W. Migrant enclaves in large Chinese cities. In Logan J. R. The new Chinese city. Oxford:Blackwell Publishers,2002.183-197.

周敏.专家解剖:暂住证制度还能延续多久[N].羊城晚报(A20版),2006-12-26.

孟学农.加强外来人口及其人口聚居区的规范化管理[J].瞭望新闻周刊,1995.48.

项飚.跨越边界的社区[M].北京:生活·读书·新知三联书店,2000.

罗登华.成都市外来人口的特点及管理模式的转变[J].成都大学学报,

2002,（3）：34–36.

黄晨熹.大城市外来流动人口特征与社区化管理[J].人口研究，1999，23（4）：53–57.

顾朝林，蔡建明，张 伟等.中国大中城市流动人口迁移规律研究[J].地理学报，1999，54（3）：204–212.

朱传耿，马荣华，甄 峰等.中国城市流动人口的空间结构[J].人文地理，2002，17（1）：65–69.

朱传耿，顾朝林，马荣华等.中国流动人口的影响因素与空间分布[J].地理学报，2001，（5）：549–461.

王桂新.城市农民工的分布、居住与社会融合[J].人口研究，2005，29（4）：39–41.

李若建.广州市外来人口的空间分布分析[J].中山大学学报，2003，43（3）：73–81.

鲁奇，黄英，孟健等.流动人口在北京中心区和近远郊区的分布差异的调查研究[J].地理科学，2005，25（6）：655–664.

冯健，周一星，程冒吉.南京市流动人口研究[J].规划研究，2001，25（1）：16–23.

[赵渺希.上海市中心城区外来人口社会空间分布研究[J].地理信息世界，2006，2（1）：31–39.

周大鸣.外来工与"二元社区"[J].中山大学学报，2000，40（2）：107–112.

吴晓，吴明伟.物质性手段：作为我国流动人口聚居区一种整合思路的探析[J].城市规划汇刊，2002，（2）：17–21.

杨桃源等.都市里的编外村[J].瞭望新闻周刊，1995，48：14–19.

王汉生，刘定远，孙立平等.浙江村：中国农民进入城市的一种独特方式[J].社会学研究，1997，（1）：56–67.

项飚.社区何为[J].社会学研究，1998，（6）：54–62.

孟延春，曹广忠.北京南部特点归结为"浙江村"的结构、定位和特征研究[J].人文地理，1992，12（4）：5-10.

胡兆量.北京"浙江村"——温州模式的异地城市化[J].城市规划汇刊，1997，（3）：28-30.

吴晓.城市中的"农村社区"——流动人口聚居区的现状与整合研究[J].城市规划，2001，25（12）：25-30.

张敏，石爱华，孙明洁等.珠江三角洲大城市外围流动人口聚居与分布[J].城市规划，2002，26（5）：63-66.

宋迎昌，武伟.北京市外来人口空间集聚特征、形成机制及其调控对策[J].经济地理，1997，17（4）：71-75.

千庆兰，陈颖彪.我国大城市流动人口聚居区初步研究——以北京"浙江村"和广州石牌地区为例[J].城市规划，2003，27（11）：60-64.

吴维平，王汉生.寄居大都市：京沪两地流动人口住房现状分析[J].社会学研究，2002，（3）：92-110.

《人口研究》编辑部.农民工：一个跨越城乡的新兴群体[J].人口研究，2005，29（4）：36-52.

康雯琴，丁金宏.大城市开发区流动人口居住特征研究[J].城市发展研究，2005，12（6）：43-47.

黄靖，王先文.东莞小城镇外来人口居住空间隔离与整合问题研究[J].城乡规划，2004，（3）：90-93.

田剑平，许学强，赵晓斌等.城市外来低收入移民安置与自下而上城市化发展[J].地理科学，2002，22（4）：476-453.

张展新.城中村、外来人口与城市发展[J].北京规划建设，2005，（3）：9-11.

Shen J. and Huang Y. The working and living space of the 'floating population' in China[J].Asian Pacific Viewpoint，2003，44（1）：51-62.

Fan C. C. Modeling interprovincial migration in China，1985-2000[J].

Eurasian Geography and Economics, 2005, 46（3）: 165-184.

Fan C. C. Migration and labor-market returns in urban China: results from a recent survey in Guangzhou[J].Environment and Planning, 2001, 33: 479-508.

Fan C. C. The state, the migrant labor regime and the maiden workers in China[J].Political Geography, 2004, 23: 283-305.

Wu W. Sources of migrant housing disadvantages in urban China[J]. Environment and Planning, 2004, 36: 1285-1304.

Wu W. Temporary migrants in Shanghai: housing and settlement patterns. In Logan J R. The new Chinese city. Oxford: Blackwell Publishers, 2002.212-226.

Lin G. C. S. Regional urbanization in post-reform China: spatial restructuring in the Pearl River Delta. In Logan J. R. The new Chinese city. Oxford: Blackwell Publishers, 2002.245-257.

Fan C. C. Rural-urban migration and gender divison of labor in transitional China[J].International Journal of Urban and Regional Research, 2003, 27, （1）: 24-45.

Fan C. C. Marriage and migration in transitional China: a field study of Gaozhou, Western Guangdong[J]. Environment and Planning, 2002, 34: 619-638.

Murphy R. Return migration, entrepreneurship and state-sponsored urbanization in the Jiangxi countryside. In Logan J R. The new Chinese city. Oxford: Blackwell Publishers, 2002.229-244.

Fan C. C. Success or failure: Selectivity an reasons for return migration in Sichuan and Anhui, China[J]. Environment and Planning, 2006, 38: 939-958.

陈涛.外来人口贫困问题的研究方法探讨[J].中国青年政治学院学报, 2004, 23（4）: 47-51.

李培林.村落的终结[M].北京: 商务印书馆, 2004.7.

田文祝, 柴彦威, 李 平.当代西方人文地理学研究动态[J].人文地理,

2005,20(4):125-128.

王兴中.社会地理学社会—文化转型的内涵与研究前沿方法[J].人文地理,2004,19(1):2-8.

Bourdieu P. Distinction:A Social Critique of the Judgement of Taste[M].London:Routledge,1984.83-86.

朱国华.社会空间与社会阶级:布迪厄阶级理论评析[J].中国人口学刊,1995,49(4):21-30.

Buttimer A. Social Space in Interdisciplinary Perspective[J].Geographical Review,1969,59(3):417-426.

李永文.社会空间研究的方法[J].地理,1993,(5):35-37.

许学强,周一星,宁越敏.城市地理学[M].北京:高等教育出版社,2001.235.

魏立华,闫小培.社会经济转型期中国城市社会空间研究述评[J].城市规划学刊,2005,(5):12-17.

李志刚,吴缚龙,卢汉龙.当代我国大都市的社会空间分异[J].城市规划汇刊,2004,28(6):60-68.

Harvey D. The Condition of Postmodernity[M].Oxford:Blackwell,1991.

Sassen S. The Global City[M].NJ:Princeton University Press,1991.

Fainstein S. S. Cities and Diversity:Should We Want It? Can We Plan for It?[J].Urban Affairs Reviews,2005,41(1):3-19.

Fainstein S. S. Gordon I, Harloe M(eds).Divided Cities:New York and London in the Contemporary World[M].Oxford:Blackwell.1992.46-52.

Wilson W. J. The Truly Disadvantaged:the Inner City, the Underclass and Public Policy[M].Chicago:University of Chicago Press,1987.

姚华松,薛德升,许学强.1990年以来西方城市社会地理学研究进展[J].人文地理,2007,22(3):12-18.

Pacione M. The Use of Objective and Subjective Measures of Life Quality in

Human Geography [J]. Progress in Human Geography, 1982, 6(4): 495-514.

Pacione M. Urban Environment Quality and Human Wellbeing—A Social Geographical Perspective[J]. Landscape and Urban Planning, 2003, 65: 19-30.

Wiles J. Daily Geographies of Caregivers: Mobility, Routine, Scale [J]. Social Science & Medicine, 2003, 57: 1308-1325.

Lynch K. The Image of the City. 方益萍，何晓军译. 城市意象[M]. 北京：华夏出版社，2001.35-69.

Cosgrove D. The Myth and the Stones of Venice: A Historical Geography of a Symbolic Landscape [J]. Journal of Historical Geography, 1982, 8（2）: 145-146.

Domosh M. Feminism and Urban Imaginary[J]. Urban Geography, 1995, 16（7）: 67-79.

Harries K. Extreme Spatial Variations in Crime Density in Baltimore County, MD[J]. Geoforum, 2005, 36（3）: 1-13.

Mcllwaine C. Geography and Development: Violence and Crime as Development Issues [J]. Progress in Human Geography, 1999, 23（3）: 453-363.

Wilton R. D. Diminished Worlds? The Geography of Everyday Life with HIV/AIDS[J]. Health & Place, 1996, 2（2）: 69-83.

Bastos F. I. The Social Geography of HIV/AIDS among Injection Drug Users in Brazil[J]. International Journal of Drug Policy, 2002, 13: 137-144.

Park D. C. Disability Studies in Human Geography[J]. Progress in Human Geography, 1998, 22（2）: 208-233.

Mcglinn L. Power Networks and Chinese Immigrants in Pennsylvania[J]. Journal of Historical Geography, 1995, 21（4）: 430-445.

Green A. E. The Changing Structure, Distribution and Spatial Segregation of the Unemployed and Economically Inactive in Great Britain[J]. Geoforum,

1995, 26 (4): 373-394.

Longhurst R. Geography and Gender: a Critical Time? [J]. Progress in Human Geography, 2002, 26 (2): 544-552.

赵世瑜, 周尚意.明清北京城市社会空间结构概说[J].史学月刊, 2001, (2): 112-115.

王均, 祝攻武.清末明初时期北京城市社会空间的初步研究[J].地理学报, 1999, 54 (1): 69-74.

蒋建国.消费文化的社会空间——以晚清广州的酒楼消费为例[J].消费经济, 2004, (4): 43-47.

张世明, 龚胜泉.另类社会空间：中国边疆移民社会主要特殊性透视（1644-1949）[J].中国边疆史研究, 2006, 16 (1): 78-88.

[196]庄林德, 张京祥.中国城市发展与建设史[M].南京：东南大学出版社, 2002.

Logan J. R. (eds). The New Chinese City: Globalization and Market Reform[M].Oxford: Blackwell, 1999.

Bian Y. and J. R. Logan.Market Transition and the Persistence of Power: The Changing Stratification System in China[J].American Sociological Review, 1996, 61: 739-758.

Yeh A. G. O., Wu F. L. International Structure of Chinese Cities in the Midst of Economic Reform[J].Urban Geography, 1995, 16 (6): 521-554.

Yeh A. G. O., Xu X. Q., Hu H. Y. The Social Space of Guangzhou City, China[J].Urban Geography, 1995, 16 (7): 595-621.

Sit V. F. S. Social Areas in Beijing[J].Geografiska Annaler 81, 1999, 13 (4): 203-221.

许学强, 胡华颖, 叶嘉安.广州市社会空间结构的因子生态分析[J].地理学报, 1989, 44 (4): 385-399.

顾朝林, 王法辉.北京城市社会区分析[J].地理学报, 2003, 58 (6):

45-55.

冯建,周一星.北京都市区社会空间结构及演化(1982-2000)[J].地理研究,2003,22(4):465-493.

虞蔚.城市社会空间的研究与规划[J].城市规划,1986,10(6):25-28.

易峥,阎小培,周春山.中国城市社会空间结构研究的回顾与展望[J].城市规划汇刊,2003,(1):21-24.

薛德升,曹小曙,曹丰林.山区资源型大城市社会分类特征与影响因素[J].地理研究,2006,25(1):141-151.

李志刚,吴缚龙,刘玉亭.城市社会空间分异:倡导还是控制[J].城市规划汇刊,2004,(6):48-53.

李志刚,吴缚龙,卢汉龙.当代我国大都市的社会空间分异[J].城市规划汇刊,2004,28(6):60-68.

吴启焰,崔攻豪.城市社会空间分异的研究领域及其进展[J].城市规划汇刊,1999,(3):23-26.

魏立华,阎小培.转型期中国城市社会空间演进动力即其模式研究—以广州为例[J].地理与地理信息科学,2006,22(1):67-73.

魏立华,阎小培.1949-1987年重工业优先发展下的中国城市社会空间研究[J].城市经济,2005,13(2):13-17.

唐子来.上海市区人口迁居问题初步研究[J].城市规划汇刊,1986,(3):17-21.

周春山.改革开放以来大都市人口分布与迁居研究——以广州市为例[M].广州:广东高等教育出版社,1996.

朱锡金.居住环境的构成与质量评价[J].城市规划,1980,(4):10-13.

陈青慧,徐培玮.城市生活居住环境质量[J].城市规划,1987,50:52-58.

柴彦威.以单位为基础的中国城市内部生活空间结构——兰州市的实证研究[J].地理研究，1996，15（1）：30-38.

王兴中.中国城市生活空间结构研究[M].北京：科学出版社，2004.

宁越敏，查志强.都市人居环境评价和优化研究[J].城市规划，1999，23（6）：15-20.

陈孚.城市人居环境与满意度评价研究[J].城市规划，2000，24（7）：25-27.

徐放.居民感应地理研究的一个实例——对赣州市的调查分析[J].地理科学，1983，3（2）：167-174.

刘沛林.湖南传统村镇感应空间规划研究[J].地理研究，1999，18（1）：66-72.

吴兵，李山.成都市民族旅游感应空间研究[J]，四川大学学报（哲学社会科学版），2002，（4）：39-46.

李郇，许学强.广州市城市意向空间分析[J].人文地理，1993，（3）：27-35.

姚华松，薛德升，许学强.城市社会空间研究进展[J].现代城市研究，2007，（9）：74-81.

姚华松.西方城市社会地理学研究动向分析[J].地理与地理信息科学，2006，22（5）：101-107.

姚华松.流动人口空间结构分析[J].资源开发与市场，2009，25（10）：872-877.

姚华松，许学强，薛德升.人文地理学研究中对空间的再认识[J].人文地理，2010，25（2）：8-13.

葛剑雄，吴松弟，曹树基等.中国移民史[M].福建：福建人民出版社，1997.

钟水映.人口流动与社会经济发展[M].湖北：武汉大学出版社，2000.46-48.

参考文献

蔡昉.中国流动人口问题[M].河南：河南人民出版社，2000.

司马迁.史记·秦始皇本记[A].北京：中华书局，1962.

班固.汉书·高祖记[A].北京：中华书局，1959.

胡焕庸，张善余.中国人口地理[M].上海：华东师范大学出版社，1985.254.

李慧贞.广州人口志[M].1995.22-24.

司徒尚纪.广东文化地理[M].广东：广东人民出版社，1993.3.

司徒尚纪.岭南历史人文地理：广府、客家、福佬民系比较研究[M].广东：中山大学出版社，2001.4.

姚华松，许学强，薛德升.广州流动人口形成背景及特征分析[J].热带地理，2009，29（4）：35-41.

刘茜.南粤寻梦，上万名外国人在广州打工[N].羊城晚报（A6版），2002-5-10.

公安部.2005年全国暂住人口统计资料汇编[M].北京：群众出版社，2006.

柯学东，杜安娜.广州黑人"部落"全记录[N].广州日报（B2版），2007-12-13.

陈淑仪.停水通知有了"英文版"[N].南方都市报（A16版），2008-3-27.

姚华松，许学强，薛德升.广州流动人口空间分布变化特征及原因分析[J].经济地理，2010，30（1）：40-47.

夏天.广州外乡人——外国人：老外活在羊城识赚又识叹[N].羊城晚报（A8版），2007-2-16.

祝勇，刘妍.50万外国人广州圆梦，粤语流利精通中文[N].信息时报（A04版），2006-5-16.

李志刚，薛德升，Michael Lyons等.广州小北路黑人聚居区社会空间分析[J].地理学报，2008，63（2）：207-218.

袁媛，许学强，薛德升.广州市1990-2000年外来人口空间分布、演变和影响因素[J]，经济地理，20007，27（2）：250-261.

国务院研究室课题组.中国农民工调研报告[M].北京：中国言实出版社，2006.

刘玉亭.转型期中国城市贫困的社会空间[M].北京：科学出版社，2005.

柴彦威，刘志林，李峥嵘等.中国城市的时空间结构[M].北京：北京大学出版社，2002.

胡华颖.城市·空间·发展[M].广州：中山大学出版社，1993.

陈华.广东外来人群的适应性[M].香港：国际炎黄文化出版社，2004.31.

顾朝林，宋国臣.北京城市意向空间及构成要素研究[J].地理学报，2001（1）：64-73.

李建宏，李雪铭.大连市城市空间意向初步研究[J].城市发展研究，2006，13（1）：34-39.

广州电视台新闻报道.2005-9-13.参见：

http://www.gztv.com/channel/news/node_11/2005/09/13/112666975445027.shtml

赵丽萍.萝岗区推进民生工程#160，因地制宜发展外来工公寓.大洋网，2007-9-6.参见：http://news.qq.com/a/20070906/002628.htm

徐艳，姬东.人性管理让外来工融入社区[N].南方都市报（A41版），2008-1-10.

附录 I 广州流动人口空间研究问卷设计

亲爱的女士/先生：

您好！这是有关广州流动人口社会生活的调查，希望得到您的大力协助，您提供的资料对于我们的研究以及您的切身利益都非常有用。对于您所填写的内容，我们将严格保密。请在符合您的情况的选项打"√"，或在所留的空格上填上文字或数字。谢谢您的支持！

广州流动人口空间研究调研组
2007年7月

附 录

地点：　　　　　　　　时间：　　　　　　　　人物：

1. 您的性别：

   ☐ A. 男　☐ B. 女

2. 您的年龄：_____岁

3. 您的婚姻状况：

   ☐ A. 已婚　☐ B. 未婚　☐ C. 离异

4. 您的文化程度：

   ☐ A. 不识字或识字很少　☐ B. 小学　☐ C.初中　☐ D. 高中

   ☐ E. 中专/中技/职高　☐ F. 大专、大本　☐ G. 研究生及以上

5. 您来自_____省_____市

6. 您到广州之前居住在：

   ☐ A. 省城　　　　　☐ B. 地级市

   ☐ C. 县级市、县城　☐ D. 小镇　☐ E.农村

7. 您的户口属性：

   ☐ A. 城镇户口　☐ B. 农村户口

8. 您来广州的时间：

   ☐ A. 1个月以下　☐ B. 1个月–1年

   ☐ C. 1年–3年　　☐ E. 3年以上

9. 您来广州主要是为了：

   ☐ A. 赚钱　　☐ B. 见世面

   ☐ C. 学技术　☐ D. 其它

10. 您来广州找工作的途径是：

    ☐ A.亲戚朋友介绍　☐ B.老乡介绍　☐ C.老家招工　☐ D.广告

    ☐ E. 职业介绍所　☐ F.人才市场（如招聘会）　☐ G.独自前来

11. 您来广州之前，职业是：

    ☐ A.农民　☐ B.工人　☐ C.干部　☐ D.教师

    ☐ E.医生　☐ F.学生　☐ G.其它

12. 您现在从事的工作是：_____

您的工作地点与住所是在：

☐ A.同一街道内　　☐ B.同一城区内　　☐ C.不同城区

13. 您是否变换过工作：

☐ A.变换过　　☐ B.没有换过

如果你变换过工作，你变换的次数：

☐ A.1次　　　　☐ B. 2次

☐ C. 3次　　　☐ D. 4次及以上

14. 您如果变换过工作，之前做什么工作？请按时间顺序先后列出：

_____

15. 您为什么要换工作？

_____

16. 您现在的工作单位属于：

☐ A. 国有单位　　☐ B. 集体单位

☐ C. 外资企业　　☐ D. 私营企业

17. 您的工作有没有合同：

☐ A. 有　　　　☐ B. 无

18. 您现在每月的平均收入：

☐ A. 500元以下　　☐ B. 501-999元　　☐ C. 1000-2000元

☐ D. 2001-3000元　☐ E. 3000-4000元　☐ F. 4000元以上

19. 您每月基本生活开销（吃饭、租房、电话费等生活费用）占收入的比例是：

☐ A. 20%以下　　☐ B. 20-40%　　☐ C. 40-60%

☐ D. 60-80%　　☐ E. 80%以上

20. 您在每月基本生活花销中，吃饭的比例占：

☐ A. 20%以下　　☐ B. 20-40%　　☐ C. 40-60%

☐ D. 60-80%　　☐ E. 80%以上

21. 您的单位为您提供的是（可多选）：

　　□ A. 住宿　　　□ B. 饮食　　　□ C. 劳保用品

　　□ D. 工伤保险　□ E. 医疗保险　□ F. 没有

22. 您每天工作的时间：

　　□ A. 4小时以下　□ B. 4-8小时　□ C. 9-15小时

　　□ D. 16小时及以上　□ E. 不定时

23. 您每月的休息日：

　　□ A. 1天以下　□ B. 1-3天　□ C. 4-6天

　　□ D. 7-8天　　□ E. 8天以上

24. 您现在住的是：

　　□ A. 集体宿舍　□ B. 出租屋　□ C. 工地、工棚

　　□ D. 寄宿在亲戚朋友家　□ E. 自购商品房　□ F. 其它

25. 您的住房是：

　　□ A. 独立式住宅　□ B. 高层楼房　□ C. 中低层楼房

　　□ D. 平房　　　　□ E. 自搭建房　□ F. 其它

26. 您租房的用途是：

　　□ A. 居住和工作或其它功能　□ B. 仅居住或仅工作使用

27. 您的居住方式：

　　□ A. 独住　　　□ B. 2人合住　□ C. 3人合住

　　□ D. 4人合住　□ E. 4人以上合住

28. 您个人分摊的住房面积：

　　□ A. 2m2以下　□ B. 2-5m2　　□ C. 5-10m2

　　□ D. 10-20m2　□ E. 20-50m2　□ F. 50m2以上

29. 您对住房大小的满意程度：

　　□ A. 非常满意　□ B. 比较满意　□ C. 一般

　　□ D. 不太满意　□ E. 非常不满意

（注：如果您住工厂集体宿舍，请答31；如果您租房居住，请答32；

其它居住类型不作答）

30. 如果您住工厂集体宿舍，每月居住花销：

　　□ A. 免费　　　□ B. 100元以下　　□ C. 100-300元

　　□ D. 300-500元　□ E. 500元以上

31. 如果您是租房居住，您的平均月租金是：

　　□ A. 100元以下　　□ B. 100-300元　　□ C. 300-500元

　　□ D. 500-1000元　□ E. 1000-2000元　□ F. 2000元以上

32. 您对当前的居住花销的满意程度：

　　□ A. 非常满意　　□ B. 比较满意　　□ C. 一般

　　□ D. 不太满意　　□ E. 非常不满意

33. 您的住房设施的拥有情况：

　　水　　　　□ A. 无　　□ B. 有

　　电　　　　□ A. 无　　□ B. 有

　　煤气　　　□ A. 无　　□ B. 有

　　卫生间　　□ A. 无　　□ B. 有　　□ C. 单独使用

　　厨房　　　□ A. 无　　□ B. 有　　□ C. 单独使用

34. 您对当前的住房设施的满意程度：

　　□ A. 非常满意　　□ B. 比较满意　　□ C. 一般

　　□ D. 不太满意　　□ E. 非常不满意

35. 与家里的住房相比较，您觉得这里的住房情况：

　　□ A. 更好　　　□ B. 较好　　　□ C. 一般

　　□ D. 更差　　　□ E. 差多了

36. 您对当前的居住状况的满意程度：

　　□ A. 非常满意　　□ B. 比较满意　　□ C. 一般

　　□ D. 不太满意　　□ E. 非常不满意

37. 您每天出行距离超过500米的次数（单程）是：

　　□ A. 0次　　　　□ B. 1次

　　　　□ C. 2次　　　　　　□ D. 3次及以上

38. 您的日出行时间（单程）：
　　　　□ A. 小于0.5小时　　□ B. 0.5–1小时　　□ C. 1–2小时
　　　　□ D. 2–3小时　　　　□ E. 3小时以上

39. 您的出行目的是：
　　　　□ A. 上班　　　　　　□ B. 购物　　　　　□ C. 访友
　　　　□ D. 休闲娱乐　　　　□ E. 其它

40. 您上下班的出行方式是：
　　　　□ A. 步行　　　　　　□ B. 自行车　　　　□ C. 公共汽车
　　　　□ D. 地铁　　　□ E. 出租车　　□ F. 自驾车　　□ G. 其它

41. 您通常买东西的地方和住所在：
　　　　□ A. 同一街道内　　　□ B. 同一城区内　　□ C. 不同城区

42. 您通常在哪里买东西：
　　　　□ A. 地摊　　　　　　□ B. 街边零售店　　□ C. 低档次批发市场
　　　　□ D. 超市　　　　　　□ E. 专卖店或高档购物中心

43. 您购物时主要考虑的因素是（可多选）：
　　　　□ A. 外观　　　　　　□ B. 价格　　　　　□ C. 质量
　　　　□ D. 品牌　　　　　　□ E. 售后服务

44. 您日常空闲时间主要干什么（可多选）：
　　　　□ A. 睡觉　　　　　　□ B. 看电视、听广播　□ C. 逛商场
　　　　□ D. 与朋友聚会闲聊　□ E. 玩扑克或打麻将　□ F. 上网
　　　　□ G. 读书、看报　　　□ H. 体育活动　　　　□ I. 上歌舞厅
　　　　□ J. 看电影录像　　　□ K. 旅游

45. 您日常休闲娱乐活动的地方离您的住所在：
　　　　□ A. 500米以内　　　□ B. 500米–1公里
　　　　□ C. 1–2公里　　　　□ D. 2公里以上

46. 您经常与哪些人打交道：

☐ A. 亲戚　　　　☐ B. 老乡　　　　☐ C. 同事

☐ D. 本地人　☐ E. 不固定

47. 您碰到困难时，首先想到的是：

☐ A. 广州本地的朋友（有广州本地户口）☐ B. 在广州的老乡

☐ C. 在老家的朋友　☐ D. 老家的亲戚　☐ E. 其它

48. 您是否与身边的本地人交往：

☐ A. 没有　　　　☐ B. 很少

☐ C. 有时　　　　☐ D. 经常

49. 您对广州这个城市的总体印象是：

☐ A. 很好　　　　☐ B. 好　　　　☐ C. 一般

☐ D. 差　　　　☐ E. 很差

50. 您是否希望在广州长期居住：

☐ A. 是　　　　☐ B. 否

51. 您对本地人的印象是：

☐ A. 很好　　　　☐ B. 好　　　　☐ C. 一般

☐ D. 差　　　　☐ E. 很差

52. 您觉得本地人对您的态度：

☐ A. 很好　　　　☐ B. 好　　　　☐ C. 一般

☐ D. 差　　　　☐ E. 很差

53. 您在广州有过被歧视的经历：

☐ A. 有　　　　☐ B. 无

54. 您在工作时主要讲：

☐ A. 家乡话　　　　☐ B. 普通话　　　　☐ C. 粤语

55. 您上街买东西时主要讲：

☐ A. 家乡话　　　　☐ B. 普通话　　　　☐ C. 粤语

56. 如果您上餐馆，你更喜欢去哪种餐馆吃饭：

☐ A. 粤菜馆　　　　☐ B. 家乡菜馆　　　　☐ C. 无所谓

57. 您是否到餐馆喝过早茶或晚茶：

☐ A. 没有 ☐ B. 很少

☐ C. 有时 ☐ D. 经常

58. 您对下列生活方式的看法：

	赞成	有点赞成	一般（无所谓）	不赞成	反对
穿拖鞋上街	☐	☐	☐	☐	☐
食用蛇、猫等动物	☐	☐	☐	☐	☐
穿奇装异服	☐	☐	☐	☐	☐
钱是生活中最重要的部分	☐	☐	☐	☐	☐
对于"靓仔"、"靓女"的称呼	☐	☐	☐	☐	☐
对于喝凉茶的看法	☐	☐	☐	☐	☐

59. 目前，您觉得自己是：

☐ A. 外地人   ☐ B. 既是外地人也是本地人   ☐ C. 本地人

60. 您在广州生活是否感到孤独：

☐ A. 很孤独   ☐ B. 孤独

☐ C. 有时孤独 ☐ D. 不孤独

61. 您对自己目前生活的感受是：

☐ A. 非常满意 ☐ B. 比较满意 ☐ C. 一般

☐ D. 不太满意 ☐ E. 非常不满意

62. 假设老家与外出打工在收入上没有差别的条件下，您愿意选择：

☐ A. 在家乡   ☐ B. 外出务工   ☐ C. 不知道

63. 您最喜欢广州哪些方面：

_____

64. 您最不满意广州哪些方面：

_____

65. 关于广州的整体情况，您知道哪些（可多选）：

☐ A. 羊城   ☐ B. 岭南文化   ☐ C. 珠江

☐ D. 白云山 ☐ E. 西关风情 ☐ F. 十三行
☐ G. 北优南拓、东进西联

66. 关于广州道路交通方面的情况，您知道哪些（可多选）：

☐ A. 广州火车站 ☐ B. 广州东站 ☐ C. 白云机场
☐ D. 广州大道 ☐ E. 中山路 ☐ F. 东风路
☐ G. 华南快线 ☐ H. 天河路 ☐ I. 海印桥
☐ J. 广州大桥 ☐ K. 海珠桥 ☐ L. 洛溪大桥

67. 关于广州的景点情况，您知道哪些（可多选）：

☐ A. 沙面 ☐ B. 二沙岛 ☐ C. 珠江新城
☐ D. 中山纪念堂 ☐ E. 越秀公园 ☐ F. 烈士陵园
☐ G. 海珠广场 ☐ H. 北京路步行街 ☐ I. 上下九
☐ J. 天河城 ☐ K. 天河体育中心 ☐ L. 中信广场
☐ M. 正佳广场 ☐ N. 广州奥林匹克中心 ☐ O. 陈家祠
☐ P. 白云山风景区 ☐ Q. 珠江夜游 ☐ R. 番禺香江野生动物园
☐ S. 长隆欢乐世界 ☐ T. 芳村酒吧街

68. 关于广州的住宿、饮食情况，您知道哪些（可多选）：

☐ A. 白天鹅宾馆 ☐ B. 中国大酒店 ☐ C. 东方宾馆
☐ D. 花园酒店 ☐ E. 广州酒家

69. 关于广州经济与文化方面，您知道哪些（可多选）：

☐ A. 广州钢铁集团 ☐ B. 广州地铁 ☐ C. 广汽丰田
☐ D. 东风日产 ☐ E. 广州本田 ☐ F. 黄埔军校
☐ G. 星海音乐厅 ☐ H. 广州博物馆 ☐ I. 广州国际会展中心
☐ J. 广交会 ☐ K. 广博会 ☐ L. 大学城
☐ M. 中山大学 ☐ N. 暨南大学 ☐ O. 华南理工大学
☐ P. 广州美术学院 ☐ Q. 林树森 ☐ R. 朱小丹
☐ S. 张广宁

70. 根据您对广州的印象，请简要画一张广州的地图。

附录Ⅱ 调查点基本情况

（1）白云区

棠景街道。棠景街道地处白云山西部，东至广州旧机场路、与三元里街交界，南靠矿泉街，西接同德街、石井街，北连新市街。棠景街的前身为新市镇的一部分，于2000年3月8日从原新市镇分离出来。总面积4.23平方公里，下辖2条"城中村"和15个社区居委会，常住人口、流动人口约10万人。

新市街道。新市街道位于广州市北部，为白云区城区中心，东接白云山麓，南通机场路和三元里大道，同棠景街相连，西接石井街，北临黄石街。新市街的前身为新景街，2000年6月8日从原新市镇划分而成立，2003年6月28日更名为新市街。辖内有萧岗、棠涌、小坪等3个实业有限公司和

19个社区居委会，管辖面积7.1平方公里，户籍和常住人口12万多人。

三元里街道。三元里街道位于广州市北面、白云区的西南端，辖区面积6.8平方公里，常住人口8.5万人，外来暂住人员2万多人，常年流动人员约10万人。

同和街道。同和街道成立于2001年7月，是从原同和镇划分出来的新街，西与风景秀丽的白云山相连，东与京溪街为邻，北接太和镇大源村，南邻南方医科大学南方医院，区域总面积24.25平分公里，总人口9万多人，其中户籍人口1万多人，外来暂住人口8万多人。

景泰街道。景泰街道地处白云山西部，东起白云索道，南至下塘西路最高分水线，西以松柏路和原白云机场防护网为界，北至体育馆北路，总面积11.4平方公里，常住人口6.8万人，外来人口2.5万人。

京溪街道。京溪街道坐落在白云山东麓，面积5.51平方公里，常住人口6.7万，户籍人口1.9万。

石井街道。石井街道位于广州市西北部，于2002年7月1日正式成立，总面积39.28平方公里，人口约15万，其中常住人口8.4万。

江高镇。江高镇地处白云区西北部、流溪河下游。2004年6月份，根据省、市、区的要求，江高镇完成了镇级行政区划调整工作，撤销了神山镇，将其行政区域并入江高镇，辖区总面积为95.71平方公里，常住户籍人口11万。

（2）天河区

天河南街道。天河南街道于1993年8月由石牌街划出部分地区组建而成，因位于天河体育中心之南面而得名。2005年，因广州市进行行政区划调整，杨箕村及中山一路社区居委会划归越秀区梅花街管辖，街下辖南二路社区居委会并入体育东社区居委会，调整后街下辖12个社区居委会。全街面积2.08平方公里，总人口82 426人，其中，常住人口56 548人，外来暂住人口27 998人。天河南街位于广州现代化大都市中心区，道路交通四通八达。街辖内有天河城广场、正佳广场、时代广场、宏城商业广场、维多利广场、广州市购书中心等购物休闲场所。

棠下街道。棠下街道建于1997年12月，由东圃镇划出棠下村地区组成。2003年12月东圃镇撤镇设街，将棠东村划入棠下街管辖。该街道管辖面积7.42平方千米，总人口88 006人，其中常住人口38 006人。

石牌街道。石牌街道位于天河区中部，原名岗顶街。2006年，街下辖21个社区居委会和一个撤村改制公司。全街总面积4.3平方公里。总人口27万多人，其中常住人口13万多人，外来暂住人口14万多人，人口密度每平方公里6 279人。

冼村街道。冼村街道办事处1999年12月29日挂牌成立，位于广州珠江新城，东起员村一横路，西至广州大道，南起花城大道，北以黄埔大道为界，总面积4.07平方公里；街下辖1个撤村改制公司（冼村实业有限公司）和7个社区居委会（冼村、新庆村、杨箕东、跑马地花园、潭骏、金城、金园社区居委会）；总人口40 255人，其中常住人口11 075人，外来暂住人口29 180人，人口密度每平方公里9 890人。

龙洞街道。龙洞街道建于2002年12月31日，以原沙河镇辖内的龙洞村为基础组成，因街内有龙洞村而得名。2003年，该街道管辖面积11.7平方千米，总人口约6万人，其中常驻人口3.5万人。

（3）荔湾区

逢源街道。逢源街道位于广州市荔湾老城区的中部，东起康王路，西至龙津西路，南接长寿西路，北达中山八路。面积0.78平方千米，2006年末，该街道总人口近7万，其中户籍人口6.02万，外来暂住人口近1万人。

龙津街道。龙津街道位于荔湾区东部，东临越秀区的诗书街道，北接金花，西联逢源，南临华林，管辖面积0.56平方公里，2006年末，该街道户籍总人口4.87万。

桥中街道。桥中街道位于荔湾区西侧，被珠江分割的一个小岛（大坦沙），有珠江大桥西东两桥与荔湾主体相连，管辖面积4.4平方公里，2006年末，该街道户籍总人口0.72万。

石围塘街道。石围塘街道位于荔湾区西侧，东临珠江，西联佛山南海区，南接华地、茶滘两街道，北与桥中隔江相望，有珠江大桥相连，管辖面积5.18平方公里，2006年末，该街道户籍总人口2.84万。

白鹤洞街道。白鹤洞街道位于荔湾区西南部，东临珠江，西接冲口，南联东沙，与海珠区隔江相望，有鹤洞大桥相连，管辖面积3.1平方公里，2006年末，该街道户籍总人口3.3万。

（4）花都区

新华街道。新华街道位于花都区南部，京广铁路、107国道、106国道贯穿全街南北，水路由巴江连接珠江。该街道是花都区政治、经济、文化、科技和对外交往的中心，中共花都区委、区人民政府所在地。全街总面积112平方公里，其中城区面积33平方公里。2005年末，全街户籍人口25.64万人，外来人口7.99万人。

狮岭镇。狮岭镇位于广州市花都区西北部，地理位置得天独厚，南接广州，北靠清远，距广州市中心城区34公里，镇域总面积160平方公里，城区面积9平方公里，2005年末，总人口18万多人，其中外来人口近10万人。

花山镇。花山镇位于花都区东部，西与花都区中心城区相连，北与芙蓉渡假区、王子山公园接壤，是广州新白云国际机场所在地。全镇管辖面积116.40平方公里，2005年末，该镇户籍人口7.6万人，外来人口约3万人。

花东镇。花东镇位于广州市花都区东部，西连花山镇，东、北与从化市接壤，南临白云区。辖区面积208.44平方公里，是全区面积最大的镇，2005年末，该镇常住总人口11.6万。

附录Ⅲ 本研究涉及的回归分析过程

第5章：

关于"睡觉"的回归结果[1]

	B	S.E.	Wald	df	Sig.	Exp(B)
a	−0.308	0.087	12.567	1	0.000	0.735
jt	0.159	0.077	4.321	1	0.038	1.173
c	0.716	0.320	5.004	1	0.025	2.047

关于"逛街"的回归结果

	B	S.E.	Wald	df	Sig.	Exp(B)
se	−0.883	0.160	30.369	1	0.000	0.414
ag	−0.451	0.106	17.992	1	0.000	0.637
in	0.136	0.063	4.702	1	0.030	1.146
c	0.397	0.342	1.345	1	0.246	1.487

---

[1] 注：表格中B为相关系数，S.E.为标准误差，Wald为统计量，df为自由度，Sig.为统计量Wald的显著性水平值，Exp(B)为当自变量发生一个单位的增长时，其预测值几率的变化。以下同。

回归方程：Sh=0.397−0.883*se−0.451*ag+0.136*in

关于"与朋友聚会聊天"的回归结果

	B	S.E.	Wald	df	Sig.	Exp(B)
ag	−0.196	0.095	4.274	1	0.039	0.822
ed	0.164	0.065	6.378	1	0.012	1.178
c	−0.800	0.405	3.893	1	0.048	0.449

回归方程：Ch=−0.800−0.196*se+0.164*ed

关于"玩扑克或打麻将"的回归结果

	B	S.E.	Wald	df	Sig.	Exp(B)
se	0.647	0.194	11.132	1	0.000	1.910
ma	0.466	0.185	6.357	1	0.012	1.594
c	−2.137	0.189	127.900	1	0.000	0.118

回归方程：Mj=−2.137+0.647*se+0.466*ma

关于"上网"的回归结果

	B	S.E.	Wald	df	Sig.	Exp(B)
ag	−0.529	0.147	13.000	1	0.000	0.589
ma	−0.383	0.216	3.143	1	0.076	0.682
ed	0.535	0.073	53.757	1	0.000	1.708
c	−1.376	0.451	9.294	1	0.002	0.253

回归方程：Su=−1.376−0.529*ag−0.383*ma+0.535*ed

关于"读书或看报"的回归结果

	B	S.E.	Wald	df	Sig.	Exp(B)
ma	−0.441	0.171	6.650	1	0.010	0.644
ed	0.129	0.077	2.796	1	0.094	1.138
in	0.242	0.067	12.982	1	0.000	1.274
c	−2.129	0.338	39.776	1	0.000	0.119

回归方程：Re=−2.129−0.441*ma+0.129*ed+0.242*in

关于"体育运动"的回归结果

	B	S.E.	Wald	df	Sig.	Exp(B)
se	0.816	0.251	10.557	1	0.001	2.261
ma	−0.999	0.246	16.546	1	0.000	0.368
in	0.369	0.082	20.335	1	0.000	1.446
ho	−0.231	0.092	6.318	1	0.012	0.794
c	−2.580	0.495	27.168	1	0.000	0.076

回归方程：Sp=−2.580+0.816*se−0.999*ma+0.369*in−0.231*ho

附 录

关于"上歌舞厅"的回归结果

	B	S.E.	Wald	df	Sig.	Exp(B)
ag	−0.457	0.208	4.837	1	0.028	0.633
in	0.380	0.100	14.544	1	0.000	1.462
c	−2.711	0.605	20.076	1	0.000	0.066

回归方程:$Da=-2.711-0.457*ag+0.380*in$

关于"看电影或录像"的回归结果

	B	S.E.	Wald	df	Sig.	Exp(B)
ag	−0.569	0.177	10.378	1	0.001	0.566
in	0.199	0.091	4.761	1	0.029	1.220
c	−1.363	0.516	6.968	1	0.008	0.256

回归方式:$Ci=-1.363-0.569*ag+0.199*in$

关于"旅游"的回归结果

	B	S.E.	Wald	df	Sig.	Exp(B)
se	−0.634	0.338	3.508	1	0.061	0.530
ma	−0.661	0.369	3.216	1	0.073	0.516
ed	0.470	0.160	8.594	1	0.003	1.600
in	0.440	0.116	14.374	1	0.000	1.553
c	−5.972	0.778	58.871	1	0.000	0.003

回归方程:$To=-5.972-0.634*se-0.661*ma+0.470*ed+0.440*in$

第6章:

关于广州整体面貌感知的回归方程[①]:

$Yc=-1.543+0.346*ed+0.185*st$

$Ln=-2.526+0.383*ed$

$Zj=-0.213+0.339*ed$

$Bys=0.826+0.163*ed$

$Xg=-2.988+0.314*ed+0.210*st$

$Ssh=-2.750+0.143*ed+0.284*st$

$Bnxd=-6.990+0.647*ed+0.350*st$

[①] 注:Yc="羊城";Ln="岭南文化";Zj="珠江";Bys="白云山";Xg="西关风情";Ssh="十三行";Bnxd="北优南拓、东进西联"。

关于广州交通系统感知的回归方程[①]：

Dz=−0.333+0.191*ed+0.200*st

Byp=−1.416+0.288*ed+0.272*st

Gzr=−2.536+0.451*ed+0.307*st−0.156*ag

Zsl=−3.401+0.451*ed+0.388*st

Dfl=−3.037+0.424*ed+0.434*st−0.195*ag

Hnr=−4.181+0.589*ed+0.380*st+0.472*sex−0.206*ag

Thl=−2.326+0.452*ed+0.279*st−0.233*ag

Hyq=−3.976+0.411*ed+0.419*st+0.354*se

Gzq=−2.773+0.320*ed+0.224*st+0.408*se

Hzq=−3.070+0.358*ed+0.311*st

Lxq=−3.837+0.410*ed+0.464*st+0.291*se

广州著名景点感知的回归方程[②]：

Sm=−5.170+0.476*ed+0.419*st+0.220*ag

Esd=−3.108+0.366*ed+0.185*st

Zjt=−2.761+0.434*ed+0.146*st

Zst=−2.640+0.465*ed+0.268*st

Yxp=−1.022+0.221*ed+0.331*st

Lsp=−1.979+0.328*ed+0.161*st

Hzs=−2.398+0.304*ed+0.246*st

---

① 注：Dz="广州东站"；Byp="白云机场"；Gzr="广州大道"；Zsl="中山路"；Dfl="东风路"；Hnr="华南快线"；Thl="天河路"；Hyq="海印桥"；Gzq="广州大桥"；Hzq="海珠桥"；Lxq="洛溪大桥"。

② 注：Sm="沙面"；Esd="二沙岛"；Zjt="珠江新城"；Zst="中山纪念堂"；Yxp="越秀公园"；Lsp="烈士陵园"；Hzs="海珠广场"；Bjl="北京路"；Sxj="上下九"；Thc="天河城"；Ths="天河体育中心"；Zxs="中信广场"；Zjs="正佳广场"；Gzo="广州奥林匹克中心"；Cjc="陈家祠"；Bym="白云山风景区"；Zjt="珠江夜游"；Xjt="番禺香江野生动物园"；Ll="长隆欢乐世界"；Fcb="芳村酒吧街"。

$Bjl = -1.067 + 0.177*ed + 0.379*st - 0.149*ag$

$Sxj = -0.278 + 0.230*ed - 0.266*se$

$Thc = -1.981 + 0.500*ed + 0.147*st$

$Ths = -1.949 + 0.448*ed + 0.159*st$

$Zxs = -3.224 + 0.561*ed + 0.219*st - 0.234*ag$

$Zjs = -3.007 + 0.515*ed + 0.378*st - 0.327*ag$

$Gzo = -3.629 + 0.508*ed + 0.274*st + 0.365*se - 0.200*ag$

$Cjc = -3.911 + 0.382*ed + 0.417*st$

$Bym = -1.473 + 0.313*ed + 0.248*st - 0.166*ag$

$Zjt = -1.589 + 0.296*ed + 0.144*st - 0.217*ag$

$Xjt = -2.157 + 0.266*ed + 0.231*st - 0.231*ag$

$Ll = -2.776 + 0.414*ed + 0.253*st - 0.279*ag$

$Fcb = -4.384 + 0.324*ed + 0.479*st$

广州著名酒店感知的回归方程[①]：

$Ws = -1.039 + 0.231*ed + 0.143*in$

$Sh = -0.029 + 0.196*in$

$Dfh = -2.766 + 0.376*ed + 0.212*in$

$Gh = -2.454 + 0.310*ed + 0.150*st + 0.252*in$

$Gzr = -1.825 + 0.304*ed + 0.234*st$

关于广州经济与文化事件感知的回归方程[②]：

$St = -3.998 + 0.338*ed + 0.227*st + 0.363*se$

[①] 注：Ws="白天鹅宾馆"；Sh="中国大酒店"；Dfh="东方宾馆"；Gh="花园酒店"；Gzr="广州酒家"。

[②] 注：St="广州钢铁集团"；To="广汽丰田"；Df="东风日产"；Hd="广州本田"；Hp="黄埔军校"；Xh="星海音乐厅"；Mu="广州博物馆"；Ex="广州国际会展中心"；Gzf="广交会"；Gze="广博会"；Dxc="大学城"；Sys="中山大学"；Jnu="暨南大学"；Sct="华南理工大学"；Art="广州美术学院"；Lss="林树森"；Zxd="朱小丹"；Zgn="张广宁"。

$$To=-2.995+0.355*ed+0.194*st+0.209*in+0.645*se-0.265*ag$$

$$Df=-2.297+0.311*ed+0.172*in+0.557*se-0.305*ag$$

$$Hd=-1.813+0.293*ed+0.244*st+0.116*in+0.536*se-0.348*ag$$

$$Hp=-1.758+0.426*ed+0.357*st-0.431*ag$$

$$Xh=-2.819+0.328*ed+0.161*st-0.265*ag$$

$$Mu=-2.782+0.218*ed+0.425*st+0.191*in-0.462*ag$$

$$Ex=-0.963+0.142*ed+0.163*in-0.302*ag$$

$$Gzf=-1.741+0.314*ed+0.130*in$$

$$Gze=-3.183+0.421*ed+0.115*in$$

$$Dxc=-1.816+0.424*ed$$

$$Sys=-2.408+0.451*ed+0.154*st$$

$$Jnu=-3.622+0.604*ed+0.150*st$$

$$Sct=-3.457+0.560*ed+0.146*st$$

$$Art=-3.257+0.424*ed$$

$$Lss=-4.039+0.420*ed+0.287*st$$

$$Zxd=-2.452+0.234*ed+0.153*st$$

$$Zgn=-2.450+0.271*ed+0.253*st+0.312*se$$

关于"歧视"的回归结果

	B	S.E.	Wald	df	Sig.	Exp(B)
ho	0.111	0.061	3.253	1	0.071	1.117
st	0.218	0.089	6.011	1	0.014	1.244
jc	0.582	0.154	14.291	1	0.000	1.789
lf	−0.333	0.098	11.685	1	0.001	0.716
c	−1.191	0.408	8.518	1	0.004	0.304

回归方程：$Di=-1.191+0.111*ho+0.218*st+0.582*jc-0.333*lf$

关于"是否长期在广州发展"的回归结果

	B	S.E.	Wald	df	Sig.	Exp(B)
ma	−0.343	0.156	4.805	1	0.028	0.710
in	0.223	0.066	11.546	1	0.001	1.250
lf	0.380	0.100	14.528	1	0.000	1.462
gzi	0.609	0.122	25.027	1	0.000	1.839
li	0.703	0.119	34.812	1	0.000	2.019
c	−6.158	0.583	111.506	1	0.000	0.002

回归方程：Re=−6.158−0.343*ma+0.223*in+0.380*lf+0.699*gzi+0.703*li

后　记

　　本书在博士论文基础上修改而成。作为第一本拙著的问世，没有曾经想象中那种如释重负的感觉。就像那个长途跋涉的人，一路上寻找梦中的风景，到了终点却发现许多想象中的美丽不曾经过。有太多的遗憾留在了最后一个句号里。也许这并不是坏事，自知留有遗憾，就有继续前进的可能。也许我需要的只是时间。回顾写作的几年时间，悲欣交集。一个人深入广州各大城中村四处乱窜，为了找寻深访对象，我学会了抽烟喝酒，付费深聊是家常便饭，还屡次被保安抓去审问。时值中国汶川地震三周年，国人再次回忆和感受着大悲大爱。其实，在本书写作过程中，我何尝不是时时刻刻经历和感受着老师、朋友和亲人的关爱！

　　导师许学强先生是中国著名城市地理学家。三年的博士求学生涯中，

> 流动人口的空间透视：
> 　　　　　以广州为例

先生渊博广深的学识、严谨专精的治学态度、宽厚谦和的品性气质、幽默睿智的谈话风格、饱满抖擞的精神气概、独特敏锐的视角和见解给我留下了深刻的印象。在博士论文写作过程中，从论文选题的确立、研究框架的完善、调研工作的多次建议、初稿的多次修改、送审稿的仔细阅读，到最后终稿的形成，先生都投入了大量的精力。字字句句的圈点，无不渗透着先生的心血。在生活中先生也给予了我特别的关心和照顾，每次见面和聚会都是美好的回忆。无以言表的感激只能深藏于胸，化为日后前进的动力。在此惟愿先生和师母幸福安康！

城市与区域研究中心主任薛德升教授是我的辅助指导老师，他让我接触了西方人文地理学的诸多前沿领域，确立了社会地理学的研究旨趣。此外，在论文撰写过程中得到了中山大学地理科学与规划学院很多老师的帮助，他们是周春山、李立勋、李郇、司徒尚纪、闫小培、袁奇峰、魏清泉、李志刚、曹小曙、刘云刚、朱弘、李玲、林琳和周素红，尤其是开题报告和预答辩阶段，各位老师给出了很多好的建议和意见，对此表示衷心的感谢。硕士生导师李娟文老师虽远在武汉，但她十分关心我的学业成长和家庭情况，几次打电话或写信给我中肯的建议。此外，感谢游燕、韩洁明、温一红三位老师的资讯传递，让我总能够第一时间得到相关信息。

论文资料调研期间，广州市流动人员管理工作领导小组办公室及荔湾区、白云区、天河区和花都区流动人口管理办公室的同志提供了大量的帮助，他们是郭光前处长、周敏主任、傅锦雄主任、邱文坤科长、黄国业科长及办事员陈梧滨、李昭佑、姬生军和梁国华。感谢广东省城乡规划设计院一所的欧君秀女士在论文绘图中提供的帮助。

很珍惜与温锋华和张志强两位同门三年来一起度过的美好时光，无论是学习上的交流与切磋，还是生活中的关心与照顾，我都受益匪浅。感谢许瑞生、袁媛、陈洋、魏开、林先扬、张尽晖几位师兄师姐及叶玉瑶、陈刚强、蔡小波、王冠贤等师弟师妹，无论是对我论文的良好建议，还是聚会中的开怀畅饮，我都铭记每一次快乐的分享。

后 记

　　三年的求学生涯，还深交了薛熙明、李爱军、秦瑞英、周锐波、王山河、李瑞霞、王佳璆、吴聘奇等同学，他们是我学习和生活中的良师益友，因为有了你们，我的生活平添了很多乐趣。室友罗宗志博士，三年共处一室，他将我带入了人类学的殿堂，在论文研究与方法调查上给我很多帮助，共同的篮球和饮食嗜好使我的生活从未感到孤单。

　　父母年近花甲，一生居住在在鄂北小村，固守着那份农家的纯朴和清贫，每日辛勤耕作，为我求学已付出大半生心血。弟弟、弟妹和叔叔等虽天各一方，但经常电话我询问学习和生活的境况，一直关心我、支持我、鼓励我。

　　谨以此书献给所有爱我和帮助我的人。

姚华松于桂花岗
2011.5.12